HEYNE <

Der Autor

Mark Pätzold, Jahrgang 1974, studierte Luft- und Raumfahrttechnik, Systemtechnik und Philosophie. Davor landete er allerdings zunächst bei einer Fallschirmjägereinheit der Bundeswehr. Er arbeitete unter anderem als Publizist, Redakteur, Journalist – aber auch als Tauchlehrer, Grafiker, Fotograf, Systemadministrator, Veranstaltungstechniker und Industriekletterer.

Mit seinem ersten Roman *Sturzflug*, der 2006 bei Goldmann erschien, gewann er den BRIGITTE-Roman-Wettbewerb. 2008 erschien *Das Lachen am Ende der kippenden Leiter* (Kurzprosa und Kolumnen). Weitere Texte und Beiträge wurden weltweit in verschiedenen Anthologien und Zeitschriften publiziert. Mark Pätzold lebt in Berlin.

Mark Pätzold

WEGGETRETEN

Die sonderbare Welt der Bundeswehr

WILHELM HEYNE VERLAG
MÜNCHEN

Mix
Produktgruppe aus vorbildlich bewirtschafteten
Wäldern und anderen kontrollierten Herkünften
www.fsc.org Zert.-Nr. SGS-COC-001940
© 1996 Forest Stewardship Council
FSC

Verlagsgruppe Random House FSC-DEU-0100
Das für dieses Buch verwendete
FSC-zertifizierte Papier *Holmen Book Cream*
liefert Holmen Paper, Hallstavik, Schweden.

Redaktion: Angela Troni

Originalausgabe 09/2010

Printed in Germany 2010
Umschlaggestaltung: Hauptmann & Kompanie,
Werbeagentur, Zürich
Umschlagmotiv: Hauptmann & Kompanie Werbeagentur, Zürich
Satz: C. Schaber Datentechnik, Wels
Druck und Bindung: GGP Media GmbH, Pößneck

ISBN 978-3-453-60157-4

www.heyne.de

weggetreten: umgangssprachlich für geistesabwesend, geistig verwirrt, benommen, besinnungslos

»Armee: Schicht von Nichtproduzenten; verteidigt die Nation, indem sie alles verschlingt, was einen Feind zum Überfall reizen könnte.«

Ambrose Bierce,
amerikanischer Journalist, 1842–1914

»Das muss einem einfach gefallen. Auch mal angeschrien zu werden und so.«

Gefreiter eines Fallschirmjägerbataillons
in einem Fernsehinterview

»Is so!«

Häufigste Erklärung auf Fragen bei der Bundeswehr

Inhalt

ANHANG

Bedienungsanweisung für Heimkehrer

Eine Art Einleitung

Irgendwann kommen sie wieder.

Sie hängen ihre Uniform in den Schrank, setzen sich auf die Couch und trinken ihr Bier, als wären sie nie weg gewesen. Sie erzählen kaum ein Wort von dem, was sie in den vergangenen Monaten erlebt haben. Beinahe könnte man glauben, die Zeit bei der Bundeswehr hinterlasse keine Spuren.

Doch es gibt einige untrügliche Anzeichen, an denen man einen ehemaligen Soldaten – oder eine ehemalige Soldatin – erkennt.

Schon während des ersten Wochenendspaziergangs kann es zu aufregenden Zwischenfällen kommen. Nehmen Sie es ihrem frischgebackenen Zivilisten daher nicht übel, wenn er sich auf einer Wiese plötzlich auf den Boden wirft und Sie dabei mit niederreißt. Er meint es nur gut. Auch wenn es anfangs für Sie ungewohnt ist, offenes Gelände kriechend hinter sich zu bringen, bewahren Sie Ruhe – und natürlich gute Laune!

Zeigen Sie Verständnis, wenn sich Ihr Heimkehrer weigert, kleinere Waldlichtungen im aufrechten Gang zu überqueren. Meiden Sie in der Anfangszeit sicherheitshalber auch Waldränder, denn hier fühlt sich jeder ehemalige Soldat nur genötigt, die besten Positionen für eine Feuerstellung auszukundschaften. Andere Zeichen, wie das ständige Mitführen eines Klappspatens, sind leichter zu ertragen. Nicht jeder ehemalige Soldat beginnt ein Picknick mit dem zwanghaften Ausheben von Schützengräben. Dieses Symptom kann jedoch im Einzelfall auftreten und erfordert viel Verständnis im Familienumfeld.

Besonders bei Mahlzeiten in Gesellschaft des frisch Entlassenen ist Toleranz geboten. Nicht jeder Zivilist erträgt den Anblick, wenn eine doppelte Portion Festtagsrouladen mit Klößen, Kraut *und* Nachtisch in weniger als vier Minuten verspeist werden.

Andererseits kommen auch Hausfrauen und -männer ohne jegliches Talent am Herd erstmals in den Genuss, für jedes ihrer noch so schauderhaften Gerichte gelobt zu werden.

Blickt der Exsoldat in der ersten Zeit niemandem in die Augen, sondern immer nur auf die Schultern der Leute, so verzeihen Sie ihm das.

Möchten Sie mehr Aufmerksamkeit? Dann besorgen Sie sich für die Übergangszeit die Rangabzeichen eines Offiziers. Besser noch, die eines Feldwebels! Sprechen Sie laut. Vermeiden Sie lange Sätze.

Reagieren Sie nicht verstört, wenn Ihr Heimkehrer jedes Mal aufspringt und Haltung annimmt, sobald jemand sein Zimmer betritt. Erfreuen Sie sich vielmehr einfach so lange Sie können an dieser Geste übertriebener Höflichkeit.

Während der Silvesterfeierlichkeiten kann es zu ungewöhnlichen Zwischenfällen kommen. Gehen Sie mit dem rekonvaleszierenden Soldaten während des mitternächtlichen Feuerwerks nicht vor die Tür. Laute Chinaböller stellen dabei das Hauptproblem dar. In deren Nähe riskieren Sie, von Ihrem Heimkehrer schwungvoll in den Dreck geworfen zu werden, während er »Stellung!« brüllt.

Stellen Sie sich darauf ein, dass Ihr Heimkehrer beim Abschuss einer jeden roten Leuchtrakete »ABC-Alarm!« brüllt und eine Tauchermaske aufsetzt. Bei der nächsten grünen Rakete folgt dann der Ruf: »Entwarnung!«.

Ein weiterer Hinweis: Tun Sie sich und den Nachbarn einen Gefallen und halten Sie Ihren Exsoldaten davon ab, jeden Morgen zu Trommelwirbel und lautem Rufen das Familienbanner vor der Haustür zu hissen.

Rechnen Sie als Hausfrau in den ersten Wochen mit harscher Kritik an der Sauberkeit der Wohnung im Allgemeinen und der Ordnung im Kleiderschrank im Speziellen. Reagieren Sie nicht überrascht, wenn Sie Ihren Heimkehrer zu nächtlicher Stunde dabei überraschen, wie er alle Wäschestücke auf das Format DIN-A4 faltet und sie mit einem Lineal exakt vier Zentimeter voneinander entfernt im Schrank ausrichtet. Gewöhnen Sie sich daran, dass Ihr Partner auf den Kanten der Türrahmen Staub wischt und auch das Innere von Stuhlbeinen säubert.

Während längerer Fahrten auf der Autobahn ist viel Geduld gefragt, während Sie mit gemütlichen 60 Stundenkilometern ihrem Ziel näher kommen. Reisen Sie mit der Bahn, sollten Sie Ihren ehemaligen Soldaten von Feldjägern fernhalten.

Anfangs werden auch andere Freizeitaktivitäten in Mitleidenschaft gezogen. Im Schwimmbad verharrt der

Heimkehrer möglicherweise am Beckenrand, während er sich zwanghaft mit den Fußspitzen an den Bodenfliesen ausrichtet.

Was auch immer Sie noch erleben werden, merken Sie sich einfach: Als problematisch ist die Situation erst dann einzuschätzen, wenn Ihr Partner nach dem Sex aufspringt, sich in Grundstellung begibt und meldet: »Ein Schuss Sperma richtig übergeben!«[1]

Der Soldat im Einsatz hat seine Taschenkarte – sozusagen seinen Spickzettel. Für alle, die den Soldaten an sich und sein Verhalten endlich verstehen wollen, gibt es nun dieses Buch. Auch für all jene, die sich an ihre Zeit bei der Truppe erinnern wollen, ist es eine wahre Fundgrube. Voller schräger Anekdoten, mit unglaublichen Tatsachen und verblüffendem Insiderwissen.

Folgen Sie mir auf eine Reise. Dorthin, wo sich *ManPat* und *PAGNAAPPFF* Gute Nacht sagen, wo Pommesgeneräle jedes Quartal Schulterglatzen auf die Suche nach Frequenzwasser schicken. Wo der Krieg mit Streichwurst gewonnen wird und Kopfschmerzen mit Rheumasalbe geheilt werden.

Auf geht es, in die unerforschte und seltsame Welt der Bundeswehr!

[1] Alternativ: »Einen Schuss Sperma richtig empfangen!« Immerhin sind Frauen nun gleichberechtigter Teil von Deutschlands größtem Trachtenverein.

1 Nasse Füße

… In dem der Autor im Wald in einem Schlammloch herumsteht und mit der Frage ringt, warum er einst mit glühender Begeisterung freiwillig Soldat geworden ist.

An einem verregneten, düsteren Februartag kurz nach meinem 35. Geburtstag spazierte ich schnurstracks in das nächstgelegene Avis-Büro, mietete einen rosafarbenen Ford Ka, warf ein paar Anziehsachen zum Wechseln in den Kofferraum und verließ Berlin auf der Autobahn Richtung Norden. Sieben Stunden später latschte ich mit schlammverschmierten Schuhen über nordfriesische Äcker, trat in eine Menge Kuhfladen und sollte mir in der folgenden Nacht die Hosen an einem drei Meter hohen Stacheldrahtzaun zerreißen.

Die Fragen meiner Frau enthielten im Kern alle die Formulierung, welcher Affe mich denn gebissen hätte. Ich versuchte sie mit dem Argument zu beschwichtigen, dass ich mich auf Recherche begeben müsse. Ganz plötzlich, ein Notfall sozusagen. Unaufschiebbar. Da half es auch nichts, dass ich pflichtbewusst dreinschaute wie ein Arzt am Empfangsschalter der Notaufnahme. Ein Schriftsteller, der schwarze Kampfstiefel und Cargohosen, eine Rotlichtstirnlampe sowie eine Jacke, an der alle Metallteile inklusive der Reißverschlüsse mit Ruß geschwärzt sind, für seine Recherchen einpackt, macht sich ohne Zweifel verdächtig. Es sei denn, er heißt Tom Clancy.

Ich musste ihr versprechen, keinen Unfug zu verzapfen – bekam jedoch keine Erklärung, was dieser Unfug genau sei –, und erhielt die Anweisung, diesmal doch bitte in einem *richtigen* Hotel zu übernachten. Dann durfte ich losfahren, eine riesige Thermoskanne Kaffee sowie die Ermahnung im Gepäck, den Regenschirm auch zu benutzen.

In den 90er Jahren gab es eine Imagekampagne, die mit dem Satz »Deutschland ist schön« und einer Aufzählung von allerlei Eckdaten begann. Bäume – toll. Seen – super. Schlösser und Burgen – umwerfend. Ist man jedoch einmal in der geografischen Mitte Deutschlands unterwegs, erfährt man, dass Deutschland nicht überall schön ist. Spätestens bei einem Abstecher in die Innenstädte von Hannover, Braunschweig und Wolfsburg beginnt man sich zu fragen, ob auch ganze Landstriche ausgebürgert werden können, und man drückt ordentlich aufs Gaspedal auf dem weiteren Weg an die Nordseeküste.

Doch es waren genau jene niedersächsischen Wüstungen, die ich mit zittriger Wiedersehensfreude auf meinem Weg nach Norden begrüßte wie gute, alte Bekannte. Beinahe einhundert Mal waren die Hauptbahnhöfe von Hannover und Braunschweig meine nächtlichen Umsteigestationen gewesen. Bei unzähligen Gelegenheiten hatte ich letzte Züge verpasst und zusammen mit professionellen Weintrinkern und Pechhabern in der Bahnhofsmission auf harten Kunststoffstühlen einige Stunden unruhigen Schlafes verbracht.

Dass ich währenddessen niemals gestört, beleidigt oder Opfer von Diebstählen geworden war, lag wohl daran, dass ich eine Uniform getragen hatte. Die Bundeswehr war bei der Benennung ihrer Felduniform nicht schüchtern. Kampfanzug heißt sie. Und so sieht das Ding auch aus.

Wie so oft im Leben waren Übel und Rettung untrennbar miteinander verbunden. Ich durfte viele Nächte in vollkommener Ruhe und Sicherheit auf einem nach Pisse stinkenden Bahnhof schlafen, weil ich mich vollkommen blauäugig zum Wehrdienst in der Bundeswehr verpflichtet hatte.

Ich fuhr weiter Richtung Norden, ließ Oldenburg links der Autobahn liegen und erreichte bald jene Landschaft, die berühmt dafür ist, nicht weiter als solche aufzufallen.

Dort, wo es flacher als anderswo ist, liegt am Jadebusen die kleine Stadt Varel. Ich kaufte mir an einer Tankstelle eine Landkarte der Umgebung im Maßstab 1 : 10.000 und fuhr in den einzigen respektablen Wald der Gegend, um im Gestrüpp am Rande eines künstlich hergerichteten Birkenwäldchens nach Spuren meiner Vergangenheit zu suchen.

Mein Ziel war auch auf einer aktuellen Karte noch gut zu erkennen. Ein viereckiges Stück Land mit dem Ausmaß zehn mal zwölf Kilometer, eingerahmt von schnurgeraden Landstraßen, entlang derer in kurzen Abständen noch immer die Pfosten standen, an denen einst Hinweistafeln befestigt waren: »Achtung! Militärischer Sicherheitsbereich – Schusswaffengebrauch. Betreten verboten.«

Mit einem Gelände, das einmal ein Truppenübungsplatz gewesen ist, verhält es sich, wie mit einem Mann, der zu oft verheiratet war: Die Verwüstungen sind auf immer und ewig erkennbar. Zwar sah jener Wald in Nordfriesland nicht aus wie das Kosovo Mitte der 90er Jahre, sondern eher wie ein langweiliger deutscher Standardwald. Aber ich wusste, auf welche Zeichen ich zu achten hatte.

Ich fuhr weiter Richtung Süden an dem Gelände entlang. Als ich in der Ferne eine Gruppe verfallener Gebäude erspähte, ließ ich das Auto stehen und machte mich daran, zielstrebig eine Wiese zu überqueren, die sich als äußerst sumpfig erwies und mit dornigem Gestrüpp bewachsen war. Vor einer kahlen Baumreihe blieb ich stehen – bis zu den Knien im eiskalten Morast. Ich fühlte mich plötzlich sehr fehl am Platz, und zum ersten Mal seit meinem Aufbruch fragte ich mich, was ich mir von dieser Expedition erhoffte.

Als ich die Ziegelbauten erreichte, hatte mein Äußeres dank der matschigen Wiese eine Transformation durchgemacht, die sich nur als authentisch für den Ort meines Aufenthaltes beschreiben lässt. Das letzte Mal hatte ich diese Gebäude gesehen, nachdem ich drei Tage und Nächte in freier Wildbahn unterwegs gewesen war. Ohne Schlaf. Marsch reihte sich an Marsch, Schießübung an Schießübung. Dreckverschmiert, das Gesicht voller Tarnschminke war ich mit meiner Waffe im Anschlag auf das Hauptgebäude zugestürmt. Ich hatte mich von einem der Dächer abgeseilt und anschließend durch ein Fenster geschwungen. Wir hatten im Obergeschoss einem imaginären Feind unsere Platzpatronen um die Ohren geschossen, vier unsichtbare Gefangene festgesetzt und stolz unserem Zugführer den Vollzug gemeldet. Dann waren wir, noch dreckiger und müder als zuvor, in Richtung Kaserne abmarschiert.

Heute, mehr als ein Jahrzehnt danach, benutze ich Lotion für meine Fingernägel und habe Angst vor den kleinen grünen Käfern, die ab und an meinen Liegestuhl im Garten erklimmen. Deswegen verstehe ich auch die soziologische These, Frauen seien wandlungsfähiger als Männer, immer noch nicht so recht.

Die Gebäude waren noch gut in Schuss, wie ich feststellte, als ich um die Bauten schlich. Leider waren Türen und Fenster mit dicken Brettern verrammelt, so dass ich meine Neugier nicht stillen konnte. Schließlich steuerte ich über eine zweite morastige Wiese auf einen Spaziergänger mit Hund zu, der meine Versuche, auf das Dach eines der Häuser zu klettern, bereits eine Weile misstrauisch beäugt hatte. Zehn Meter von ihm entfernt erreichte ich festen Wegboden, grüßte ungezwungen, fragte freundlich, ob ich auf dem ehemaligen Truppenübungsplatz sei, erhielt keine Antwort, streichelte den Hund, der sich jaulend hinter seinem Herrchen verkroch, grüßte nochmals, ging weiter – und fühlte mich die nächsten drei Minuten peinlich genau beobachtet, bis der Weg und damit auch ich aus dem Blickfeld des Mannes hinter hohen Fichten verschwanden.

Ich musste nicht mehr lange suchen. Um kurz nach 17.00 Uhr stand ich endlich in der Dämmerung eines grauen Winterabends in einer Grube, die sich zwischen den letzten Bäumen am Rand eines Waldstückes versteckte. An einer Fichte hing immer noch ein ausgeblichenes, einst selbstleuchtendes Markierungsband. Das Loch hatte auf der Seite zur Wiese hin einen Sims, auf den ganz wunderbar zwei Blumenkästen voller Geranien gepasst hätten. Er hatte jedoch einmal dazu gedient, mit einem Sturmgewehr darauf in Anschlag zu gehen. Dort hatte ich zahlreiche Winternächte lang gelegen, gefroren, geschlafen, beobachtet und geschossen. Dort – und in einigen anderen Löchern und Gräben.

Auch wenn Sie das jetzt vielleicht gar nicht so genau wissen wollten ... ja, ich habe mich an diesem Februartag noch einmal in den Matsch gelegt. Wie ein tatteriger Veteran bei einem Kriegsrestetreffen schwelgte ich in Erinnerungen an meine Zeit bei der Bundeswehr.

Merke: Der Mann an sich ist in der Lage, bei Themen Sentimentalität zu entwickeln, bei denen es keinen einzigen guten Grund auf der weiten Welt gibt.

Nun ist »schwelgen« sicher nicht ganz der richtige Ausdruck für diese Form von Vergangenheitsbewältigung. Ich lag in der Nässe meiner ehemaligen Schützenstellung und spähte auf das offene Gelände vor mir, so wie ich es einst auf unseren Übungen getan hatte. In den Gräben, welche die Wiese durchzogen, hatten sich Trupps an unsere Stellungen herangepirscht. Wir hatten sie mit Sprengfallen überrascht, mit Leuchtmunition die Nacht zum Tage gemacht und alle zusammen mit unserer lauten, aber harmlosen Manövermunition ein Höllenspektakel veranstaltet. Am nächsten Morgen war ein Oberfeldwebel vor unseren angetretenen Reihen herumgetigert und hatte uns für unseren Einsatz vor dem Feind gelobt. Worte wie Elite, Vorbild, Kameradschaft, Opfer, Härte und Siegeswillen klangen in unseren Ohren. Danach durften wir die 24 Kilometer in unsere Kaserne zurückmarschieren. Zum Abendbrot gab es auf Befehl des Bataillonskommandeurs für jeden eine Orange, die niemand anrührte, weil wir zu müde waren, um sie zu schälen. Es war Weihnachtszeit. Das Fest der Liebe.

Ich rappelte mich aus dem Schlamm auf, stapfte verwirrt und beschämt im letzten grauen Abendlicht über das Gelände zu meinem Mietwagen und suchte mir ein Hotel. Ein richtiges.

2 Durch die Hintertür

… In dem der Autor darüber philosophiert, wie seine Tauglichkeit, einen gepanzerten Hubschrauber abzuschießen, dadurch festgestellt werden soll, ihm einen Finger in seinen Allerwertesten zu stecken.

Als junger Großstädter hat man heutzutage fast immer eine Anzahl homosexueller Freunde und natürlich eine kraftvolle Fantasie. Aber so hatte ich es mir nicht vorgestellt.

Als der Arzt seinen Finger wieder aus meinem Anus zog, schwor ich mir das erste Mal, mich nie wieder derart vertrauensselig einer undurchsichtigen Anweisung zu fügen.

»Und jetzt einfach entspannen«, hatte er gesagt.

Angefangen hatte alles mit einem jener Briefe, die jeder junge Mann irgendwann nach seinem 18. Geburtstag in einem grauen Umschlag vom zuständigen Kreiswehrersatzamt erhält und in dem die nüchterne Anweisung steht, sich zur Musterung zu begeben. Dieser beschönigend als Einladung verpackte Befehl verfügt über eine beachtliche Menge Kleingedrucktes, in dem entzückende Worte wie Zwangsvorführung, Gefängnisstrafe und Grundgesetz in einem Satz vorkommen, ohne dass sich die Verfasser dafür schämen würden.

In der Bezeichnung Kreiswehrersatzamt schwingt immer ein Tonfall mit, der einen an alte Wochenschauen erinnert. Das Kreiswehrersatzamt hat nur eine Aufgabe, nämlich für die benötigte Menge an »Wehrersatz« zu sorgen. Ersetzt werden müssen alle, die nicht länger in der Armee dienen können. Was in meinen Ohren ein bisschen nach Verbrauch klingt.

Der Mensch als Verwaltungsakt und nicht als Lebewesen ist in Deutschland ein wohlbekanntes und still geduldetes Phänomen. Den Menschen als Ersatzteil zu behandeln, schaffen nur die Armeen dieser Welt. Ähnlich meinem Automechaniker, der sich regelmäßig zu meinem Auspuff hinabbeugt und sagt: »Det hält aber nich mehr lange! Da muss wat Neues!«

Als ich meinen Musterungsbescheid erhielt, war ich jung (sehr) und noch davon überzeugt, dass alles, was mit einem Bundesadler abgestempelt war, irgendwie schon seine Richtigkeit hatte. Eine Einstellung, die sich spätestens beim Anblick meines ersten Steuerbescheides ins Gegenteil verkehrte. Zusammen mit 50 anderen Geschlechtsgenossen im Alter zwischen 18 und 25 Jahren hockte ich mich an einem Augusttag in einem bunkerähnlichen Gebäude in ein großes Wartezimmer. An den harten Stühlen konnte man sich riesige Splitter einreißen. Eine Möglichkeit, von der ich reichlich Gebrauch machte, während ich mir die Werbeplakate an den Wänden ansah.

Mit dem Wort Werbung geht bekanntlich immer der Versuch der Verführung einher. Außerhalb der Bundeswehr ist man inzwischen sehr geschickt darin, dem Kunden alle möglichen Bedürfnisse einzureden, ohne dass er sich dabei wie das Opfer einer Gehirnwäsche vorkommt, auch wenn es sich natürlich genau darum handelt. Die

Bundeswehr geht da einen anderen Weg. Man nehme einen protzigen Panzer, dazu einige Gewehre, stelle diese Geräte mit ein paar Schwiegermütterlieblingen in Uniform auf eine Wiese – und fertig. Diese Werbesoldaten sehen so entspannt, locker, ja regelrecht weggetreten aus wie Papa in seinem Fernsehsessel am Freitagabend. Nicht unbedingt wie jemand, den man sich zu seiner Verteidigung herbeiwünscht, wenn der Russe schon beim Nachbarn auf der Terrasse sitzt.[2]

[2] Der so etwas zum Glück nicht mehr bei uns, sondern in kleinen Ländern tut, die früher einmal Teil des Sowjetreiches waren.

Untertitelt waren die Bilder mit so überzeugenden Parolen wie »Eine starke Truppe!« oder »Ja, dienen!«.

Das Schlimmste: Dieser Anblick gab mir nicht zu denken. Und genau so war es wohl auch gemeint.

Wir wurden nacheinander aufgerufen. Wiegen, Messen, in Mund und Augen gucken erledigte ein nervöser Sanitäter unter der Aufsicht einer professionell ausgebildeten Krankenschwester in einem Rutsch. Hinter einem schulterhohen Raumteiler aus dünnem Stoff durfte ich unter dem gelangweilten Blick der Schwester in einen Kunststoffbecher pinkeln. Allerdings befand sich hinter dem Wandschirm kein Urinal oder ein anderes Becken.

Haben Sie schon mal versucht, *genau* 150 Milliliter zu pinkeln und dann mitten im wunderbar erleichternden Plätschern aufzuhören? Ich vermute bis heute, dass es sich dabei um einen ersten perfiden Test hinsichtlich Durchhaltevermögen und Disziplin des zukünftigen Soldaten handelt.

Mit einer rustikalen Anlage, die tatsächlich noch über Kopfhörer aus Resopal[3] verfügte, wurde anschließend getestet, ob ich Pfeiftöne von Lichtpunkten auf dem Schirm vor mir unterscheiden konnte.

»Konsumieren Sie Drogen?«, fragte die Schwester zum Abschluss.

Natürlich öffnet sich hier für den Befragten eine Tür, um die Welt der Bundeswehr schnell wieder zu verlassen. Diese Frage stellt den Kandidaten aber auch vor die Entscheidung, wie genau er es mit der Wahrheit nimmt. Denn die einzige Möglichkeit des modernen Menschen, darauf korrekt zu antworten, lautet: »Ja, natürlich!«

Als Reaktion darauf klapperte die Krankenschwester nervös mit dem Kugelschreiber auf ihrem Klemmbrett herum, und ließ mich dann halbnackt eine halbe Stunde auf einem Stuhl in der Zimmerecke warten, bis die Ergebnisse meiner Urinprobe aus dem Labor kamen.

»Nichts!«, stellte sie fest. »Sie haben gelogen!«

»Droge«, dozierte ich, »psycho- und physioaktive Substanz, welche die Körperchemie verändert. Morgens Kaffee, ab und zu eine Zigarette, ein Bier nach dem Sport, Aspirin bei Kopfschmerzen und einmal sogar«, ich machte eine bedeutungsvolle Pause, »Antibiotika.«

Die Schwester schwieg eine ganze Weile. Dann legte sie mir mit schwitzigen Fingern eine Armmanschette zur Messung des Blutdrucks an. Vielleicht hätte sie eine Kontrolle nötiger gehabt.

Nach dieser Prozedur schickte man mich in das zweite Untersuchungszimmer, wo mich der Arzt zur Begrü-

[3] Ein Kunststoff in Holzoptik, der in den 70er Jahren groß in Mode war, um eine Menge hässliche Möbel zu bauen.

ßung anwies, die Hosen auszuziehen. Er drückte an meinem Bauch herum und verdrehte mir die Arme und den Kopf.

»Tut's hier weh?«

Ich verkniff mir ein »Jetzt schon!«.

Nach einem beherzten Griff an meine Genitalien folgte besagte Aufforderung, mich zu entspannen.

Die Logik ist eine feine Sache. Diese exakte Wissenschaft ermöglicht es einem, Zusammenhänge zu verstehen und zu analysieren, die sich einem nicht sofort intuitiv erschließen.

»Wenn Sie mal russische Hubschrauber abschießen wollen, müssen wir das machen«, sagte der Arzt.

Merke: Bei der Bundeswehr sieht selbst die Logik ganz schön alt aus.

Weiter ging es zum psychologischen Eignungsgespräch. Dieses beschränkte sich im Wesentlichen auf die Fragen: »Geht's Ihnen gut?« und »Sind Sie bereit andere Menschen zu töten?«.

Die Bundeswehr mag ihre Soldaten eher einfach gestrickt.

Nach dieser Prozedur erhielt ich meine Einstufung: T1, uneingeschränkt tauglich.

Ich hatte seit meiner Geburt mit Asthma zu kämpfen, litt an diversen Allergien und hatte meinen Sportlehrer stets damit erfreut, den Einhundert-Meter-Lauf abzubrechen, weil mir die Puste ausging – aber die Musterungsärzte der Bundeswehr hielten mich für die Crème de la Crème des deutschen Wehrmaterials.

Hingegen reicht es nach dem Wehrgesetz aus, kleiner als 1,79 Meter oder größer als 1,84 Meter zu sein, um nur noch als bedingt wehrtauglich eingestuft zu werden. Möglicherweise versucht die Armee durch eine Einheitsgröße bei den Uniformen zusätzlich Kosten zu senken.

Auch eine Fehlsichtigkeit von bis zu ±1 Dioptrien stuft die Bundeswehr als »normalsichtig« und voll verwendungsfähig ein.

Möchten Sie von einem Kameraden am Scharfschützengewehr gedeckt werden, der zwar exakt 1,80 Meter groß ist, dafür aber bei Dunkelheit einen Hasen in seiner Zieloptik jederzeit mit Ihrem Hintern verwechseln kann?

Ebenfalls verwendungsfähig – in der Einstufung T2 – ist, wer: unter Fehlsichtigkeit von bis zu acht (!) Dioptrien leidet, an beginnenden Wirbelsäulen-, Gelenkschäden oder Allergien zu tragen hat sowie eine Rot-Grün-Schwäche sein Eigen nennt.

Der Glöckner von Notre Dame konnte vielleicht nicht auf Anhieb das Herz seiner Angebeteten erobern, in der Bundeswehr hätten ihm dagegen alle Türen zu einer berauschenden Karriere offen gestanden. Solche Männer wurden anno dazumal in Stalingrad eventuell gezielt in der ersten Angriffswelle verheizt, aber haben wir diese Zeiten nicht überwunden?

Ähnlich unerklärlich ist es, wie ich während meiner Dienstzeit in einer Fallschirmjägereinheit Jäger Ludwig kennenlernen konnte, einen offensichtlichen Alkoholiker, der sich jede Nacht aus dem Bett an seinen Spind schlich, um eine dreiviertel Flasche Mariacron zu leeren, damit ihm am nächsten Tag das Sturmgewehr nicht zu stark in den Händen zitterte. Allerdings blieb uns Jäger Ludwig nur wenige Wochen erhalten, nämlich bis zu dem

Tag einer unvorhergesehenen Spindkontrolle und der darauf folgenden Blutentnahme im Sanitätsbereich.

Nur bei Krebs, Herzklappenschäden, Transsexualität und Erblindung auf einem Auge – für beide Augen gibt es keine Vermerke – verzichtet die Bundeswehr freundlicherweise auf die Mitarbeit des Patienten.

Die besten Möglichkeiten, den Wehrdienst zu vermeiden, sind übrigens Farbenblindheit, Asthma, Allergien gegen Lebensmittel, Plattfüße und – man höre und staune – Karies. Mit etwas schauspielerischem Talent und Beharrlichkeit führen auch simulierte Psychosen, Depressionen, Suizidgefährdung und der gute, alte Drogenkonsum zum Ziel. Der erfolgreiche Simulant muss allerdings zivilrechtliche Folgen fürchten, etwa den Entzug des Führerscheins oder Berufsunfähigkeit.

Aus Gründen missverstandener Emanzipationsbemühungen werden Frauen in unserem Land nicht zum Militärdienst gezwungen. Allerdings dürfen sie sich seit dem 1. Januar 2001 freiwillig dafür bewerben.

Ich kann jedem Mädchen und jeder jungen Frau ohne Perspektiven und Hoffnungen allerdings nur wärmstens ans Herz legen, sich bei ihrem zuständigen Sozialamt zu melden statt bei der Bundeswehr. Glauben Sie mir, eine Karriere als öffentlich geächteter Hartz-IV-Empfänger stellt tatsächlich eine positive Alternative zum Soldatendasein dar.

Jedem jungen Mann hingegen möchte ich einen Rat für die Partnerwahl mit auf den Weg geben. Wenn es sich vermeiden lässt, achten Sie darauf, sich keine Frau zu angeln, die Spaß daran hat, im Streitfall ihr Gegenüber mittels Handkantenschlägen, Bajonettstichen oder Schüssen aus einem Sturmgewehr zum Schweigen zu bringen. Diese Damen mögen einen knackigen Hintern haben, doch ist er die grundlegende Abwesenheit aller anderen femininen Eigenschaften einfach nicht wert.

Während die Zahl der freiwilligen Bewerberinnen steigt, schlägt sich die Bundeswehr heutzutage mit dem Problem herum, kaum mehr die Hälfte aller männlichen Wehrpflichtigen in ihren Reihen unterbringen zu können. Anfang der 90er Jahre begann nach dem Ende des Kalten Krieges und der Auflösung des Warschauer Pakts die Umstrukturierung der deutschen Streitkräfte. Eine möglichst große Verteidigungsarmee für den V-Fall, wie Krieg pietätvoll neudeutsch genannt wird, erschien der Bundesregierung nicht mehr zeitgemäß.

Seinerzeit wurden von den tauglich gemusterten jungen Männern noch fast alle zum Wehrdienst eingezogen. Heute ist die allgemeine Wehrpflicht zu einem ungerechten Lotteriespiel geworden, bei dem es von jedem Jahrgang lediglich einen Bruchteil aller auf der Wartebank Sitzenden trifft.

Von einem Jahrgang 18-Jähriger wird nur knapp die Hälfte tauglich gemustert. Das sind heutzutage circa 240.000 junge Männer, von denen nur knapp 70.000 ihren Wehrdienst (und etwa 90.000 Zivildienst) leisten. Die Bundeswehr mustert Wehrpflichtige auch schon einmal deswegen aus, weil sie »so komisch sprechen« oder deren politische Einstellung in der Bundeswehr nicht gewünscht ist.

Unter anderem kommt es sogar vor, dass es dem einen partout nicht gelingt, seinen Wehrdienst freiwillig anzutreten, während der Antrag auf Zurückstellung eines anderen abgelehnt und er umgehend eingezogen wird.

Nach einer Klage zweier junger Männer aus Köln gegen ihre Einberufung steht die Entscheidung des Bundesverfassungsgerichtes zur Drucklegung dieses Buches noch aus. Wollen wir Wetten abschließen, wie viele Jahre oder gar Jahrzehnte es noch dauert, bis die Richter sich bequemen, der Vernunft Genüge zu tun?

Da das von der Politik hochgelobte Prinzip der Wehrgerechtigkeit schon lange keine Realität mehr ist, wird die weitere Umstrukturierung der Bundeswehr zu einer Berufsarmee nur der nächste logische Schritt sein.

Dann können auch wir endlich, wie es die Amerikaner schon lange tun, all die Leichtgläubigen, Ungebildeten und weniger Glücklichen unserer Gesellschaft auf den Schlachtfeldern dieser Welt verheizen. Niemand muss sich mehr Sorgen um zu viele Hauptschüler ohne Lehrstelle machen. Die Arbeitslosenzahlen werden sinken, und endlich werden wieder mehr Deutsche ihrem Lieblingshobby nachgehen können: gehorchen, ohne sich um den nächsten Tag zu sorgen.

Haben Sie Kinder und noch keine Altersvorsorge?

Planen Sie deren Karriere jetzt!

3 Heldentum und Arbeitsplätze

… In dem der Autor es für eine gute Idee hält, für 13,98 Euro mit einem Fallschirm aus einem vollkommen intakten Flugzeug zu springen.

Am ersten Morgen meiner Reise auf den Spuren der Vergangenheit stand ich in meinem »richtigen« Hotelzimmer im Morgengrauen auf. Doch bevor ich zu einem Spaziergang durch meinen alten Standort aufbrechen konnte, lief ich dem schwatzhaften Hotelbesitzer in die Arme, der mir jedes Detail des Frühstücksbuffets erläuterte.

Meine endgültige Sozialisation in puncto Essensgewohnheiten habe ich bei der Bundeswehr erhalten – und leider bis heute nicht ganz abgelegt. Nachdem ich mich also durch ein Dutzend Becher Kaffee und einige komplette Schweine in Form von Salami und Streichwurst gekämpft hatte, ging ich an die Rezeption und fragte den Hotelier, was denn aus dem ehemaligen Kasernengelände geworden sei.

»Nichts«, lautete die Antwort.

Nach weiteren zwanzig Minuten stillstarren Zuhörens hatte ich erfahren, dass die Vareler ihre Kaserne vermissten. Sie vermissten die Horden von pöbelnden und betrunkenen Soldaten ebenso wie ihre plötzlich schwanger werdenden Töchter. Ihnen fehlten die täglichen Konvois aus lärmenden Armeetransportern und die nächtlichen

Ballereien auf dem Übungsplatz, bei denen niemand ein Auge zutun konnte. Außerdem bedauerten sie die Abwesenheit von einigen Hundert mürrisch dreinblickenden jungen Männern in ihrer Stadt, die am Abend jede Kneipe und das Kino besetzt hielten.

Es muss einfach wunderbar gewesen sein, in direkter Nachbarschaft von Gewehren, Handgranaten und ungestümen Leuten zu wohnen, die bereit waren, diese jederzeit zu benutzen.

Vor allem von den fehlenden Arbeitsplätzen war die Rede, und zwar nicht nur jenen, die früher in der Standortverwaltung zu haben waren: All die dienstbaren Uniformzähler und Aktenentstauber, die Köche und Versorger waren mit den Soldaten verschwunden. Auch in den Geschäften der Stadt machte es sich deutlich bemerkbar, dass nun über 1200 Kunden fehlten, deren einzige nicht sanktionierte Freizeitvergnügen darin bestanden, zu essen, zu trinken, ins Kino zu gehen oder sich Kram zu kaufen.

So wie mein Gastwirt sahen es alle Vareler, die mir an diesem Tag begegneten. Die Armee als Arbeitgeber war ihre heilige Kuh – und ist es immer noch.

Auch der Rekrut steht in gewisser Weise in einem Arbeitsverhältnis[4]. Zumindest sieht dies die Bundeswehr gerne so, denn in ihren Informationsmaterialien zitiert sie lockend aus dem Bundesbesoldungsgesetz:

»Wehrpflichtige werden nach ihrem Eintritt in die Bundeswehr vom Dienstherrn vollständig versorgt. Neben einer

[4] Zumal das Wort Soldat auf das italienische *soldato* zurückgeht, was so viel bedeutet wie »der in Sold genommene«. Also Schluss mit dem Geplapper von Ehre – es geht allein um die Kohle!

Unterkunft werden u. a. Verpflegung, Kleidung und medizinische Versorgung gestellt. Darüber hinaus erhält jeder Wehrpflichtige sein ›Gehalt‹ – den Wehrsold.«

Ein Blick in die Besoldungstabelle offenbart uns das Gehalt eines Grundwehrdienstleistenden: ganze 282 Euro und 30 Cent Wehrsold für 30 Tage, das macht 9,41 Euro pro Tag (Stand: November 2009). Da der Soldat eigentlich rund um die Uhr im Dienst oder in Bereitschaft ist, ergibt dies einen Stundenlohn von 39 Cent. Ab dem siebten Dienstmonat gibt es dann schon maßlose 46 Cent pro Stunde für unsere qualifizierten Vaterlandsverteidiger.

Für den Zeitsoldaten sieht es ebenfalls nicht gerade rosig aus. Ein 25 Jahre alter Unteroffizier (und Inhaber der unbeliebten Steuerklasse 1) landet in der Besoldungsklasse A05, was im Durchschnitt einem Bruttoeinkommen von 1500 Euro entspricht. Natürlich gibt es Tausende Berufe, die bei ähnlicher Beanspruchung geringer bezahlt sind. Doch sollen deren Inhaber auch nicht unter Einsatz ihres Lebens den Kopf für uns hinhalten.

Selbst der Einsatz im afghanischen Kriegsgebiet (ISAF-Truppen) wurde zu Beginn des Einsatzes lediglich mit einer Zulage von 79 Euro[5] am Tag belohnt. Mittlerweile hat das Ministerium den Höchstsatz auf 110 Euro aufgestockt. Wir bemessen also einen 30 Tage andauernden Kampfeinsatz unter Beschuss inklusive zahlreicher Fahrten durch Minenfelder mit dem

[5] Bei einer Aufenthaltsdauer von mehr als 14 Tagen, davor waren es 92 Euro/Tag. Warum der gefährliche Dienst im Auslandseinsatz nach dieser Zeit weniger wert sein soll, bleibt unbeantwortet. Geht die Bundeswehr etwa davon aus, dass nur wenige Soldaten diesen Zeitrahmen überleben?

Wert eines schicken Heimkinogerätes. Dafür erwarten wir neben besten Ergebnissen (was auch immer das sein soll, wenn man Leute mit Gewehren irgendwohin schickt) einen Ansturm von qualifizierten Bewerbern. Es ist also ganz und gar nicht überraschend, dass die Bundeswehr mit einem Personalproblem kämpft. Vor allem, seit ihre Soldaten in fernen Ländern gefährlicher leben, als FC-Bayern-Anhänger in der Fankurve des Bremer Weserstadions.

Deswegen treiben sich die Werber für den Militärdienst nun sogar schon auf Schulhöfen herum. Ganz recht. Deutschland befindet sich damit in der zweifelhaften Gesellschaft von Ländern wie Birma und Somalia, die den Kriegsdienst mit der Waffe von Minderjährigen gestatten.[6] Da kann man nur hoffen, dass uns fließend Wasser, ein kostenloser Schulbesuch und die 35-Stunden-Woche noch ein paar Jahre erhalten bleiben.

Nun ist es so, dass echte Dummheit nicht etwa ein Zustand mangelnder Bildung oder fehlenden Wissens wäre, sondern die Unfähigkeit, beides zum rechten Zeitpunkt auch einzusetzen.

Wahrscheinlich hätten mich die Plakate warnen sollen. Ein Unternehmen, das mit dem Spruch »Ja, dienen!« wirbt, muss offensichtlich ein paar Macken vertuschen, die ein Stück über Bordellaffären im Management hinausgehen. Wenn ich heute, über ein Jahrzehnt nach meiner Dienstzeit, gefragt werde, warum ich freiwillig zur Bundeswehr gegangen bin, komme ich immer noch ins Schleudern. Das bringt mich direkt zu meinem Eig-

[6] In der Bundesrepublik: freiwillige Verpflichtung zum Wehrdienst mit Einwilligung der Eltern ab 17 Jahren.

nungsgespräch bei einem Musterungsbeamten der Bundeswehr.

Zuvor hatte ich einen kurzen Eignungstest (die EUF – Eignungsuntersuchung und -feststellung) durchlaufen, bei dem man laut Bundeswehrjargon »meine Talente feststellte«. Dies geschah, indem überprüft wurde, ob ich mehr als 20 Wörter kannte *und* sie (ungefähr) richtig schreiben konnte, ob ich wusste, was ein Pluszeichen ist und wie man es benutzt, und ob ich mir sechs Symbole knapp drei Sekunden lang merken konnte. Wer die EUF mit voller Punktzahl besteht, darf zwar noch keinen Eurofighter fliegen, ist für die Bundeswehr jedoch Material allererster Güte.

Darauf folgt in der Regel ein Gespräch über die persönliche Situation und die Wünsche des Gemusterten, das sich allerdings auf einen schnellen Exkurs zu den Verwendungsmöglichkeiten des Kandidaten bei der Bundeswehr beschränkt. Wer nicht saublöd, schwerbehindert oder tot ist, dem verspricht das Kreiswehrersatzamt hier das Blaue vom Himmel. Doch was auch immer besprochen wird, es findet so gut wie keine Berücksichtigung bei der Verplanung des Wehrpflichtigen.

Es ist eine irrige Annahme, dass sich alle Menschen unter einem Helden dasselbe vorstellen. Im Sozialismus galt als »Held der Arbeit«, wer viele Mono-Kassettenrekorder zusammenbaute, die niemand kaufen wollte. Im Amerika der Siedlerzeit war ein Held, wer möglichst viele Indianer übers – oder besser gleich aufs – Ohr haute. Im Zweiten Weltkrieg galt es als heldenhaft, irgendwen von irgendwem zu befreien und dabei möglichst viele »Irgendwens« zu töten. Und derselbe konnte in den Jahren danach erneut zum Helden werden, wenn er Kinder aus einem brennenden Haus rettete. Interessant ist dabei weniger, was ein Held tut, sondern die Tatsache, dass fast alle jungen Männer dazu neigen, einer sein zu wollen.

Die Bundeswehr versucht diese Wahnvorstellung auszunutzen, indem sie den Dienst als Soldat mit einer Karriere als Ritter der Neuzeit vergleicht. Sie stellt die Armee als ein aufregendes Abenteuercamp dar, streicht heraus, wie »speziell« und »anders« eine »Tätigkeit« in ihren Reihen ist, und redet vor allem davon, eine qualifizierte Ausbildung bei vollem Gehalt anzubieten.

Zu diesem Zweck existieren eine Menge Werbefilme, die wirken, als hätte man *Top Gun* mit deutschen Laiendarstellern nachgespielt. Darüber wurde dann die Stimme eines Kommentators gelegt, der wie ein gealterter John Rambo mit Raucherhusten klingt.

Trotzdem sollte man immer im Auge behalten, dass die angepriesene Ausbildung zum einzigen Ziel hat, Soldaten zu produzieren, die andere Menschen töten oder dabei helfen zu töten. Ich möchte an dieser Stelle keinesfalls auf der platten Floskel »Soldaten sind Mörder« herumreiten. Denn der Begriff »Mörder« bezeichnet korrekter Weise nur gesellschaftlich sanktionierte Irre, ein Stigma, unter dem die Bundeswehr noch nicht leidet. Der Panzermechaniker? Hält ein Gerät fit, das mit einem Schuss ganze Häuser ausradiert. Der Sanitätssoldat oder Stabsarzt? Lernt prinzipiell nicht, um zu heilen, sondern die Reste von dem zusammenzuflicken, was der Feind zerlegt hat. Der Pilot eines Kampfflugzeuges? Ist weniger edler Held der Lüfte und anbetungswürdiger Beherrscher eines komplexen Apparates, sondern vielmehr ein armer Handlanger, der Geräte und Leben aus sicherer Höhe auslöschen soll. So steht es im Vertrag. Lesen Sie das Kleingedruckte!

Sollte Sie gerade das Gefühl beschleichen, mich bei blanker Polemik erwischt zu haben, so lasse ich das gelten. Zu meiner Entschuldigung habe ich anzubringen, dass das Ziel dieser Polemik vor allem ich bin. Denn als der Musterungsbeamte mir Honig um den Bart schmierte und mich als außerordentlich begabten und interessanten Kandidaten für die Division *Spezielle Operationen* bezeichnete, brannte bei mir das kleine Lämpchen namens Vernunft durch.

Die Aussicht, mit 50 Kilo Ausrüstung an einem Fallschirm aus einem vollkommen intakten Flugzeug zu springen, zig Kilometer bei jedem Wetter durch Schlamm, Wüste und Schnee zu latschen, um dann auf irgendjemanden, den ich nicht kannte, loszuballern, entlockte mir ein schlichtes: »Ja, das würde ich gerne machen.«

Wie Tausende junge Männer dieser Welt träumte ich davon, etwas Besonderes zu erleben. Dafür musste ich nur eine Erklärung ausfüllen, dass ich »sprungwillig«[7] sei und bereit, in einer Fallschirmjägereinheit zu dienen, weit weg von meinem bisherigen Zuhause, weit entfernt von allem, das ich bisher kannte. Wie Tausende junge Männer dieser Welt hatte ich zu viel Vertrauen und anscheinend bisher zu wenig schlechte Erfahrungen im Umgang mit Menschen gesammelt.

Doch um diesen Mangel kümmert sich das Personal der Bundeswehr seit 55 Jahren bis zum heutigen Tag ausgesprochen gerne.

[7] Was nichts mit Suizidgefährdung zu tun hat.

4 Keine Blumen

… In dem der Autor eine Begrüßungszeremonie an seinem Dienstort erlebt, in der er sich in das Jahr 1939 versetzt fühlt.

Mit Erwartungshaltungen ist das so eine Sache. Geht man zum Beispiel mit der Absicht, ein handfestes Abenteuer zu erleben, auf Reisen – und wird einem dann das Auto geklaut, die 17-jährige Tochter brennt mit einem marokkanischen Drogenhändler durch und kehrt nach sechs Monaten sonnengebräunt und ein bisschen schwangerer als vorher nach Hause zurück –, ändert das die Definition des Wortes »Abenteuer«, und der Wunsch danach verschwindet für den Rest des Lebens.

Andererseits ist es so, dass erfüllte Erwartungen auch immer einen Beigeschmack von Enttäuschung haben. Ein unlösbares Problem – auch für den frisch eingezogenen Rekruten auf dem Weg zu seinem Standort, der sich vorzustellen versucht, was ihn dort erwartet.

Pünktlich zur Einberufung gab es in der Vergangenheit zu jedem Quartalsersten eine Menge Geschubse und Chaos auf den Bahnhöfen und in den Zügen der Republik. Feldjäger und Polizisten standen an wichtigen Bahnhöfen und ließen nur Personen mit einer gültigen Fahrkarte oder einem Einberufungsbescheid auf die Bahnsteige. Mittlerweile ist der Wehrdienst auf neun

Monate verkürzt worden,[8] und es werden weitaus weniger Wehrpflichtige als früher auch tatsächlich einberufen. Diese wirren, revolutionsähnlichen Szenen alle drei Monate sind damit Vergangenheit. Tatsächlich sieht man in den Zügen der Deutschen Bahn kaum noch Soldaten – auch keine auffälligen Gruppen junger Männer, die alle denselben Kurzhaarschnitt tragen und einen grünen Rucksack dabei haben.

[8] Tendenz fallend – zum 01.01.2011 auf sechs Monate.

Der erste Kontakt des Rekruten mit der Welt der Bundeswehr verläuft vielerorts recht entspannt. Die Einheiten warten gemütlich ab, bis sich die Wehrpflichtigen nach und nach in der Kaserne einfinden. Die erste Hürde bei dieser Prozedur besteht darin, das ruppige Begrüßungsgespräch am Kasernentor mit einem der Wachsoldaten zu überstehen. Der sonst nicht sonderlich beliebte Wachdienst wird an den Tagen der Neuzugänge zum Objekt der Begierde. Wer jetzt vermutet, dass hier etwas faul ist, der liegt richtig.

So ein Kasernentor sieht auf den ersten Blick aus, wie die Pförtnerloge in einem Großbetrieb – mit einer monströsen Fahne und einem bewaffnetem Posten versehen. Mit seinem Einberufungsbescheid in der Hand geht der Rekrut durch das erste von zwei Gittern und wendet sich an den Pförtner-Soldaten hinter der dicken Glasscheibe. Böses erwartet den Arglosen, der in zivilen Sätzen spricht, wie: »Ich soll mich hier melden« oder »Ich suche die Einheit *Soundso.*«

Der Satz: »Nehmse mal Haltung an!«, vorgetragen in einer Lautstärke, wie man sie sonst nur von Rockfestivals kennt, ist lediglich der Auftakt. Es folgt eine Reihe mürrischer Traktate: »Wollnse nun zur 313 oder 217?«, »Erste oder zweite Kompanie?«, und schließlich merkwürdige Wegbeschreibungen: »Hinterm San, am Mun-Bunker vorbei, der Block neben der Mat-Gruppe.«

Das informative Begrüßungsgespräch wird durch zahlreiche persönliche oder vielmehr anatomische Fragen gewürzt: »Können nicht gerade stehen?«, oder: »Können nicht deutlich sprechen?« Ganz klassisch wird auf jede Frage des Rekruten erst einmal zurückgefragt: »Wollnse mich veralbern?«

Merke: Für den Neuankömmling empfiehlt es sich, nicht auf alle Fragen sofort mit einem schwungvollen: »Jawohl!«, zu antworten.

Nach dieser Begrüßung fühlt sich der Rekrut zum ersten, aber sicher nicht letzten Mal einen Meter kleiner als der Soldat vor ihm. Aufstehen muss ein geübter Wachhabender für diesen Effekt übrigens nicht.

Wenn die schönste Form der Abwechslung, die die Bundeswehr ihren Soldaten bieten kann, so offensichtlich darin besteht, arglose Neuankömmlinge anzubrüllen, schürt das nicht unbedingt Vorfreude und Motivation für die nächsten Tage. Aber warum sich mit psychologischem Kinderkram abgeben, wenn es seit dem Dreißigjährigen Krieg auch der Holzhammer tut?

Eine andere Variante des ersten Zusammentreffens von Rekrut und Bundeswehr ist ein ritualisiertes Begrüßungsspektakel besonderer Art. Manche Einheiten trauen ihren Soldaten vielleicht nicht zu, dass sie den Weg vom Bahnhof in die Kaserne alleine finden. Oder sie misstrauen grundsätzlich jungen Männern,[9] die ihr Auto stehen lassen, um mit etwas so Exotischem wie der Deutschen Bahn zu fahren. Diese Opportunisten empfängt die Truppe am Bahnhof mit einem Aufgebot an »Tonnern« – so heißt der mittelgroße Typ Lastwagen bei der Bundeswehr, auf dessen Ladefläche ein Dutzend Soldaten Platz findet. Statt Blumen zur Begrüßung gibt es ein Schaulaufen der ruppigsten Soldaten, die gerade aufzutreiben waren.

[9] Für die Minderzahl der Soldatinnen gilt dieses Klischee wahrscheinlich nicht.

Ich erlebte meine Ankunft im Reich des Flecktarn seinerzeit folgendermaßen:

Mit mir zusammen stiegen über einhundert verwirrt dreinschauende junge Männer aus dem Zug. In dem Gewusel auf dem schmalen Bahnsteig erklang eine dröhnende Stimme und scheuchte uns auf den Bahnhofsvorplatz. Dort standen mit dem Heck zu uns sechs olivgrüne bullige Lastwagen – die Tonner. Vor jedem Wagen hatte sich ein zur Salzsäule erstarrter Soldat mit bordeauxfarbenem Barett aufgepflanzt. Ein paar Schritte davor stand ein weiterer Soldat, der etwa doppelt so groß und breit war wie ich.

Zur Begrüßung wurden wir angeschrien – und zwar so laut, dass der kurze Satz in einem schmerzhaften Pfeifen in den Ohren ausklang.

Merke: Der Unterschied zwischen einem dienstlichen Gespräch bei der Bundeswehr und der Lautsprecherdurchsage bei einer Zwangsräumung besteht lediglich darin, dass die Lautsprecherdurchsage freundlicher klingt und besser zu verstehen ist.

Überhaupt sahen alle Soldaten, die uns an jenem Nachmittag in Empfang nahmen, aus, als hätten sie seit dem 1. September 1939 nicht mehr gelacht.

Der Fleischberg stellte sich uns vor. Das klang dann so: »Sie dürfen mich mit meinem Vornamen anreden: Herr Feldwebel!« Die Hälfte unserer Schar kicherte. Daraufhin holte der Feldwebel Luft und sog dabei alle Blätter, die zu unseren Füßen lagen, etwa einen Meter an sich heran. Dann machte er uns mit drei kurzen Hauptsätzen:

a) klar, dass wir in seinen Augen nur Maden seien,

b) dennoch ab jetzt Fallschirmjäger,

c) deswegen nun alle Mätzchen zu unterlassen hätten

und d) einigen von uns Angst.

Die nächsten Minuten verbrachten wir damit, auf dem Bahnhofsvorplatz unter den Schreien des Feldwebels herumzuirren, der versuchte, uns in einer Ordnung antreten zu lassen, die nur ihm bekannt war.

»Nach links!« – »Nach rechts!« – »Halt!« – »Abstand!«

Stellen Sie sich einfach nur vor, wie 100 Personen gleichzeitig auf die Anweisung »Drei hintereinander!« reagieren. Eben.

Als Nächstes hieß es, »auf die Tonner aufzusitzen«. Die Bundeswehrsprache ist voll von solchen Formulierungen, die man im Duden suchen kann, bis man schwarz wird. Dementsprechend lange dauerte es auch, bis der Erste von uns kapierte, was damit gemeint war. Nämlich auf die Ladefläche der Lastwagen zu steigen, wo harte Holzbänke unter einer Zeltplane lüstern darauf warteten, dass ich mir wieder einen Splitter einriss, was auch prompt geschah.

Die Fahrt auf einem Tonner ist in etwa so komfortabel wie ein Kurztrip mit einem abstürzenden Flugzeug Baujahr 1923. Trotzdem lernt der Soldat den Tonner bald zu lieben, nämlich immer dann, wenn er damit fahren darf, anstatt zu marschieren.

Das Aussteigen auf dem Kasernengelände erwies sich als komfortabler Sturz auf nasses Kopfsteinpflaster. Im Vorbeifallen hatte ich Gelegenheit, das Symbol meiner Einheit zu studieren, das auf das Heck des Tonners gemalt war: eine Eistüte auf einem grünen Briefumschlag. So viel Humor hatte ich hier gar nicht erwartet. Nicht nur die Sprache, sondern auch die Symbolik bei der Armee ist nun mal eine ganz besondere.

Wir wurden auf einen Hof gescheucht, wo an drei Seiten ein zweistöckiges Gebäude die Betonfläche umschloss. Es hatte die kleinsten Fenster, die ich je abseits einer Hühnerzuchtanlage gesehen habe.

Die Friesland-Kaserne wurde im Jahr 1941 fertiggestellt und war bis zu ihrer Schließung im Jahr 2007 einer der größten Stützpunkte der Bundeswehr. Im Übrigen erfüllte sie alle Kriterien für die militärische Form von Geflügelmast ganz hervorragend.

Der Feldwebel schaffte es schließlich, uns auf der einen Hofseite zu einem Rechteck anzuordnen.

Hier sollten wir nun warten und still sein. Bei dem Feldwebel klang das allerdings so: »Männer, wenn ich sage: ›Stillgestanden!‹, dann pendelt nur noch Ihr Sack, und das einzige Geräusch, das ich von ihnen höre, ist das Knistern ihrer angespannten Arschbacken!«

Verblüffender Weise brachte uns diese Ansage tatsächlich dazu, stillzustehen. Wir mussten etwa zehn Minuten bei strömendem Regen warten. Schließlich trat ein Offizier aus dem Gebäude, der sich als unser Kompanieführer herausstellte.

Dieser Hauptmann demonstrierte uns seine Männlichkeit, indem er ungerührt bis zu den Hüften in einer gewaltigen Pfütze stand, aus deren grauen Fluten ab und an ein Periskop auftauchte. So ließ er sich von dem Feldwebel unsere Anwesenheit melden. Ich bin ja der Meinung, eine Gruppe von einhundert Männern sollte selbst im dichten Nieselregen nicht zu übersehen sein, aber die Herrschaften bei der Bundeswehr sind eben sehr gründlich.

Es folgte die Begrüßungsansprache unseres Kompanieführers, die sich im Großen und Ganzen aus den Wörtern »Willkommen«, »Ehre«, »Tradition«, »Stolz«, »kämpfen«, »Fallschirmjäger«, »Härte«, »deutsch«, »Treue«, »Tod« und »großartig«, zusammensetzte. Den Höhepunkt stellte jedoch jener Teil dar, in dem der Hauptmann mit sich überschlagender Stimme die Heldentaten und den einzigartigen Kampfeswillen der deutschen Fallschirmjäger bei der Schlacht von Monte Cassino gegen die Feinde des deutschen Volkes lobte. Dass er dabei beinahe im Originalton aus den Wochenschauen des Jahres 1944 zitierte, schien ihn nur in einen Zustand noch höherer Begeisterung zu versetzen.

Für alle, die damals nicht dabei waren: Bei der Schlacht von Monte Cassino verloren 35.000 Menschen ihr Leben, wobei das namensgebende italienische Kloster vollständig zerstört wurde. Die deutschen Fallschirmjäger, die sich erboten, all die wertvollen Kulturschätze des Klosters in Sicherheit zu bringen, rissen sich dabei zahlreiche der wertvollen Güter unter den Nagel. Am Ende ergaben sich die deutschen Truppen britischen und polnischen Verbänden. Was für ein Erfolg!

Mit dieser schönen Form von Traditionsverständnis bekanntgemacht, schrie der Feldwebel uns neue Rekruten noch einmal kräftig an, ehe er uns tropfnass und frierend in den Kompanieblock trieb.

Merke: Eine Begrüßung bei der Bundeswehr ist schlimmer als ein Abschied am offenen Sarg.

Exkurs 1: Sachdienliche Hinweise zur Struktur der Bundeswehr

Zu Beginn seiner Dienstzeit kommt der Soldat in die AGA[10]-Kompanie. Eine solche Kompanie besteht aus bis zu 140 Soldaten – einem Chef, weiteren Offizieren, einem Spieß (dem Kompaniefeldwebel), Feldwebeln, Unteroffizieren und Mannschaften. Zusammen bilden eine Handvoll Kompanien ein Bataillon, so wie mehrere Dörfer einem Landkreis angehören.

[10] Allgemeine Grundausbildung.

Die Ausbildungskompanie ist allerdings oft nicht die Stammeinheit, in welcher der Soldat nach der Grundausbildung seinen Dienst versieht.

Der Kompanieführer gibt den groben Kurs vor, der bei der Bundeswehr »Rahmenplan gemäß Ausbildungsverordnung« heißt. Das Ergebnis ist der Dienstplan, den alle Soldaten am Schwarzen Brett bestaunen und verfluchen können.

In seiner jeweiligen Kompanie ist der Rekrut einem Zug zugeteilt und einem Zugführer unterstellt, der in der Regel direkt für die Umsetzung der Ausbildung der Rekruten verantwortlich ist (meist ein Feldwebel oder Leutnant). Ein Ausbildungszug besteht aus 30 bis 40 Rekruten und untergliedert sich in mehrere Gruppen, die von den jeweiligen Gruppenführern und deren Stellvertretern (beide meist Unteroffiziere) geleitet werden. Die Gruppenführer sind in vielen Belangen die Durchführenden der Ausbildung, vor allem des praktischen – d. h. schmutzigen – Teils.

5 Passt!

… In dem das Phänomen untersucht wird, wie man einen Krieg mit der Brotaufstrichdose gewinnen kann.

Vielleicht sind Sie ja schon mal in Urlaub gefahren und haben sich beim Anblick ihres Hotels gefragt, welches Jahr gerade geschrieben wird und warum die Wände ihres Zimmers in der Farbe Schleimolive gekachelt sind. So begrüßt einen jedenfalls die durchschnittliche bundesdeutsche Kaserne. Der Bund bietet die Unterkunftsvarianten »Adolf light« (gebaut vor 1945), »Franz-Josef« (liederlich umgebaut zur Gründung der Bundeswehr 1955), »Altneubau-Ost« (freudig von der NVA im Originalzustand übernommen) und das Modell »Auffanglager Sonnenschein« (gnadenlos überbelegte Stuben mit Wänden, so dünn wie in den Zelten eines Feldlazaretts). Ausnahmen existieren und sind einigen wenigen glücklichen Einheiten vorbehalten.

Seit Ende der 90er Jahre existiert das volltönende Konzept »Kaserne 2000«. Dabei sollen nach und nach Unterkünfte für zwei Personen oder sogar zur Einzelbelegung geschaffen werden, die mit eigenem WC, eigener Dusche sowie einer gefälligeren Einrichtung aus Holz ausgestattet sein sollen. Im Zuge der enormen Fortschritte dieser Um- und Neubauten wird das Konzept sicher schon bald in »Kaserne 3000« umbenannt werden.

Der frischgebackene Rekrut muss jedoch zunächst einmal seine Unterkunft finden. Fragt er einen erfahrenen Soldaten, wo sich sein Zimmer befindet, bekommt er fast immer den pampigen Spruch zu hören: »Bei der Bundeswehr gibt es Stuben. Zimmer gibt es im Puff!«[11]

Als Nächstes folgt der Schock, mehrere Monate in einem winzigen Raum zusammen mit sieben anderen Rekruten leben zu müssen. Im günstigen Fall erwischt der Rekrut eine Sechsbettstube, es gibt aber auch Stuben, die für zehn Soldaten vorgesehen sind. Die Einrichtung besteht lediglich aus einem großen (grünen) Tisch in der Mitte und den zu kurzen Doppelstockbetten. Außerdem steht für jeden Rekruten ein (grüner!) Schrank zur Verfügung. Damit ist die Stube eigentlich voll. Gleichzeitig noch acht Männer darin unterzubringen, gleicht einer Partie Tetris auf dem höchsten Level.

Der erste Akt in der Soldatwerdung des Menschen ist der Ausrüstungsempfang, zu dem die Ausbilder ihre verwirrten Rekruten nun treiben.

So merkwürdig es sich anhört, die Ausrüstung für die Soldaten stellt nicht etwa die Bundeswehr selbst bereit, sondern ein bürokratisches Monster namens Bundeswehrdienstleistungszentrum (ehemals: Standortverwaltung). Lediglich Kleinigkeiten, Umtauschartikel und Verbrauchsgüter wie das allseits beliebte Panzerband[12] bekommt der Soldat innerhalb der Kaserne. Dafür gibt es dann eine eigene Einheit: die Mat-Gruppe. Die

[11] Trotzdem gibt es bei der Bundeswehr etwas, das die Soldaten »Dummfick« nennen.

[12] Ein Klebeband, so stabil, dass man damit Panzer reparieren kann.

heißt nicht etwa so, weil dort alle Kollegen etwas schlaff sind, sondern weil man bei der Bundeswehr alles abkürzt. Vor allem so schwierige Wörter wie »Material«.

Der Aufwand, zwei Stellen, zwei Lager und das dazugehörige Personal zu verschwenden, heißt bei der Bundeswehr Rationalisierung und Wirtschaftlichkeit. Noch wirrer erscheint einem das alles, wenn man weiß, dass die BwDLZ Aufträge an die Privatwirtschaft vergibt. All das soll angeblich Kosten senken, funktioniert nur leider nicht so recht. Zum Beispiel gehört die *LH Bundeswehr Bekleidungsgesellschaft mbH* zwar offiziell zur Privatwirtschaft, ist aber eine zu 100 Prozent abhängige und mit der Bundeswehr verflochtene Nachfolgeeinrichtung der alten Standortverwaltungen. Oder fallen Ihnen außer der Bundeswehr auf Anhieb noch ein paar bedeutende Abnehmer für deutsche Uniformen ein? Das einzig Betriebswirtschaftliche daran ist wahrscheinlich der hohe Preis, den die Bundeswehr dem Steuerzahler durch diese Mauscheleien aufbrummt.

Ein weiteres trauriges Beispiel ist die Bundeswehr Fuhrpark Service (BwFPS) GmbH, die als privatwirtschaftliches Unternehmen Fahrzeuge verkauft und sie nach Bedarf an die Bundeswehr vermietet. Dabei kommt es zu erstaunlichen Negativ-Rabattierungen. So liegt der Preis eines VW-Golf (o. ä.) für die BwFPS GmbH *über* dem Preis, den Sie bei Ihrem Autohändler um die Ecke bezahlen. Sollte bei der Abnahme von mehreren Tausend Fahrzeugen nicht ein kleiner Rabatt für den Steuerzahler drin sein?

Doch was bekommt der Soldat nun für eine Ausrüstung?

Vorneweg natürlich seine Uniform, einen lässig bis schlabberig sitzenden Anzug in gesprenkeltem Halbgrün, der den Körper im Winter kalt und im Sommer schwitzig hält. Warum das Oberteil des Kampfanzuges in der testosteronschwangeren Welt der Waffenträger dabei ausgerechnet »Feldbluse« heißt, ist noch so ein ungelöstes Rätsel. Dazu gibt es die schon legendären olivgrünen T-Shirts des Herstellers Köhler, die eigentlich Unterhemden sind.[13] Weiterhin eine wattierte Unterziehjacke, Feldjacke, einen Nässeschutz (eine Art Adventure-Goretexjacke in Flecktarnoptik, statt der an manche Wehrdienstleistende auch noch die ältere Variante aus gummierter Baumwolle ausgegeben wird, die zwar den Regen draußen, aber auch den Schweiß drinnen hält), mehrere dicke Socken, die man sich nicht nur bis über die Waden, sondern gleich bis zum Kinn hinaufziehen kann, sowie eine sogenannte Mehrzweckunterlage.

[13] Für den Sommer oder spezielle Einsatzgebiete gibt es inzwischen auch »richtige« T-Shirts in Flecktarnoptik, die in der Regel jedoch den Truppen der Einsatzkräfte vorbehalten sind.

Bei Letzterer handelt es sich um eine Low-Budget-Isomatte, welche die Funktion erfüllt, alle Unebenheiten des Untergrundes (Steine, Baumwurzeln, feindliche Fernspäher) zu verstärken und an den Körper des auf ihr liegenden Soldaten weiterzugeben. Gegen Kälte wehrt sich die Mehrzweckunterlage dagegen nicht – die lässt sie ungerührt passieren. Dabei ist sie dreimal so schwer wie ihre Pendants aus dem Outdoor-Laden und lässt sich auch nicht rollen, sondern nur falten. Immerhin geht sie unter Feindfeuer nicht so schnell kaputt wie der auf ihr liegende Soldat.

Höhepunkt der Ausrüstungsausgabe ist die Krönungszeremonie, bei welcher der werdende Soldat seinen Helm bekommt. Dies geschieht immer noch durchgängig mit der schönen Formel »Passt!«, auch wenn heutzutage wenigstens vorher der Kopfumfang des Rekruten ausgemessen wird.

An ihrem Helm hat die Bundeswehr übrigens lange herumgedoktert. Offiziell hat der Stahlhelm seit 1992 ausgedient. Inoffiziell dauerte es natürlich mal wieder ein bisschen länger, alle Soldaten mit dem neuen Gefechtshelm aus Aramid – auch bekannt als Kevlar – zu versorgen. Eines der Argumente für die Abkehr vom Stahlhelm waren die besseren ballistischen Eigenschaften des Kunststoffs. Das bedeutet *nicht*, dass sich der neue Helm besser werfen lässt. Vielmehr entsteht bei einem Treffer in Stahl ein Loch, der neue Helm verformt sich hingegen großflächig. Ob sich die Soldaten mit diesem Wissen wohler fühlen?

Ursprünglich sollte der neue Helm robuster, bequemer und auch ein wenig leichter sein. Leider hat Aramid jedoch die Eigenschaft, sich unter Licht- und Wassereinwirkung aufzulösen, weswegen der Soldat von heute angehalten ist, vorsichtig mit seinem Helm umzugehen. Den alten Stahlhelm konnte man im Wald auch als Sitzgelegenheit benutzen, bei dem neuen Exemplar dagegen heißt es stets: Bloß keine Kratzer in die Kunststoffbeschichtung machen!

Leichter ist der Helm natürlich auch nicht geworden, denn für eine gute Schutzwirkung muss das Material eine Dicke von knapp einem Zentimeter haben. Dennoch mögen die Soldaten ihren neuen Helm, vor allem auch deswegen, weil der deutsche Gefechtshelm das bequemste Modell aller Armeen ist.

Noch ein weiteres Missverständnis gilt es an dieser Stelle auszuräumen. So ein Helm ist nicht etwa dafür da, um den Soldaten vor dem Schuss aus einem Gewehr des Feindes zu schützen. Zusammen mit der Schutzweste gehört er vielmehr zur Splitterschutzausrüstung. Im Originalton des Herstellers: Das Material ist lediglich »schusshemmend«.

Merke: Schießt man auf den Soldaten, ist er danach auch heutzutage meistens tot, und zwar egal wie viele Sachen er dabei anhat.

Als Nächstes wird der Rekrut nach seiner Schuhgröße gefragt, und es stellt sich heraus: Selbst bei der Größenbezeichnung der Kampfstiefel kocht die Bundeswehr ihre eigene Suppe. Vergessen Sie Ihre europäische 43 oder die amerikanische Größe 8. Nach einem ausgeklügelten System namens Mondopoint bekommt der Rekrut eine 255/115 oder 280/110 verpasst, eine Größe, in der sowohl die Fußlänge als auch die -breite erfasst sind. Der Gedanke ist gut, das Ergebnis angesichts des verteilten Schuhwerks jedoch fruchtlos. Die Stiefel der Bundeswehr sind nach dem Prinzip Haltbarkeit um jeden Preis entworfen. Nach einem vollen Granattreffer müssen sie nur ordentlich ausgespült werden und können immer noch als »gebraucht« auf dem freien Markt verkauft werden. Deswegen ist es auch egal, ob der Rekrut das Schuhwerk eine oder zwei Nummern zu groß oder klein erhält, die Schmerzen in der etwa sechsmonatigen Eingewöhnungsphase, in der die Füße die Form des Stiefels annehmen, sind die gleichen. Erstaunlich ist nur, dass an den Füßen jener Ausbilder, die nicht müde werden, die Qualität des Bundeswehr-Materials zu loben, andere Schuhe zu finden sind. Per Sonderantrag dürfen Berufs- und Zeitsoldaten truppenfremde Stiefel tragen, wenn diese eine hinreichende Ähnlichkeit mit dem Original aufweisen.

Vor der Reform der Bundeswehr Mitte der 90er Jahre gab es eine Menge Ausrüstungsgegenstände, von denen kein Soldat selbst nach mehrjähriger Dienstzeit so recht wusste, wozu sie gut sein sollten. Darunter auch das alte Koppeltragegestell, eine Art Mega-Hosenträger aus Baumwollgurten, die man mit allerlei Kram behängen konnte und die ständig verrutschten. Apropos hängen – im Gelände blieb man mit eben jenem Kram und den unpraktischen Hosenträgern an so ziemlich allem hängen: Wurzeln, Brombeerranken, Leopard-II-Panzern, dem Schnauzbart des Oberfeldwebels.

Nach der Reform der Bundeswehr gibt es immer noch einen Haufen Ausrüstung, die in jedem satirischen Handbuch Erwähnung findet. Dazu gehört natürlich auch eine Koppel. Die sitzt inzwischen deutlich besser, ist mit modernen Schnappverschlüssen ausgestattet und trägt die Kampftasche sowie andere Ausrüstung halbwegs zuverlässig. Außerdem sieht sie nun tatsächlich wie ein echtes Stück Ausrüstung aus und nicht länger wie ein Faschingsgürtel.

Das meistgehasste Bonusgepäck ist sicher die ABC-Schutzmaskentasche, die neben der Maske auch ein paar Handschuhe in der Form und dem Funktionsumfang von Seehundflossen sowie einen ABC-Selbsthilfesatz enthält, der jeden Facharzt zum Grübeln bringen würde.

Damit kann sich der Soldat im Falle einer Kontamination so lange die Langeweile und Angst vertreiben, bis er entweder gefunden wird oder tot ist.

Abgesehen von ihrem ungeliebten Inhalt hat diese Tasche die Eigenschaft, immer dann zu verrutschen, wenn sich der Soldat auf den Boden werfen soll. Meist hängt die Tasche dann dort, wo beim männlichen Soldaten ganz andere Dinge hängen, was beim Zusammentreffen von Soldat, ABC-Tasche und verschiedenen Geländeformen zu einer lautstarken Positionsmeldung führt.

Ebenso nicht vom Aussterben bedroht ist die Feldflaschentasche mit der – Sie ahnen es – Feldflasche und einem Trinkbecher. Beides besteht aus Aluminium, ist so gut wie nicht zu reinigen, versieht jedes Getränk mit einem metallischem Modergeschmack und ist zudem schwerer als der mögliche Inhalt.

Absonderlicher ist da nur der Inhalt der Mehrzwecktasche: ein Essgeschirr im Stil eines Ravensburger Puzzles (ebenso aus Aluminium), ein Feldbesteck, der berühmte Esbitkocher, eine Notration und ... eine Brotaufstrichdose.

Während das Essgeschirr durch sein lautes Klappern den Soldaten im Feld jederzeit zu einem guten Ziel werden lässt, verspricht der Esbitkocher immerhin stundenlange Beschäftigung bei der Nahrungszubereitung, sollte es dem Rekruten langweilig werden. Haben Sie schon einmal versucht mit einer Aspirin-großen Brennstofftablette auf einem klapperigen Blechgestell, das bei mehr als 250 Gramm Belastung in sich zusammenfällt, im Freien zu kochen? Überraschen Sie Ihren Partner doch einmal mit einem originellem Geschenk. Aber vergessen

Sie bitte nicht, auch gleich die Scheidungspapiere mitzubringen.

Das größte militärische Rätsel der Neuzeit ist und bleibt das Vorhandensein und vor allem die Funktion der Brotaufstrichdose. Gewinnt man einen Krieg etwa nur durch das ständige Mitführen von 200 Gramm streichfähiger Leberwurst?

Bleibt zu erwähnen, dass der deutsche Soldat stets auch Verbands- und Nähzeug mit sich führt sowie ein bei Ausbildern beliebtes Waldsportgerät namens Klappspaten.

Und dann gibt es da noch das Taschenmesser.

Fast jede moderne Armee der Welt hat es geschafft, einen ihrer Ausrüstungsgegenstände so hervorragend zu konstruieren, dass dieser auch im privaten Gebrauch seinen Siegeszug antreten konnte. Als da wären die amerikanische Feldjacke M65 (denken Sie nicht nur an Kommissar Schimanski, sondern auch an die Förster und Bauarbeiter dieser Welt), das AK47-Sturmgewehr (russisch-chinesisch praktisch) und natürlich das berühmte Schweizer Offiziersmesser. Letzteres zeichnet sich durch Einfachheit und Funktionalität aus, ist klein, leicht und nur durch Beschuss mit einer Panzerhaubitze kaputtzukriegen.

Alle diese Eigenschaften fehlen dem Taschenmesser der Bundeswehr. Vermutlich handelt es sich bei diesem Messer um den einzigen Ausrüstungsgegenstand, der tatsächlich verlorengegangen ist, wenn der Soldat eine Verlustmeldung dafür ausfüllt. Tausende dieser olivgrünen, stumpfen, klapperigen Gesellen werden jedes Jahr hergestellt und mit der Auflage an die Soldaten verteilt, sie stets bei sich zu tragen. In meiner eigenen Dienstzeit habe ich vier Stück verschlissen, von denen zwei bei dem Versuch zerbrachen, eine Blechdose mit Frühstücksfleisch zu öffnen. Dieselbe Dose.

Überhaupt haben die Ausrüstungsteile der Bundeswehr unter Campingfreunden, Jägern und anderen Outdoor-Verrückten keinen besonders hohen Status. Jedenfalls abgesehen von der praktischen Bekleidung, deren Optik nun wieder bei ihren Freundinnen und Frauen keine rechte Freude auslösen will. Deswegen verbringt der Soldat während seiner Ausbildung auch die meiste Zeit damit, zu lernen, wie er diese Ausrüstung bändigt und überhaupt ihrem zugedachten Zweck gemäß benutzt.

Gelegentlich sieht man im Fernsehen und auf Bahnhöfen Soldaten in Schlips und Kragen und einem hellgrauen Jackett, das ältere Dienstgrade gerne mit einigen bunten Schnürchen und etwas Blech behängen. Diese Kleidung ist der sogenannte Dienstanzug der Bundeswehr. Allerdings wird er die meiste Zeit nicht im Dienst getragen – schon gar nicht von den Soldaten, die ihrem Auftrag gemäß in der Natur herumstromern. Beim Dienstanzug handelt es sich vielmehr um die Ausgeh- und Angeberuniform, die der gemeine Wehrdienstleistende meist nur zu einem einzigen Anlass trägt: zu seinem Gelöbnis. Zur Vorbereitung auf diesen Tag verbringt der Rekrut zahllose verzweifelte Stunden bei dem Versuch, einen Schlips korrekt zu binden.

Sicher vermissen Sie nun ein ganz bestimmtes Detail in diesen Ausführungen zur Ausrüstung des Soldaten: seine Waffe. In einigen Armeen der Welt ist es gang und gäbe, dass die Rekruten ihr Sturmgewehr ständig bei sich tragen, ja sogar mit ins Bett nehmen. Die Schweizer Armee gibt ihren scheidenden Kameraden ihr Gewehr nach abgeleistetem Dienst sogar mit nach Hause. Bis zum Jahr 2007 tat sie das nebst einer Tasche Munition, damit der Schweizer im Ernstfall sofort das Vaterland und die berühmte Messerfabrik verteidigen konnte.[14]

In Deutschland herrscht dagegen seit dem Zweiten Weltkrieg ein gewisses Misstrauen gegenüber Gewehren, die in ständiger Reichweite neben dem Nachttisch liegen. Daher befindet sich alles, was ernsthaft knallen kann, also auch Manövermunition und Übungshandgranaten, in der Waffenkammer einer jeden Kompanie hinter einer Stahltür unter Verschluss. Die deutsche Gründlichkeit ist in diesem Fall einerseits beruhigend, andererseits stellt sich die Frage, wie deutsche Soldaten sich blind mit ihrer Braut vertraut machen sollen, wenn sich diese ständig hinter Gittern befindet.

Also, dann mal auf ins Gefecht mit der Brotaufstrichdose!

[14] Das stille Land der fleißigen Eidgenossen ist einer der Staaten mit der höchsten Dichte an Feuerwaffen in der Zivilbevölkerung. Merke: Neutral bedeutet *nicht* harmlos!

6 Bettenmachen für den Frieden

… In dem der kampfbereite Soldat in seinem ersten Gefecht gezeigt wird.

Den ersten und auch anstrengendsten Gewaltmarsch seiner Dienstzeit absolviert der Rekrut, wenn er versucht, beladen mit seiner gesamten Ausrüstung, von der Kleiderkammer aus sein Zimmer zu erreichen. Ein großer Rucksack, eine Feldtasche, ein Kleidersack und je nach Einheit ein monströser Seesack oder eine Reisetasche des Formats, in dem sich Elefanten gerne vor Wilderern verstecken. So wankt, zerrt, flucht und stapft der Soldat durch die Kaserne und quält sich die Treppen zu seiner Unterkunft hinauf.

Auf der Stube vergleicht er dann den Gepäckberg mit dem Volumen seines Spindes, woraus sich eine simple mathematische Fragestellung ergibt. Die Antwort liegt in Form eines Spindordnungsplans in der Stubenmappe bereit. Jedes Hemd, jede Bürste und jede Jacke hat einen festgelegten Platz, und laut der schematischen Abbildung scheint alles in den Schrank zu passen. Bleibt nur eine Frage offen: Wohin mit dem Inhalt der Tasche, die der Soldat von zu Hause mitgebracht hat? Wohin mit all den Jeansjacken, bunten Hemden, T-Shirts, Nike-Schuhen, Stereoanlagen, Minifernsehern, Mikrowellenöfen, Laptops und dem einen oder anderen einsamen Buch?

Als Antwort präsentiert die Bundeswehr das Wertfach des Spindes, wo der Soldat in den Ausmaßen eines Schuhkartons alles Private unterbringen soll. Das ist natürlich unmöglich. Da kann man den knappen Raum besser nutzen, denn das Privatfach bietet exakt 38 Flaschen Bier Platz! Obendrein darf es nur bei Gefahr im Verzug vom Vorgesetzten kontrolliert werden.

Mitten im verzweifelten Ausrüstungseinräumchaos reißt üblicherweise ein Unteroffizier die Tür auf, tritt in die Stube und bleibt schweigend erwartungsvoll mitten im Raum stehen. Nach und nach richtet sich die Aufmerksamkeit aller anwesenden Soldaten auf ihn, und in der Stille ist nur hier und da das Geräusch eines umfallenden Seesacks zu vernehmen.

Was nun folgt – und ich kann jedem, der den Wehrdienst noch vor sich hat, versprechen, dass es folgen wird –, gleicht dem Versuch eines Irrenarztes, für Ruhe und Ordnung zu sorgen, indem er selbst völlig irre herumschreit.

Auch mein Ausbilder, Stabsunteroffizier Lambert[15], war da keine Ausnahme. In mehreren kurzen Hauptsätzen informierte er uns darüber, was wir zu tun hatten, sobald ein Vorgesetzter die Stube betrat. Zuerst einmal hat ein Soldat laut »Achtung!« zu rufen, woraufhin alle Anwesenden zur Salzsäule erstarren müssen. Der Rufer hat nun Meldung zu machen, in der er dem Vorgesetzten unter anderem laut vorzählt, wie viele Soldaten vor ihm stehen. Anscheinend sorgt sich die Bundeswehr, dass der Vorgesetzte das Namensschild des meldenden Soldaten aufgrund einer tragi-

[15] Die Namen aller Soldaten sind selbstverständlich geändert. Ihr Verhalten nicht.

schen Augenkrankheit nicht erkennen kann, denn jede Meldung beginnt damit, dass sich der Melder vorstellt. Selbst wenn die letzte Meldung erst fünf Minuten her ist, wird stets mit Dienstgrad und Name gemeldet.

Die Unteroffiziere sehen sich selbst bekanntlich gerne als die Mütter ihrer Kompanie. Mal ehrlich, wie sehr würden Sie eine Mutter lieben und ehren, die von Ihnen verlangt, jedes Mal, wenn sie den Raum betritt, alles fallen zu lassen und zuerst Ihren Namen, gefolgt vom Grund Ihrer Anwesenheit durchs Zimmer zu brüllen? Bei der Bundeswehr ist man der Meinung, so Ordnung und Disziplin zu erhalten. Im Rest der bundesdeutschen Welt ist man dagegen der Meinung, dass solcherart Verhalten unter den Paragrafen 185 des Strafgesetzbuches fällt, da es den Tatbestand der tätlichen Beleidigung erfüllt.

Wenn Sie nun den Lautstärkeregler ihres Buches voll aufdrehen, dann hört sich die verlangte Formel etwa so an:

»ACHTUNG! Herr Stabsunteroffizier Lambert, Jäger[16] Pätzold meldet: Stube 52 mit acht Mann belegt, acht Mann anwesend beim Einräumen der Spinde!«

Der artige Unteroffizier von Welt bedankt sich für gewöhnlich mit der knappen Formel »Rühren!« – allerdings erst, nachdem er einige Minuten lang nachgezählt hat, ob er auch nicht angelogen wurde.

[16] Diese Dienstgradbezeichnung bedeutet »gemeiner Soldat«, zeigt jedoch zusätzlich an, dass der Rekrut einer Einheit angehört, die sich häufig im Dreck und in Bewegung befindet (Fallschirmjäger, Gebirgsjäger und andere auf der Jagd befindliche). Weitere dreckige Truppenteile sind die Grenadiere, die Pioniere und, trotz Wasserkontakt, die Kampftaucher.

Der Befehl »Rühren!« schickt die Soldaten ins sogenannte bequeme Stehen. Das ist nach zwei Minuten zwar genauso unbequem wie die stocksteife Grundstellung, hat jedoch den Vorteil, dass der Soldat dabei nicht auf Anhieb wie ein Volltrottel wirkt.

Exkurs 2: Die Grundstellung
Oder: Wie man verhindert, dass der Soldat beim Stehen Gedanken entwickelt

Grundstellungen gibt es bei vielerlei Beschäftigungen sowie zu allen möglichen Gelegenheiten. Beim Torwarttraining, beim Bauchtanz, beim Zehn-Finger-Schreibsystem, beim Schach und Dressurreiten, in Sexratgebern – und auch beim Militär.

Das Handbuch für den Deutschen Soldaten zum allgemeinen Dienst aller Truppen, *Der Reibert*, definiert die soldatische Grundstellung wie folgt:

»In der **Grundstellung** steht der Soldat still.

- Die **Füße** stehen mit den Hacken aneinander, die Fußspitzen zeigen in einem Winkel von ca. 60 Grad nach außen.
- Das **Körpergewicht** ruht gleichmäßig auf beiden Füßen (*Immer gut zu wissen!* [Anm. d. A.]), die Knie sind durchgedrückt.
- Der **Oberkörper** ist aufgerichtet, die **Brust** vorgewölbt (*Wie bei einem Gorilla* [Anm. d. A.]).
- Die Schultern sind in gleicher Höhe (*Sollten sie das bei einem tauglich gemusterten Soldaten nicht immer sein?* [Anm. d. A.]).
- Der **Kopf** wird aufrecht gehalten. Der Blick ist geradeaus gerichtet, der Mund geschlossen (*Ein sinnvoller Schutz gegen das Verschlucken von Insekten!* [Anm. d. A.]).
- Die **Arme** hängen herab, etwa eine Handbreit zwischen Ellenbogen und Körper (*Achtung! Das bedeutet NICHT, dass sich die*

Hände zwischen Ellenbogen und Körper befinden sollen [Anm. d.A.]).

- Die **Hände** sind gestreckt (Finger lang) und liegen mit ausgestreckten, aneinanderliegenden Fingern mit der Handfläche an der Außenseite der Oberschenkel an.«

Die meisten Unteroffiziersdienstgrade definieren die Grundstellung als straffes Stillstehen des Soldaten, bei dem sich »kein Sackhaar rührt« und der Blick frei geradeaus gerichtet ist, auch »wenn der Himmel voller Fotzen hängt«. Immer noch unklar ist allerdings, welche Haare im Fall weiblicher Rekruten bewegungslos zu sein haben und welche Ablenkungen der Himmel für diese zu bieten hat.

Der gemeine Soldat versteht unter der Grundstellung einen Zustand höchster geistiger Abwesenheit, bei dem es entweder gilt, die Klappe zu halten, oder aber auswendig gelernte Meldeformeln herunterzurasseln. Die Grundstellung ist zwar unbequem, und jeder sieht in dieser Haltung so dämlich aus wie ein behinderter Gartenzwerg, befreit den Soldaten dafür aber vom Laufschritt, von Liegestützen oder anderen Tätigkeiten.

Der deutsche Orthopädenkongress dagegen definiert die soldatische Grundstellung als eine schmerzhafte Verformung von Brustwirbelsäule und Gliedmaßen – und rät zu regelmäßiger Gymnastik.

Geht es nach den Maßstäben der Bundeswehr, ist das korrekte Einnehmen der Grundstellung also der schwerste und wichtigste Teil der Ausbildung eines Soldaten, wenn nicht gar kriegsentscheidend.

Stuffz[17] Lambert stellte da keine Ausnahme dar. Er ließ uns zwanzig Minuten lang das Spiel »Tür zu – Klippklapp,

[17] Kurz für Stabsunteroffizier.

Tür auf, Überraschung, ich bin der lustige Unteroffizier – ›Achtung‹ brüllen – Meldung herausschreien!« spielen, ohne dass ihm dabei auch nur eine Spur langweilig wurde.

Anschließend wurden wir ganze zwei Minuten in Ruhe gelassen, während derer wir uns damit beschäftigten, die kryptische Faltanweisung für die Oberhemden zu entschlüsseln, dann flog wieder die Tür auf. Diesmal stand ein Feldwebel im Zimmer und schnauzte uns an, weil wir die Betten noch nicht »gebaut« hatten.

Ich kann nur jedem eindringlich davon abraten, in so einem Moment naseweis zu sagen, dass die Betten ja schon *gebaut* seien und nur noch *gemacht* werden müssten. Sie haben ja keine Ahnung, wie viele Liegestütze Sie sich und ihrer Stubenbesatzung damit ersparen können!

Merke: Unteroffiziersdienstgrade haben einen Humor, der ausschließlich von Offizieren durch einen Knopf an einer geheimen Stelle ihres Körpers aktiviert werden kann.

Dahinter steckt ein elementares Ritual: Jede Armee versucht ihre eigene, härter klingende Sprache für ganz alltägliche Abläufe zu finden. Dies soll den Rekruten unter anderem klarmachen, dass er sich in einem neuen Reich befindet. Andererseits gibt die Verwendung dieser Geheimsprache den Ausbildern die Möglichkeit, den frischgebackenen Soldaten den Eindruck zu vermitteln, dass sie sich nicht mehr in der Welt auskennen. Während der Phase, in der die neuen Begriffe mühsam auswendig gelernt werden, hat der Ausbilder so Macht über den Rekruten. Die benutzt er natürlich – übrigens fast immer für sinnlose Spiele, die als schlichtweg unglaubwürdige Anekdoten auf jedem Psychologenkongress erzählt werden könnten. Außerdem ist diese Phase eine der seltenen Gelegenheiten, bei denen es in der Bundeswehr wirklich etwas zu lernen gibt.

Mit den Betten in den Kasernen ist das auf jeden Fall so eine Sache. Allen besorgten Müttern, die ihren Söhnen beim heimischen Abmarsch an der Haustür hinterherwinken, kann ich versprechen, dass einige ihrer Sorgen berechtigt sind. Zum Beispiel jene, ob der arme Junge auch gut schlafen wird.

Der Stapel Bettzeug, den der Soldat empfängt, setzt sich nicht etwa aus Daunendecke, Frotteebezug und Kuschelkissen zusammen. Das kompakte Paket enthält vielmehr eine von jenen Decken, wie sie mein Großvater zwischen seinen Sattel und den Rücken seines Pferdes zu legen pflegte: ein derbes, störrisches, dünnes Stück Wollstoff, das durch jedes Bettzeug hindurch auf der Haut kratzt. Der Hälfte aller normal großen Menschen ist diese Decke zu kurz. Wenn die Bundeswehr nun im Winter ihre Rekruten abzuhärten versucht, indem des Nachts in den Kasernen die Heizungen abgestellt werden, ist das gemeinschaftliche Zähneklappern unter den dünnen Fetzen weit zu hören.

Dazu gibt es schlichtes weißes gestärktes Bettzeug. Der kleine Stapel wird von einem Kissen geziert, das sich selbst durch die schlagkräftige Anwendung einer Nahkampfausbildung nicht verformen lässt, schon gar nicht aber durch einen darauf platzierten Kopf.

Sieht man dann die klapperigen Bettgestelle der Marke Kinderkrankenhaus-Doppelstock zum ersten Mal, wird jeder glücklich lächeln, dessen Körpergröße ein bisschen unter dem bundesdeutschen Durchschnitt liegt. Die Größe der Liegefläche und ganz besonders der Abstand zur zweiten Bettetage oder der Zimmerdecke sind wohl eher für Zwölfjährige geeignet. Zu seinem Leidwesen wiegt der durchschnittliche Soldat mehr als 30 Kilogramm, weshalb er seine Nächte in einer Art Hängematte verbringt, während ihn durch die dünne Matratze die Metallösen der durchhängenden Bettunterlage piesacken.

Erweist sich der Soldat dann auch noch als lebendes Wesen, das sich im Schlaf hier und da bewegt, stößt das Bettgestell sofort eine Kaskade von Quietsch- und Klappergeräuschen aus. Daraufhin fährt die gesamte Stubenbesatzung aus ihrem Schlummer auf, wobei ein jeder, je nach Schreckhaftigkeit, seine eigene Geräuschkulisse produziert. Vor allem das schmerzhafte Aufeinandertreffen von Knien, Schultern, Ellenbogen und Kopf mit den engen Grenzen des Bettgestells sorgt für eine erhebliche Lautstärke und obendrein blaue Flecken.

Der korrekte Bettenbau sieht nun wie folgt aus:

Das Kissen wird in das erste Drittel der Bettdecke eingerollt und dieses Paket nochmals unter einer wollenen Überdecke auf dem Bett platziert. Die Decke soll dabei exakt so gefaltet werden, dass sie mit den Rändern der Matratze abschließt. Der anspruchsvollste Teil besteht jedoch darin, die winzige Ruhestatt mit dem Laken zu versehen. Bereits bei dem ersten zaghaften Versuch, den Stoff zu bändigen, verändert sich die Wahrnehmung der Größenverhältnisse enorm. Die Laken der Bundeswehr sind gestärkte weiße Tücher, wie sie schon unsere Urgroßeltern auf ihren Betten benutzten. Diese brettähnlichen Stoffbahnen der Form der Matratze anzupassen, ist ein kleines Kunststück für sich. Die Liegefläche wird zum endlosen Ozean, auf dem Falte um Falte rebellisch wiederauftaucht, kaum glaubt man sie endlich geglättet zu haben.

Denn darin besteht die erste Herausforderung des Rekruten: ein Bett zu bauen, das so glatt und rechteckig aussieht wie der Fichtensarg, in dem manche seiner Kollegen aus dem Kriegsgebiet die Heimreise antreten – und dabei auf gar keinen Fall das Wort »Betten*machen*« in den Mund zu nehmen.

Ich kam seinerzeit in den Genuss, einem Feldwebel mit XXL-Körperbau dabei zuzusehen, wie er mein Bett als Musterbeispiel herrichtete. Ein Krieger in Flecktarnuniform, der in allerlei Verrenkungen über ein klapperndes Bettgestell krabbelt und liebevoll über weißes Leinen streicht, bietet schon einen ganz eigenen Anblick. Die Augen folgen zwar, aber das Gehirn kann die Bilder nicht sinnvoll verarbeiten. Sie erwarten schließlich auch nicht, dass ihre Mutter beim Frühjahrsputz Uniform und Kampfstiefel trägt. Als der XXL-Feldwebel fertig war, präsentierte er uns mit stolzem Lächeln ein Bett, in dem es wahrhaftig kein einzige Falte gab.

Warum ist es nur in den Augen der Dienstherren der Bundeswehr entscheidend für die Moral, die Ausbildung und die Kampfkraft der Truppe, dass die Betten wie kleine Kunstwerke makellos daliegen? Schließlich benutzen die Rekruten sie kaum, da sie ständig durch Wald und Heide kriechen. Ebenso ist es absolut unlogisch, dass der Soldat für einen derart wichtigen Auftrag – die Mission »perfektes Bett« – nur ungenügendes Material erhält, nämlich ein Laken, das sich wie eine Kreuzung aus einem Kiefernbrett und einem Faltenrock benimmt.

Bleibt noch eine Frage: Warum ist das alles so interessant? Vielleicht deswegen, weil es sage und schreibe zwei Wochen Übung braucht, bis der frischgebackene Soldat es schafft, sein Bett zur Zufriedenheit seiner Vorgesetzten zu machen – oh, Verzeihung: zu bauen. Was könnte man alles mit dieser Zeit anfangen? Etwa eine wirklich schlagkräftige Truppe ausbilden? Gott bewahre.

7 Eine kleine Nachtmusik

... In dem der eingeschüchterte Rekrut eine Befehlskette zu durchschauen versucht, die sich oft selbst widerspricht.

Erste Male sind immer etwas ganz Besonderes, und man vergisst sie nie. So ähnlich wie unsere Haut einen Sonnenbrand.

Der erste Sex. Die erste große Reise. Das erste Auto. Der erste *richtige* Sex. Das erste Mal, als man so betrunken war, dass man das Badezimmer leider mit der Abstellkammer verwechselt hat.

In diese Reihe gehört auch der erste Abend in einer Kaserne.

Die Rekruten hocken in ihrer Stube, bei dem verzweifelten Versuch (dem achten mittlerweile), ihre Spinde zur Zufriedenheit der Vorgesetzten einzuräumen. Nur wenig hilfreich sind dabei die konstruktiven Anmerkungen der Unteroffiziere. Eine Auswahl typischer Bundeswehr-Aufmunterungsversuche gefällig?

Hobby-psychologisch: »Bei Ihnen im Kopf ist wohl auch so eine Unordnung!«

Folkloristisch-spekulativ: »In Ihren Spinden sieht's ja aus wie im Rucksack von Luis Trenker!«

Völkerkundlich-altmodisch: »Wir sind hier nicht bei den Bimbos!«

Familiär-tragisch: »Hier sieht's ja aus wie im Arsch meiner Mutter!«

Da fragt man sich doch: Woher weiß der Mann so etwas?

Noch eine Information vorneweg: Der tiefere Sinn[18] der Schrankordnung liegt darin, dass der Soldat bei Alarm in stockfinsterer Nacht seinen Gefechtsrucksack ad hoc zusammenpacken kann, weil er genau weiß, wo welches Teil seiner Ausrüstung liegt und in welcher Reihenfolge die Jacken und Hemden hängen. Schließlich verursacht es nicht nur ungeheure Unbequemlichkeiten, statt der Feldhose den Schlafanzug zu erwischen. Wenn man sich nachts im Wald umzieht, möchte man auch nicht beim ersten Morgengrauen seine Kameraden damit verwirren, dass man statt der getarnten Nässeschutzbekleidung seine Ausgehuniform trägt. Andererseits wäre es natürlich eine heitere Unterbrechung des grau-grünen Bundeswehralltags.

Die Unteroffiziere aller Dienstgrade eint die Eigenschaft, niemalsnicht[19] mit den Rekruten zufrieden zu sein. Eine Einigkeit, die sic auch dringend nötig haben, denn folgende Szenen sind typisch für den ersten Abend der Rekruten bei der Bundeswehr.

[18] Jetzt heißt es staunen – es gibt einen!

[19] Noch so ein original Bundeswehrausdruck.

Phase Eins, die Antreiberphase

Der Stabsunteroffizier wedelt mit dem Spindplan und verlässt die Stube mit einem Knurren und den Worten: »Zeitansatz zehn Minuten. Ausführung!«

Die Rekruten interpretieren das Gesagte zwar richtig, wissen aber immer noch nicht, wie sie ihre Hemden noch exakter als bereits geschehen auf das Format DIN-A4 falten können.

Also ziehen alle erst einmal wie befohlen den blauen Sportanzug und die Sportschuhe aus knüppelhartem Leder an. Diese Maßnahme soll dazu dienen, eine erste uniforme Gleichheit herzustellen, ohne die frischgebackenen Soldaten mit der Aufgabe zu überfordern, sich »richtig« anzuziehen. Schließlich besteht eine komplette Uniform aus Unterwäsche, Feldhose, Feldbluse, Kniestrümpfen und Kampfstiefeln. Wirklich knifflig! Da nimmt die Bundeswehr gerne Rücksicht. Ein Berliner Oberleutnant verkündete treffend bei einer Werbeveranstaltung: »Hauptschulabschluss ist wünschenswert, aber nicht zwingend.«[1]

Kaum sind die Soldaten mit dem Schlumpf bekleidet, wie der Sportanzug wegen seiner blauen Farbe gerne genannt wird, taucht ein Unteroffizier auf – ihr Gruppenführer. Die Soldaten versäumen aufzuspringen, also übt der Unteroffizier mit den Rekruten zwanzigmal, korrekt Meldung »zu machen«. Dabei bekommen die Soldaten eine kurze Einführung in die komplizierte Grammatik der Bundeswehr: »Das sollen Sie so machen tun!«

Kaum ist der Unteroffizier verschwunden, stürmt ein Feldwebel die Stube, stellt sich vor – und als Zugführer heraus. Ein Soldat reißt flüsternd einen Lokomotivenwitz, in dem Adolf Hitler vorkommt. Zehn Sekunden später: Alle Stubeninsassen machen Liegestütze. Dann befiehlt der Feldwebel ihnen, endlich die Spinde einzuräumen und die Betten korrekt zu bauen. Dies macht er deutlich, indem er mit einer einzigen Armbewegung den Inhalt der Schränke auf den Boden fegt und »Nochmal!« knurrt. Er geht mit den einfühlsamen Worten: »Zeitansatz 15 Minuten, Ausführung!«

Der Stabsunteroffizier, der eine Minute darauf die Stube betritt, ist begeistert, weil die Meldung schon so gut klappt. Er wundert sich, warum alle Rekruten schwitzen und hochrote Gesichter haben, wertet dies aber als Zeichen guten Willens – anders kennt er die Äußerung von Motivation schließlich nicht. Dann betrachtet er eingehend die leeren Spinde und die Klamottenhaufen auf den Betten.

Zehn Sekunden später: Alle Soldaten machen Liegestütze.

Der Stabsunteroffizier verlässt die Stube, kommt sofort wieder herein und schnauzt die Rekruten an, sie hätten auch dann in Grundstellung zu stehen, wenn ein Vorgesetzter die Stube verlässt.

Der Stabsunteroffizier betritt und verlässt die Stube noch neunmal, so lange, bis der Stubenälteste vom »Achtung!«-Schreien heiser ist. Den Rekruten bleiben noch sieben friedliche Minuten, um ihre Spinde einzuräumen.

Nach sechs Minuten kommt allerdings der Feldwebel herein und äußert sich missfallend über den schleppenden Fortgang der »Mission Bügelfalte«. Er tut es mit dem Satz: »Meine Güte, Männer, Sie gewinnen ja noch an Schwung, wenn ich Sie gleich zur Schnecke mache!«

Diesmal folgen keine Liegestütze, weil der Feldwebel unverhofft zum Kompanieführer gerufen wird.

Phase Zwei, die Verwirrungsphase

Der Unteroffizier kommt anstelle des Stabsunteroffiziers herein und kontrolliert die Spinde, wobei er einen der oben zitierten Wertungssätze (Arsch, Mutter, Bimbo, Sie wissen schon) fallenlässt und Nachbesserung fordert.

Der Stuffz taucht eine Minute nach Abgang des Unteroffiziers doch nochmal auf, ist mit der Spindordnung vorerst zufrieden und setzt somit unwissentlich den Befehl des Uffzes außer Kraft. Dann entdeckt er, dass die meisten Betten durch das Hin- und Herräumen der Ausrüstung nicht mehr makellos aussehen. Es folgt wiederum ein Satz, der eine der bekannten Metaphern enthält. Manchmal ist die Laune des Stabsunteroffiziers auch einfach so schlecht oder sein Ego so klein, dass an dieser Stelle Folgendes geschieht.

Stuffz: »Soldat, lassen Sie mich nochmal ihren Spind sehen.«

Soldat öffnet den Spind und meldet unaufmerksam: »Bereit zum Spind*durchgang.*«

Der Stuffz freut sich und setzt diese Einladung mit vollem Körpereinsatz wortgetreu um.

Nachdem der Vorgesetzte sich im Schrank des Soldaten ausgetobt hat, sieht die Stube in der Unteroffizierssprache wieder aus wie in besagtem Arsch der bereits genannten Person.

Währenddessen besprechen der Feldwebel und sein Unteroffizier auf dem Flur, ob der Zug zuerst zum Appell antreten oder die abendliche Verpflegung empfangen solle. Der Feldwebel befielt schließlich das Antreten zur Begrüßung und zur Kontrolle des militärisch korrekten Haarschnitts in fünf Minuten.

Zur gleichen Zeit erklärt der Stabsunteroffizier nochmals geduldig, wie man eines der Betonkissen aufschüttelt, damit es rechteckig wie ein Hartschalenkoffer auf dem Bett liegt.

Der Feldwebel kommt in die Stube, während der Stabsunteroffizier gerade – seinen uniformierten Hintern steil in die Zimmerluft gereckt – das Bett eines Rekruten neu bezieht. Als der Stubenälteste »Achtung!« brüllt, stößt sich der Stuffz scheppernd den Kopf an der Bettetage über ihm, weil er dem tiefsitzenden militärischen Reflex der Grundstellung nicht widerstehen kann.

Der Feldwebel schüttelt den Kopf angesichts der Unordnung in der Stube – und der seines Stabsunteroffiziers. Er bekommt die Tür in den Rücken, als der Unteroffizier in die Stube stürzt.

Der Stubenälteste brüllt wieder: »Achtung!«.

Der Feldwebel brüllt darauf hin zurück: »Wollen Sie MICH ins Achtung stellen?«

Es folgen wirklich unglaublich viele Liegestütze.

Der Feldwebel lässt seinen Unteroffizier zurück, damit dieser den Rekruten das Antreten des Zuges im Flur erklärt. Beim Kommando »Fertig machen zum Raustreten!«, sollen sich die Soldaten korrekt angekleidet[20] in Gänsereihe in der Stube an ihrer Tür aufstellen. Erklingt kurz darauf der Ruf: »Raustreten!«, ist es oberste Soldatenpflicht, zusammen mit den Bewohnern der anderen Stuben den engen Flur entlangzurennen und sich nach der Körpergröße geordnet in einer Linie gegenüber dem Vorgesetzten aufzustellen.

[20] Dies bedeutet am ersten Abend im schon erwähnten Trainingsanzug.

Den Rest des ersten Abends verbringen die Rekruten in der Regel damit, chaotisch auf dem Flur herumzurennen. Weil alle die gleichen Sportanzüge tragen und noch niemand seine Kameraden kennt, dauert es Ewigkeiten, bis sich jeder gemerkt hat, neben wem er beim Antreten stehen soll. Doch irgendwann ist es geschafft, der Zugführer knurrt sein »Vorerst akzeptabel« und lässt sich dann über die Haarschnitte der Soldaten aus.

Exkurs 3: Die Sache mit den Haaren

Die Frisurenkontrolle geschieht auf genau jene Weise, die man aus Kriegsfilmen kennt. Sie endet bei fast jedem Rekruten mit dem Satz »Diese Bombenlegerfrisur ist bis zum Ende der Woche abzustellen!«

An den Anforderungen zur Frisurordnung kann man übrigens gut ablesen, wie kämpferisch sich eine Einheit selbst gerne sieht. Bei den unterstützenden Einheiten, zum Beispiel den Instandsetzungssoldaten, findet man eine eher lockere Einstellung zur Haarmode. Bei den Krisenreaktionskräften hingegen wird jedes aufmüpfige Härchen im Nacken durch einen Exorzisten ausgetrieben und das Wort *kurz* bekommt eine völlig neue Definition, die nur haarscharf an *Nassrasur* vorbeischrammt.

Deswegen existieren in allen Städten mit einer Kaserne kleine Friseurläden, deren einhundert Jahre alte Inhaber nur eine einzige Frisur schneiden können, die in der Sprache ihres Handwerks überall denselben Namen hat: windschnittig.

Schon immer haben Soldaten dagegen protestiert, wenn ihre Vorgesetzten einen normalen Kurzhaarschnitt als unsoldatisch und untragbar bezeichnet haben. Allerdings ohne großen Erfolg, auch wenn es ihnen zugestanden hätte. Offiziell sieht es inzwischen anders aus. Das Truppendienstgericht Süd in München verwarf den sogenannten Haar-und-Bart-Erlass der Bundeswehr, der für Männer und Frauen unterschiedliche Regeln enthält, als verfassungswidrig. Ein 18-jähriger Soldat hatte sich gesträubt, sich seinen Zopf abschneiden zu lassen. Wegen Befehlsverweigerung war er eingesperrt und vom Kompaniechef zu 150 Euro Geldbuße verdonnert worden. Verschiedene Vorgesetzte drohten dem Soldaten bis zu drei Wochen Arrest an, weswegen er sich schließlich von seinem Kopfschmuck trennte. Doch er legte Beschwerde ein.

Laut dem Erlass muss das Haar männlicher Soldaten »*am Kopf anliegen oder so kurz geschnitten sein, dass Ohren und Augen nicht bedeckt werden*«. Für die »*Haartracht weiblicher Soldaten*« gilt indes nur die Einschränkung, dass sie den »*vorschriftsmäßigen Sitz der militärischen Kopfbedeckung*« nicht behindern dürfe. Das Gericht hielt diese Unterscheidung zu Recht für »unverständlich« und entschied, dass der Befehl, den Zopf des Soldaten abzuschneiden, ein unzulässiger Eingriff in das Grundrecht auf freie Entfaltung der Persönlichkeit sei.[11]

Inoffiziell brüllen die Vorgesetzten die Rekruten immer noch an, sich »diese beschissene Bombenlegermatte« gefälligst abschneiden zu lassen. Und sie schaffen es zumeist auch, ihre Rekruten einzuschüchtern.

Merke: Klischees halten sich bei der Armee so lange, bis neue verteilt werden. Was bei der dauerhaft schlechten Versorgungslage viel Zeit erfordert.

Der erste Abend für die Rekruten geht in aller Regel folgendermaßen zu Ende:

Phase Drei, Beruhigungs- oder auch Aufgabephase

Der Feldwebel lässt die Rekruten zum letzten Verbessern von Spindordnung und Bettenbau wegtreten. Einen Augenblick später führt der Unteroffizier die Rekruten jedoch endlich zum *Essen fassen.* Kurz darauf wandert der Feldwebel durch den Kompanieblock und sucht in den leeren Stuben nach seinem Zug. Der Stabsunteroffizier führt die Rekruten nach acht Minuten Abendbrotzeit zurück in die Unterkunft, während der Unteroffizier die Rekruten verzweifelt im Speisesaal sucht. Der verblüffte Feldwebel findet schließlich seinen Zug – und zwar mit bereits geputzten Zähnen und im Schlafanzug, denn sein Stabsunteroffizier hat dessen Befehl, den Dienstschluss durchzuführen, bereits ausgeführt.

Irgendwann liegen dann alle Rekruten in den Betten. Durch ihren ersten Schlummer dringt der gellende Schrei des Unteroffiziers vom Dienst, der mit dem Ruf: »Kompanie Zapfenstreich!«,[21] jeden noch einmal hellwach aufschrecken lässt.

Na, dann gute Nacht. Und nicht vergessen. Der deutsche Soldat schläft nicht, er ruht!

[21] Der Zapfenstreich, der den Beginn der Nachtruhe in militärischen Unterkünften markiert, stammt noch aus dem Mittelalter. Damals »strichen« die Wirte zu bestimmter Stunde den Zapfen des Schankfasses, indem sie dagegenschlugen, damit die Landsknechte es am nächsten Morgen in die Senkrechte schafften.

8 Fünf-Uhr-Tee

... In dem der Leser erfährt, was man bei der Bundeswehr unter einem »guten Morgen« versteht, und zusammen mit neun Männern auf der Toilette probesitzen darf.

Die Vergangenheit holt einen manchmal auf seltsame Weise ein. Am zweiten Morgen der Tour durch meine militärische Vergangenheit erwachte ich träge in meinem Hotelzimmer. Ich öffnete meine bleischweren Lider – und schaute auf eine Frau, die mit einem Staubsauger den Teppich vor meinem Bett reinigte. Die Tür zu meinem Zimmer stand sperrangelweit offen, und auf einem Wagen verströmten offene Flaschen voller Reinigungsmittel ihren betäubenden Dunst. Der Staubsauger lärmte munter vor sich hin, und immer wieder stieß die Putzfrau damit gegen Stuhlbeine und die Bettpfosten. Just in diesem Moment ging eine Familie mit zwei Töchtern im Teenageralter auf dem Flur vorbei, und alle vier starrten auf meinen nackten Hintern.

Endlich bemerkte mich auch die Putzfrau. Immerhin stellte sie den Staubsauger aus, bevor sie mich barsch fragte, was ich denn in ihrem Zimmer mache. Erst jetzt stellte ich fest, woher der *andere* Geruch stammte, denn in ihrem Mundwinkel hing zitternd eine brennende Zigarette und bedachte mich mit einem zarten Aschenregen.

Jeder Soldat wird sich durch diese Beschreibung an etwas erinnert fühlen. Genau: das morgendliche Wecken während der Grundausbildung.

In der Regel ist der Rekrut am Abend so müde, dass er am liebsten schon nach dem Sandmännchen einschlafen möchte, doch seine Ausbilder lassen ihn natürlich nicht. Gegen 23.00 Uhr liegt der Soldat schließlich doch im Bett, und der UvD[22] gibt sein sein »Kompanie Zapfenstreich!« zum Besten.

Gefühlte zehn Minuten später fliegt die Tür mit einem Knall auf. Mit dem Zartgefühl eines Tyrannosaurus Rex, der sich einen 30 Zentimeter langen rostigen Nagel eingetreten hat, brüllt der Unteroffizier vom Dienst im Flur: »Kompanie Aufstehen!«, wobei er die beiden Worte jeweils drei oder vier Sekunden in die Läge zieht. Gleichzeitig steht der Gruppenführer der Stubeninsassen im Zimmer und schaltet das Deckenlicht an. Flackernd erwachen grelle Leuchtstoffröhren zum Leben. Natürlich entschuldigt sich der Ausbilder dafür. Das Ganze klingt dann so: »Oooch, Männer, habe ich etwa die Tür aufgelassen? Das tut mir aber leid! Sind die Herrschaften müde? Brauchen die Herrschaften etwas frische Luft?«

Natürlich sind die Männer müde. Schließlich ist es fünf Uhr morgens!

An dieser Stelle reißt der Ausbilder gerne alle Fenster auf. Nur Bundeswehrausbilder beherrschen die Technik, dabei mehr Lärm zu veranstalten als ein Presslufthammer. Wer jetzt noch im Bett liegt, wird den Rest des Tages im Fadenkreuz des Ausbilders verbringen, und das bedeutet: sehr viele Liegestütze!

Der Gedanke hinter diesem Prozedere ist natürlich: Wer hart geweckt wird, wird ein harter Krieger. Wahr-

[22] Unteroffizier vom Dienst.

scheinlich ist es aber so, dass jeder, der täglich mit dem aufmunternden Gegenstück zu einem Arschtritt geweckt wird, geradezu einen Feind braucht, an dem er in den nächsten Stunden seine schlechte Laune auslassen kann.

Der im Aufstehen korrekt ausgebildete Soldat ist nach einigen Wochen in der Lage, beim sanften Geräusch von Stiefelsohlen auf den Bodenfliesen vor seiner Stubentür im Sprung das Bett zu verlassen. Er reißt die Augen auf wie nach einer Überdosis Kokain, zieht sich die Hosen an, während er sich gleichzeitig Handtuch und Waschtasche schnappt, und holt dabei bereits Luft, um seinem Ausbilder ein trommelfellzerfetzendes »Guten Morgen, Herr Stabsunteroffizier!« entgegenzuschleudern.

Auf den Hechtsprung aus dem Bett folgt – selbst nach militärischen Maßstäben –, nun ja, sagen wir einmal: eine komplizierte Angelegenheit.

Männer machen es ja im Allgemeinen nicht so oft miteinander. Ich meine, gemeinsam auf die Toilette gehen. Warum ausgerechnet in einer der männlichsten aller Domänen[23] die Toiletten einem halboffenen Viehverschlag gleichen, ist unerklärlich. Hauchdünne Trennwände mit riesigen Spalten rauben dem Soldaten selbst noch das letzte bisschen Privatsphäre.

Soll etwa auch an intimster Front die Gemeinschaft gestärkt werden? Erhofft sich das oberste Heereskommando durch das Teilen der morgendlichen Darmtätigkeit seiner Soldaten in Duft, Ton und Bild einen Zusammenschluss, den keine Gefechtsübung erzielen könnte?

[23] Natürlich ist die Armee gemeint, nicht das Bordell.

So beginnt der Tag des Rekruten also damit, auf einer nackten Porzellanschüssel zu hocken und diese Situation zu verdrängen, damit er sich nicht vorkommt wie in einer Legebatterie für Menschen.[24]

Mittlerweile ist es 05.15 Uhr, und der Zug ist vor seinem Ausbilder vor dem Kompaniegebäude angetreten. Während der Sommermonate ist gegen Frühsport bei den ersten Sonnenstrahlen durchaus nichts einzuwenden, allerdings dauert der Sommer in unseren Breiten auch nur vier Wochen. Die Rekruten stehen also in Sportzeug (und mit Sportschuhen) oder Feldanzug (dann mit Kampfstiefeln an den Füßen) in stockdunkler Kälte herum. Üblicherweise nieselt es, manchmal ist auch Schnee befohlen.

Um die Laune der Soldaten zu heben, folgt nun der Befehl: »In den Liegestütz – fallt!«

Auch wenn Sie wirklich gerne Sport treiben – haben Sie das schon einmal auf einem Hof mit rissiger Betondecke gemacht? Oder mitten im dezemberlichen Schneematsch?

An die Liegestütze[25] schließt sich das Laufen an, das bei den Rekruten ebenfalls nur mäßig beliebt ist. Vor allem dann, wenn es in den unförmigen Kampfstiefeln stattfindet. Runde um Runde drehen die Soldaten in ihrer festen Formation: drei nebeneinander, viele hintereinander. Das Tempo gibt der Ausbilder vor – immer dop-

[24] Vielleicht hatte der Verfasser auch nur unglaubliches Pech oder die Toilettenanlage war ohne seine Kenntnis Teil seiner Spezialausbildung zum Fallschirmjäger – nicht alle sanitären Einrichtungen in deutschen Kasernen sind derart »offenherzig« angelegt.

[25] Viele!

pelt so schnell, wie die Gruppe kann. Höhnisch fragt er dann ab und zu die keuchenden Rekruten, ob denn auch alle Spaß hätten.

Spaß haben auf jeden Fall die Anwohner, denn 30 Paar im Laufschritt auf das Pflaster knallende Stiefel machen einen Höllenlärm, von den gebellten Kommandos des Ausbilders gar nicht zu reden. Das Licht geht selbst im letzten Schlafzimmer hinter dem Kasernenzaun an, wenn die rennende Meute auf den Befehl: »Ein Lied!« reagiert.

Merke: Singen bei der Bundeswehr bedeutet, rhythmisch eine Art Rammstein-Text zu brüllen.

In meinem ehemaligen Standort Varel überhäuften die Anwohner der Friesland-Kaserne die Standortverwaltung trotz aller Liebe zum Wirtschaftsfaktor Bundeswehr regelmäßig mit Beschwerden und Klagen wegen Ruhestörung. Vielleicht lag es auch daran, dass den meisten Leuten zu Recht unheimlich wird, wenn Soldatentrupps ihr Eliteverständnis dadurch bekunden, dass sie Lieder grölen, die schon ihre Kollegen anno 1942 zur Untermalung ihres Frühsports gesungen haben.

Gerade in den ersten Wochen geht den Rekruten jedoch recht schnell die Luft zum Singen aus. Wenn es dann endlich so weit ist, dass die ersten drei Kameraden beim kollektiven Dauerlauf aufs Kasernenpflaster gekotzt haben, geht es zurück in die Unterkünfte – mit dem Befehl, die morgendlichen Maßnahmen zur Körperhygiene durchzuführen.

Es gibt Gerüchte, nach denen man bei der Bundeswehr Menschen kennenlernen kann, die im Umgang mit dem Waschlappen sowie in der sachgerechten Verwendung von Wasser und Seife nur unzureichend geschult sind. Diese Gerüchte sind leider wahr.

Zugegeben, die Bundeswehr macht es einem auch nicht gerade leicht. Das morgendliche Waschen an langen Trögen aus rotem Granit, zu dem oft nur eiskaltes Wasser zur Verfügung steht, ist schon schwer genug. Die Tatsache, dass es dreimal so viele Rekruten wie Wasserhähne gibt und sie dennoch alle in »*Zeitansatz fünf Minuten!*« sauber, trocken und korrekt angezogen im Flur angetreten sein sollen, vergällt einem den Start in den Tag gänzlich. Kandidaten mit einem kräftigen Bartwuchs erfreut zusätzlich die Anweisung, nach welcher der Soldat täglich frisch rasiert seinen Dienst anzutreten hat. Sicher hat man dabei auch an die weiblichen Soldaten gedacht, die seit dem Jahr 2001 ihren Dienst in der Bundeswehr versehen, denn der Zusammenhang zwischen einem erhöhten Testosteronspiegel und einem freiwilligen Dienst in der Armee ist naheliegend. Welcher Kamerad möchte denn schon beim Frühstück einer strahlend blonden Frau Obergefreiten mit Damenbart gegenübersitzen?

Sind die Soldaten halbwegs gesäubert, geht es thematisch passend weiter. Unendlich viele Stiefel sind zu putzen, Spinde zu polieren, Toiletten zu wischen und das Herbstlaub auf dem Hof im Wind zu verfolgen. Das Ganz nennt sich dann »Revierreinigen«.

Ein Revier ist ein Jagdgebiet – und in diesem Fall jagt der Soldat Schmutz, den es immer gibt und von dem der Vorgesetzte stets noch etwas findet, wenn das Revier als gereinigt gemeldet wird. Später in seiner Ausbildung darf der Soldat seine Tage auch mit dem Reinigen seiner Waffe verbringen, aber in der ersten Zeit muss er an den Dingen üben, die er schon kennt. Was das zwölfmalige Wischen des Treppenflures an einem einzigen Tag mit der Ausbildung von Soldaten zu tun haben soll, konnte allerdings bisher nicht geklärt werden.

Das Frühstück ist die nächste Hürde, die der Rekrut während seiner Grundausbildung zu meistern hat. Zunächst einmal kommt der Zug in dem ihm zugewiesenen Zeitfenster zur Verpflegungsaufnahme grundsätzlich zu spät. Dies ist zwangsläufig so, weil es beim unmittelbar davor stattfindenden morgendlichen Antreten auf jeden Fall zu einer Szene ähnlich der folgenden kommt.

Beim Durchzählen – einem Ritual, bei dem jeder Soldat von rechts nach links seinem neben ihm stehenden Kameraden ein Zahlwort nebst etwas Spucke mit einer ruckartigen Kopfbewegung entgegenschleudert – kommt es immer wieder zu Komplikationen. Das Zählen beginnt mit einem lauten »Eins!«, was für die meisten Soldaten noch keine Hürde darstellt. Doch besonders in der Mitte der Linie, wenn die Zahlen plötzlich und tückischerweise zweistellig werden, stockt und holpert es oder überspringt die Weitergabe des aktuellen Standes gar einen Soldaten.

Nun ist es für den Ausbilder an der Zeit, einen seiner treffenden Motivationssätze zu gebrauchen. Immer wieder gerne genommen, sozusagen ein Klassiker: »Männer, wie ich sehe haben wir einen Behinderten im Zug! Aber da wir rücksichtsvolle, verständige Kameraden sind, kommen wir heute alle etwas später zum Frühstück und haben also genug Zeit, das Durchzählen zu üben!«[26]

Schließlich schafft es die ordentlich abgezählte Meute vor den Speisesaal, in den sie dann »rottenweise einrückt«. Eine Rotte beim Militär bezeichnet nicht etwa Anarchie in Uniform. Als Rotte gilt vielmehr die kleine Dreierreihe, die entsteht, wenn die Marschformation »drei nebeneinander, viele hintereinander« stehen bleibt und eine Wendung vollzieht.

Was wie ein Überfall klingt, ist dann auch einer. Denn nun gilt es, in nur zehn Minuten die kilometerlange Schlange vor der Essensausgabe hinter sich zu bringen, mit seinem Tablett an einem der riesigen Tische Platz zu nehmen und sich in den verbleibenden Sekunden so viele Käsestullen wie möglich in den Mund zu schieben. Schnell lernt der Soldat, seinen Körper meisterhaft zu beherrschen. Kauen und schlucken kann er schließlich noch beim Antreten vor dem Küchengebäude.

Eigentlich existiert ein Plan, nach dem jeder Kompanie ein bestimmtes Zeitfenster zur Verfügung steht, in dem sie ihre Soldaten an den Futternapf treiben darf. Durch sprücheklopfende Ausbilder der Marke Stabsunteroffizier Lambert wird dies jedoch täglich ad absurdum geführt. Damit wird der Kriegsweisheit[27] Genüge getan, nach der kein Plan den ersten Schuss überlebt. Oder das erste Besteckklappern.

[26] Unglaublich, aber wahr: Jeder, den ich zu seiner Grundausbildung beim Bund befragte, bestätigte mir, genau diesen Spruch in genau dieser Situation von seinem Ausbilder gehört zu haben.

[27] Oder heißt es heutzutage etwa »V-Fall-Weisheit«?

9 Uffze, Stuffze und Lametta

… In welchem den verschiedenen Dienstgraden ihre Plätze auf dem Evolutionsbaum zugewiesen werden.

Bevor wir uns weiter dem Ausbildungsalltag des Rekruten widmen, ist ein Ausflug in die Wunderwelt der verschiedenen Dienstgrade angebracht. Bunter als hier geht es nur beim Kölner Karneval zu – und Kostüme haben die Soldaten ja auch an.

Ganz unten in der Hierarchie der Bundeswehr, aber immer noch unerreichbar weit über den frisch eingezogenen Wehrpflichtigen, stehen die Mannschaftsdienstgrade, also all jede, deren Rang auf die Bezeichnung »Gefreiter« endet. Als da wären: Gefreiter, Obergefreiter, Hauptgefreiter, Stabsgefreiter, Oberstabsgefreiter. Mit Letzterem ist nicht nur die Hierarchie der Mannschaftsdienstgrade an ihrem Ende, sondern auch jegliche Karrierechancen für alle Berufssoldaten, die es nicht vorher geschafft haben, die Laufbahn für Unteroffiziere einzuschlagen.

Der Begriff »Gefreiter« stammt übrigens aus den Landsknechtsheeren des 16. Jahrhunderts und bezeichnete dort einen diensterfahrenen und zuverlässigen Soldaten, der die Wache führte, im Gefecht an kritischen Punkten eingesetzt wurde und dafür von einigen Diensten befreit war. Diese Namensgebung hat die Bundeswehr im für sie typischen Traditionsüberschwang übernommen. (Sie erinnern sich noch an den *Monte Cassino*?) Der Gefreite von heute ist allerdings nur ein einfacher Soldat, der einen kleinen weißen Balken auf der Schulter trägt.

Das versucht die Armeeführung dadurch wettzumachen, dass sie möglichen Bewerbern die Laufbahn als Inhaber eines Mannschaftsdienstgrades in den schillerndsten Farben ausmalt. Das ist auch dringend notwendig, denn wenn der Offizier befiehlt, der Feldwebel organisiert und der Unteroffizier die Ausführung überwacht – wer ist dann dafür da, dass überhaupt irgendetwas geschieht? Richtig: der Gefreite.

Fragt man die Bewerber für den Dienst als Zeit- oder Berufssoldat nach ihrer gewählten Laufbahn, fällt in der Hälfte der Fälle das Wort Unteroffizier. Abiturienten, von denen es mittlerweile dank unseres schildbürgerhaften Schulsystems jedes Jahr Hunderttausende gibt, streben normalerweise den Offiziersstand an. Wer bleibt also übrig? Da ist doch etwas faul, wenn das Gros einer Armee Befehle *gibt*. Wer arbeitet dann? Wer ballert dann auf den Gegner? Wer putzt die Panzer, fährt die Geländewagen und bewacht die unzähligen Waffen? Hat die Bundeswehr gar einen Riesendusel, weil es gar keinen richtigen Feind mehr gibt?

Mit einer Idee im Jahr 1996, die den einfachen Namen Attraktivitätssteigerungsprogramm trägt, wurde nicht nur der Wehrdienst auf zehn Monate reduziert, sondern es wurden auch die Beförderungszeiten verkürzt. Das neue System sieht vor, dass heutzutage bereits nach der Grundausbildung von nur drei Monaten aus dem einfachen Soldaten ein Gefreiter und schon nach weiteren drei Monaten ein Obergefreiter wird. Schieden vor dieser Reform die meisten Soldaten nach einem Jahr als Gefreiter aus dem Dienst, so wirft die Bundeswehr heute ab dem zehnten Dienstmonat mit einer Beförderung zum Hauptgefreiten um sich wie eine Herde Schimpansen mit Erdnüssen. Dabei muss man sich schon als äußerst unfähig, unwillig oder fahnenflüchtig erweisen, damit einem dieser Karriereschritt verweigert wird.

Doch bedenken Sie: Der Hauptgefreite an sich ist nicht aus bösem Willen dumm. Er ist, na ja, sagen wir mal, einfach ... ein bisschen träge.

Jeder Physiker würde in helle Freude ausbrechen, wenn er die Gelegenheit hätte, die Bundeswehr in seine Experimente einbeziehen zu können. Eins, zwei, drei wäre die Gleichheit zwischen träger und schwerer Masse für den Bezugsrahmen der klassischen Physik widerlegt.

Lassen Sie mich das kurz erklären. Die schwere Masse eines Objektes ist das Maß für seine Existenz. Eine Bowlingkugel, die auf Ihrem Fuß existiert – schwer! Anders ein durchschnittlicher Hauptgefreiter nach einem Jahr Dienstzeit in der Bundeswehr: Er beherrscht den Trick, direkt unter den Augen seiner Vorgesetzten zu verschwinden. Er fällt sozusagen nicht ins Gewicht, auch wenn er schwer ist.

Die träge Masse kommt hingegen ins Spiel, wenn auf einen Körper eine Kraft einwirkt. Oder einwirken soll.

Auf den Hauptgefreiten wirken jede Menge Kräfte ein. Als da wären der Befehl, etwas zu erledigen, ein Fahrzeug von A nach B zu fahren, eine Akte zu entstauben oder die Rekruten zum Essen zu führen. Um all diese

Dinge auszuführen, muss der Hauptgefreite nun seine träge Masse in Bewegung setzen. Manchmal sogar geistig. Und genau da liegt das Problem.

Der Hauptgefreite ist, soweit es ihm möglich ist, nie sichtbar anwesend (er besitzt also scheinbar eine geringe Ruhemasse), setzt jedoch jeder Kraft, die seine Behaglichkeit stören könnte, einen erheblichen Widerstand entgegen (hohe träge Masse). Damit stellt er in den Wissenschaften ein einmaliges Phänomen dar. Außerdem raucht er sehr viel.

Die Bundeswehrführung sollte aufhören, die Attraktivität einer Karriere in den Mannschaften dadurch zu steigern, indem sie massenweise Soldaten befördert, ohne dass sich diese anstrengen müssen. Wie die Schimpansen gehen wir Menschen nämlich bevorzugt den ökonomischsten Weg, um ein Ziel zu erreichen. Müssen wir nichts tun, um gut über den Winter zu kommen, bleiben wir schön brav auf unserem Hinterteil sitzen. Wie attraktiv ist der Anblick einer solchen Truppe wohl für den Herrn Verteidigungsminister?

Zum Glück bleibt kein Hauptgefreiter lange Hauptgefreiter. Nach 36 Dienstmonaten ist die Ernennung zum Stabsgefreiten möglich – und auch meist obligatorisch. Dies ist dann auch der letzte Hinweis, dass der Kandidat bereits viel zu lange bei der Bundeswehr Dienst tut.

Des Gefreiten ärgster Feind ist der Unteroffizier. Gerade durch die unmittelbare Nähe auf der Karriereleiter kommt es kaum zu Verbrüderungen und innigen Freundschaften. Vielmehr leben die Angehörigen beider Dienstgradgruppen in einem Verhältnis ständigen, angespannten Belauerns, das von dem Versuch beherrscht wird, dem anderen möglichst viele Aufgaben anzuhängen, für deren Erfüllung man eigentlich selbst zuständig wäre.

Der Unteroffizier steht, wie ihm seine Dienstgradbezeichnung täglich aufs Neue unter die Nase reibt, *unter* den Offizieren. Er ist somit Handlanger und Ausbadender ihrer Spleene – in der Armee auch Befehle genannt. Allerdings gibt es feine Unterschiede, selbst unter den Unteroffizieren.

Mein Gruppenführer stellte sich uns einst so vor: »Soldaten! Mein Name ist *Lambert*, mein Vorname ist *Herr Stabsunteroffizier* – und das buchstabiert sich G-O-T-T!«

Merke: Ein Stabsunteroffizier ist ein Unteroffizier, der glaubt, es durch die wohlgeübte Schikane an seinen Untergebenen zu etwas gebracht zu haben, weil ihm seine Pflichtbeförderung nicht verweigert worden ist.

Der Stabsunteroffizier ist außerdem, obwohl im Rang dem Unteroffizier übergeordnet, der Mann[28] fürs Grobe. Niemanden in der Bundeswehr wird man öfter dreckverschmiert aus einem Gebüsch hervorlugen und dabei glücklich strahlen sehen.

Während der gemeine Unteroffizier noch vorsichtig Klang und Wirkung seiner Stimme erprobt, legt der Stabsunteroffizier das Selbstbewusstsein der Übung und Gewöhnung an den Tag, wenn er seine Schutzbefohlenen in einer niedlichen Brombeerhecke in den Liegestütz fallen lässt.

Den Unteroffizier kann man dann und wann noch dabei ertappen, wie er es sich gemütlich macht. Gerne übernehmen Unteroffiziere einen zusätzlichen Innendienst wie den UvD, da dieser ihnen einen Tag in sitzender Po-

[28] Oder die Frau … in unseren modernen Zeiten.

sition unter einem regendichten Dach verspricht sowie Dienstausgleich in Form eines Urlaubstages oder Geld.

Anders der Stabsunteroffizier. Dieser hat mit dem Tag seiner Pflichtbeförderung eine kritische Dienstzeitschwelle überschritten. Fortan wird ohne Pause marschiert, geschossen und Sport getrieben. Und wenn der Stabsunteroffizier einmal niemanden hat, den er dabei anschreien kann, dann findet man ihn schon am nächsten Tag auf sämtlichen Freiwilligenlisten für Einsätze im Kosovo, in Afghanistan und im Irak, wo er nachts in seinem Zelt von einem großen, bösen Maschinengewehr ganz für sich alleine träumt.

Die wichtigste Kampfreserve der Armee steckt allerdings unter Schulterklappen mit Winkeln darauf.

Bei der Bundeswehr ergeben sich gerade in den ersten Monaten mannigfaltige Gelegenheiten, auch als Stadtmensch seinen Kontakt zur Natur zu vertiefen. Während man fix und fertig in einer feuchten Kuhle im Wald liegt und über einem ein Specht auf einen Baumstamm eindrischt, beginnt man den tiefen Zusammenhang zwischen Mutter Natur und der Struktur der Bundeswehr zu verstehen.

Der Feldwebel[29] ist nämlich so etwas wie der Specht der Armee. Ständig auf der Suche nach Ungeziefer in seinem Zug, hämmert er mit seinem Schnabel auf die Rekruten ein. Dass er dabei auch Löcher in gesundes Holz bohrt, kümmert ihn nicht. Der Specht ist das Maschinengewehr unter den Vögeln: von überall deutlich zu hören, selbst wenn man ihn nicht sieht. Auch der Stimme des Feldwebels kann man nicht

[29] Offiziell auch: *Unteroffizier mit Portepee. Was so viel bedeutet wie Unteroffizier mit Zierbändchen. Ehrlich!*

entkommen. Egal ob man im zweiten Stock des Kompanieblocks hinter drei dicken Holztüren auf der Toilette sitzt oder bei einem Marsch vier Kilometer abseits des Zielpunktes durch den Wald irrt – hat der Feldwebel etwas zu befehlen, so hat man immer das Gefühl, seine Stimme fünf Zentimeter vom eigenen Ohr entfernt zu hören.

Beim Specht habe ich mir oft die Frage gestellt, ob das arme Gehirn dieses Tieres durch dessen unermüdliches Gehämmere nicht ernsthaft in Mitleidenschaft gezogen werde. Eine Lebensform, deren Alltag daraus besteht, mit dem Kopf gegen einen Baum zu schlagen, wird sicher nicht als der Einstein der Wälder in die Geschichte eingehen. Bei sämtlichen Feldwebeln, die ich im Lauf meiner Dienstzeit kennengelernt habe, verhält es sich ganz ähnlich, was die Art ihrer Kommunikationsversuche betrifft: vielleicht nicht unfreundlich gemeint, aber viel zu laut.

Das macht es dem Feldwebel im Leben nicht einfach. Besonders auf Seiten des weiblichen Geschlechts herrschen Verwirrung und Trübsal, beginnt der Specht des Heeres seine Annäherungsversuche.

Und dann gibt es da noch das Völkchen der UA und OA und ihrer direkten Ausläufer.

Ein UA heißt nicht einfach nur UA, sondern zum Beispiel Obergefreiter, UA – Unteroffiziersanwärter. Er sieht aus wie ein Obergefreiter, er läuft wie ein Obergefreiter, schießt, marschiert und riecht wie ein Obergefreiter, hat aber über seinen Obergefreitenbalken einen weißen Querstrich auf seinen Obergefreitenschulterklappen. Die zeigen seine Zukunft als Unteroffizier an wie der kleine rote Punkt in der Mitte einer Zielscheibe. Das macht ihn zu genau solcher für erniedrigende Sonderaufträge durch alle Unteroffiziere, solange sie noch die Chance dazu haben, weil sie im Rang über dem UA stehen. Liebevoll wird dieses Kürzel deswegen auch so übersetzt: Unbedingt Anscheißen.

Noch schlimmer trifft es den OA, den Offiziersanwärter, der ebenfalls seinen Status hinter den eigentlichen Dienstgrad angehängt bekommt. Was dann übersetzt so klingt: Obergefreiter, Ohne Ahnung.

Der einfache Soldat in einer solchen Stellung, zum Beispiel der »Jäger, OA«, ist das unbeliebteste und am meisten gefoppte Individuum der ganzen Truppe, da er über die Rechte eines Wehrdienstleistenden verfügt – also keine. Allerdings versucht er sich schon auf das Gebaren eines Offiziers einzustellen, und so etwas kann einfach nicht gut ausgehen.

Zu erkennen ist der OA an einem silbernen Fitzel Schnur an den Schulterklappen, der sogenannten Discolitze. Treffender ist jedoch: Heizdraht. Dieser heißt so, weil ein OA fast immer in die Kategorie des »Brenners« fällt. Ein Brenner wiederum ist die Bezeichnung der normalen Soldaten für einen übereifrigen, pflichtversessenen und deswegen für alle sehr anstrengenden Kameraden. Ein Brenner geht so sehr in seinem Dienst auf, dass er sich selbst dann bei einer Aufgabe abrackert, wenn kein Vorgesetzter ihn dabei beaufsichtigt.

Befiehlt man einem Brenner im Gelände, sich von A nach B zu bewegen, wird er dies immer gefechtsmäßig tun. Führt er dabei eine Gruppe an, erfreut das seine Kameraden ungemein.

Merke: Ein Brenner ist das militärische Gegenstück zu dem Überstunden schiebenden Kollegen im Büro, der dem Chef bei jeder Gelegenheit in den Hintern kriecht.

Am Beispiel des OA zeigt sich auch das Prinzip des »nach unten treten, nach oben grüßen« in voller Blüte. Der zukünftige Anführer, das werdende Leitbild für seine untergebenen Soldaten, lernt die Grundlagen der Menschenführung in der Armee dadurch, dass er von wirklich jedem, der in der Rangfolge über ihm steht, noch schnell ein paar Tritte versetzt bekommt, bevor er dasselbe mit ihnen tun kann.

Nicht besonders oft anzutreffen in der Hierarchie der Bundeswehr ist der Unteroffizier, OA, was in der Natur der Sache liegt. Wer sich einmal auf eine Seite geschlagen hat, der bleibt dabei. Einmal ein Antreiber und Befehlsempfänger, hat der Unteroffizier dieses Verhalten schnell so gründlich verinnerlicht, dass ein Laufbahnwechsel den Besuch in einer Resozialisierungseinrichtung nötig macht. Abgesehen davon, können Sie sich vorstellen, dass der kleine Schreihals, der Sie in der Grundausbildung zehnmal an einem Abend Ihre Schuhe hat eincremen lassen, demnächst eine Kompanie anführt?

Die Bundeswehrführung kann das selbstverständlich und fördert deswegen diesen Karriereschritt, den sogenannten Laufbahnwechsel, ausdrücklich. Die Knappheit an guten Offizieren behebt noch nicht das Problem der Knappheit an guten Unteroffizieren – und damit wären wir schon fast beim Grundübel einer jeden Armee angelangt, der Knappheit an qualifizierten Freiwilligen.

Miniaturexkurs 1: Was sich die Bundeswehr wünscht

Am dringendsten einen Bewerberstrom von jungen Menschen, die ihr Leben und ihre Karriere ihrem Land widmen wollen – was auch immer das bedeuten mag – und die nach wohlüberlegtem Abwägen zu der Entscheidung gekommen sind, dass die Bundeswehr ein attraktiver Arbeitgeber ist, der ihnen die Frage nach dem Sinn des Lebens beantworten kann.

Dafür scheut die Bundeswehr keine Mühen und wirbt um diese kostbaren Kandidaten mit und in allen Medien. Stolze Piloten winken aus dem Cockpit ihrer Maschinen, Kampfpanzerkommandanten fegen keck mit ihrem 62-Tonnen-Gefährt für die Kamera um eine Kurve, gerade gelandete Fallschirmjäger lachen ins Objektiv.

Im Fadenkreuz der Bundeswehrwerber befinden sich seit einiger Zeit vor allem Langzeitarbeitslose, weshalb sie in einigen Jobcentern bereits dauerhafte Rekrutierungsbüros unterhält. Frei nach dem Motto: »Heute noch arbeitslos und lebendig, morgen schon in Afghanistan!«, wurden sogar Hartz-IV-Empfänger zum Besuch von Rekrutierungsveranstaltungen gezwungen.

Im Zweifel nimmt die Bundeswehr aber auch jene Waffennarren und Kriegsbegeisterten, die den Film »Rambo III«[30] immer noch für eine Reportage halten.

[30] Prädikat »Besonders wertvoll«!

Miniaturexkurs 2: Was die Bundeswehr bekommt

Natürlich verirrt sich auch ab und zu einer der oben genannten Wunschkandidaten zur Bundeswehr. In der Regel ist es jedoch so, dass es schon einen guten Grund dafür gibt, warum sich die Stelle für Öffentlichkeitsarbeit der Bundeswehr derart abrackern muss. Das Image des Berufes »Soldat« ist eben nicht besonders gut. Ganz abgesehen von der Tatsache, dass man bei dieser Laufbahn gefährlicher lebt als, na, sagen wir mal, ein Bäcker, müssen die Kandidaten einige besondere Eigenschaften mitbringen.

Erstens Freude daran, in ihrer persönlichen Freiheit beschnitten zu werden – oder zumindest Gleichgültigkeit. Außerdem Erleichterung, wenn jemand anders für ihre Handlungen die Verantwortung übernimmt (»Befehl ist Befehl!«).

Zweitens sollten sie in der Lage sein zu vergessen, dass sich hinter einem erfolgreichen Arbeitstag in der Regel eine Menge Leichen verbergen – deswegen heißt es bei der Bundeswehr auch immer nur »Auftrag erfüllt!« oder höchstens »Ziel erfolgreich bekämpft!«.

Hier zeigt sich wieder einmal, wie schwer die abendliche Frage zu beantworten sein kann: »Papi, was machst du eigentlich den ganzen Tag?«

Drittens, und besonders wichtig, der Kandidat muss der Vielfalt des zivilen Lebens willentlich den Rücken zukehren – was heutzutage vor allem jene tun, die dort keine Chancen mehr für sich sehen.

Wer wird sich da wohl eifrig einen Bewerbungsbogen vom Stapel nehmen? Wen wird die Bundeswehr also einstellen können? Richtig, keine aufrechten Kämpfer, aufgeklärte Bürger und vielseitig gebildete junge Erwachsene, sondern vor allem Menschen, die keinen Platz mehr in der zivilen Welt finden: Zweifler, Schulabbrecher, Langzeitarbeitslose, Jugendliche, die keinen Ausbildungsplatz bekommen, ziellose Studienabbrecher[31] oder schlicht Menschen mit schlechten Chancen aufgrund ihrer Herkunft und Bildung.

Hier zwei typische Beispiele aus dem Bewerberstrom.

[31] Der Autor ist selbst einer, hat sich aber nach dem Besuch der Universität dazu entschlossen, Bücher zu schreiben, anstatt sinnlos in der Gegend herumzuballern.

»Ich bin 15...weiblich.....und ich möchte sau gerne zur bundeswehr... ...evtl. realschulabschluss.....aber ich weiß nicht ob soldatin das richtige ist obwohl ich mir es sehr gut vorstelle....!wie ist das denn mit ›freien tagen‹?? hat man auch mal so freie tage das es sich lohnt irgentwann im urlaub zu gehen??und ich bin nicht wirklich sportlich??spielt das eine große rolle????weil eigentlich wird man dort ja eh sportlich gemacht....!«

*»Überlege momentan mich für 12 bzw. 15 Jahre als Oberoffizier zu verpflichten, weil ich zu arm bin (und mein Abischnitt zu schlecht wird *g*) um mir sinnvoll ein Studium zu leisten. Zudem könnte ich mir schlechtere Sachen vorstellen als 15 Jahre lang 2000 Euro ansteigend zu verdienen und dabei eine Autoritätsposition einzunehmen.«*[III]

Bei diesen Aussagen klingt das Wort »Zivilversager« laut mit – so bezeichnen einfache Soldaten einen nicht besonders beliebten Typ Vorgesetzten, der unfähig ist, jenseits des Kasernenzauns zurechtzukommen. Wenn man es recht bedenkt, fällt diese Bezeichnung erschreckend häufig.

Wie positiv kann man den Begriff des Freiwilligen bewerten, wenn Menschen sich von den Alternativen »Bundeswehr« oder »gar keine Idee, was ich mit meinem Leben anfangen soll«, einfach das Übel aussuchen, für das mit Steuergeldern bessere Werbung gemacht wird? Das ist also das Holz, aus dem unsere starke Truppe geschnitzt ist.

Hat der Offizierslehrling den Spießrutenlauf als OA überstanden, muss er auf seinem Weg zum Leutnant noch zwei Hürden nehmen – in Form der Dienstgrade des Fahnenjunkers und des Fähnrichs. Auch hier begeistert die Bundeswehr durch ihr sprödes Geschichtsbewusstsein. Fahnenjunker[32] waren junge Edelleute, die im Alter von 14 bis 16 Jahren ihre militärische Laufbahn begannen, als der Offiziersstand noch dem Adel vorbehalten war. Heute kann man in der Bundeswehr so einfach Fahnenjunker werden wie Fahnenflüchtiger. Gerade im Kleinadel der deutschen Fürstentümer war es äußerst beliebt, den jüngsten Spross beim Militär zu verheizen, damit dieser dem älteren Bruder und somit Familienerben nicht streitbar im Weg stand. Daran will man als moderner Offiziersazubi sicher jeden Tag durch seinen Dienstgrad erinnert werden.

[32] Fahnenjunker haben übrigens eine Befehlsgewalt, die dem niedrigsten Unteroffiziersrang entspricht.

Merke: Der Fahnenjunker ist wie der OA meist ein Brenner und wird deswegen hinter vorgehaltener Hand auch völlig korrekt als Fahnenjunkie bezeichnet.

Fähnrich hingegen bezeichnete schon immer einen Offiziersanwärter oder den niedrigsten Offiziersstand, dessen Name sich von seiner Aufgabe als Träger des Feldbanners ableitete. Es war dem Fähnrich verboten, die Fahne los- oder sie gar auf die Erde fallen zu lassen, und zwar unter allen Umständen. In Aufzeichnungen und Kriegshandbüchern aus dem Dreißigjährigen Krieg ist dazu nachzulesen, dass der Fähnrich sich in die Fahne einzuwickeln oder diese mit den Zähnen zu halten hatte, sollte er beide Arme in der Schlacht verlieren.

Die Fähnriche der Bundeswehr werden an diesem Kriterium übrigens offiziell *nicht* mehr gemessen.

Der Einfachheit halber kann man sich merken: Der Soldat OA ist eine arme Sau, die viel zu früh öffentlich ihre Karriereambitionen zeigt. Der Fähnrich ist ein von

Feldwebeln gerne belächelter Exot, der Fahnenjunker ein Exötchen.

Zwischen all den Vorgesetzten, Ausbildern, Generälen, blitzblanken Stabsoffizieren, knurrenden Unteroffizieren, schmeichelnden Kompanieführern und dem einen oder anderen Fahnenjunkie steckt nun also der gemeine Soldat und soll tun, was immer gerade der aktuellen Bundesregierung einfällt. Damit wären wir fast bei den Lemmingen, die sich mit dem Ausruf: »Jawohl, mein Hauptmann!«, gemeinschaftlich von der Klippe stürzen.

Die erwähnten Hauptleute und anderen Offiziere werden später im Buch noch genauer behandelt, denn bis der gemeine Soldat enger mit diesen Inhabern hochgestellter Dienstgrade in Kontakt gerät, vergeht noch eine ganze Weile, genauer gesagt beinahe seine gesamte Grundausbildung. Vorher muss er erst einmal so richtig dreckig werden und vor allem ganz neu laufen lernen.

10 Formal-dehyt

… In dem einiges über den sogenannten Formaldienst steht, bei dem der Rekrut von dem irrigen Glauben befreit wird, das Laufen bereits erlernt zu haben.

Nun geht es aber los, werden Sie denken. Auf ins Gefecht. So denkt auch der Soldat, wenn es gegen Ende der ersten Woche so weit ist, dass er sich alleine seinen Kampfanzug anziehen darf[33] und sein Bett bauen kann.

Und womit genau geht es nun los? Waffe aus dem Schrank und raus ins Gelände? Weit gefehlt. Bevor der Soldat überhaupt eine Wiese betreten darf, muss er sich einer ersten – aber nicht der letzten – Lektion in der sogenannten Formalausbildung unterziehen.

Und das geht so:

Natürlich läuft die gesamte Ausbildung des Rekruten »formal« ab. Die Formalausbildung heißt nicht deshalb so, weil der Soldat dabei in Form gerät. Vielmehr haben der Ablauf und das Ziel dieses Teils der Grundausbildung starke Gemeinsamkeiten mit dem der deutschen Bürokratie entlehnten Be-

[33] Welches ist der wichtigste Teil der Uniform? Natürlich die Hosengummis! Diese Einweckringen ähnlichen Hilfsgeräte streift sich jeder Soldat vom Jäger bis zum Generaloberst oberhalb seiner Stiefel um die Waden und schlägt das untere Ende der Hosenbeine nach innen darum. So wird aus einer zivil aussehenden Hose jene forsche Beintracht mit ihren charakteristischen Pludersäckchen über den Stiefeln, die fast

überall auf der Welt an Soldaten zu sehen ist. Es ist also wie »draußen« am Wochenende: Ohne Gummi geht für einen Soldaten einfach nichts.

griff »Formalität«. Erinnern Sie sich noch an ihre letzte Steuererklärung? Die Formalausbildung ist für den Soldaten das Gegenstück dazu, nur eben in Bewegung. Übrigens nimmt sie genauso viel Zeit in Anspruch.

Der Formaldienst dient dabei nur einem Zweck, nämlich die Soldaten, wenn sie in Massen auftreten, gut aussehen zu lassen. Gut nach den Maßstäben der Armee. So wie die Grundstellung das militärische Pendant zum männchenmachenden Erdhörnchen ist.

Der Formaldienst wird grundsätzlich draußen durchgeführt, bevorzugt bei kaltem Nieselregen oder brütender Hitze, wenn der Aufenthalt in der geheizten Sporthalle oder einem klimatisierten Unterrichtsraum den Soldaten nur unruhig machen würde.

Die erste Hürde, die es zu nehmen gilt, ist das Antreten des Zuges in einer wohlgefälligen Formation, Reihen und Rotten genannt. Der Ausbilder erklärt es so: »Männer, der Erste von Ihnen steht mir gegenüber, dann drei hintereinander und viele, viele nebeneinander.«

Idealerweise sollen die Soldaten dabei von links nach rechts der Größe nach geordnet stehen, die etwa gleich großen hintereinander. Den korrekten Abstand zum Nebenmann[34] kann der Soldat ermitteln, indem er den Arm in die Hüfte stemmt. Wenn es neben ihm zuckt, hat er den Abstand zu vergrößern. Zuckt es nicht, sollte er nachsehen, ob er sich noch in Sichtweite des angetretenen Zuges befindet. Ein

[34] Ja, auch in Zeiten, in denen es Frauen bei der Bundeswehr gibt, heißt es Neben- und Vorder*mann*.

wesentlich diffizileres Thema ist der Abstand zum Vordermann. Empfohlen ist eine Distanz von einer Armeslänge. Dazu streckt man den rechten Arm aus, wobei sich die Hand auf Schulterhöhe, jedoch auf keinen Fall wirklich *auf* der Schulter des Vordermanns befinden sollte. Nur blöd, dass einem deutschen Soldaten diese Geste gar nicht gut steht.

Überhaupt sind Abstände ein großer Themenkomplex bei der Bundeswehr. Da wird der Fahrer eines Hauptfeldwebels beim motorisierten Marsch in der Kolonne[35] angeschnauzt, sobald er auch nur um einen Meter vom vorgeschriebenen Kolonnenabstand abweicht – nur um sofort danach angeschrien zu werden, er fahre zu schnell, wenn er versucht, eben jenen Abstand zu verringern.

Irgendwann stehen die Soldaten des Zuges dann zu einem schönen Rechteck sortiert da und sind obendrein in der Lage, die Ordnung selbstständig einzunehmen.

Eine Übungsvariante, um das Gelernte zu vertiefen, besteht darin, dass der Ausbilder vor dem angetretenen Zug eine Drehung um 90 Grad vollzieht und befiehlt: »Achtung! Erster Zug in Reihe angetreten, im Laufschritt, marsch!«

Soldaten haben immer »in Front zum Vorgesetzten« anzutreten, das heißt vor und nicht neben diesem. Man wird nun Zeuge einer kleinen Sprint-Einlage, durch die sich die vorherige Ordnung von ganz alleine auflöst. Der Ausbilder kann zufrieden zusehen, wie sich seine Rekruten zehn Meter von der alten Position neu sortieren. Aber

[35] Bei der Bundeswehr fährt man nicht, man marschiert mit Motorkraft, toll oder?

selbst dem ausgebufftesten Stabsunteroffizier wird das irgendwann zu langweilig, und so wird die größte Hürde des Formaldienstes angepackt: das Marschieren.

Ein schmissiges »Rechts um!« wandelt die Formation zu »drei nebeneinander, viele, viele hintereinander«. Der Befehl: »Im Gleichschritt« ist das Signal für die Soldaten, schon einmal ihr linkes Bein bereitzuhalten, das beim abschließenden »Marsch!« den ersten Schritt wagt.

Abwechslung wird durch das Kommando »Links um!« geboten, obwohl die Verwendung von »rechts« bei der Bundeswehr erheblich beliebter zu sein scheint. Empirische Untersuchungen haben allerdings bisher keinen politischen Zusammenhang ermitteln können.

Im Fortgang der Formalausbildung wird der Rekrut nun von dem irrigen Glauben befreit, in seinem bisherigen Leben das Laufen bereits erlernt zu haben. Tausend Kilometer geht es im Gleichschritt über das Kasernengelände. Der Ausbilder leiert sein »Links, zwo, drei, vier« herunter, der Blick der Soldaten ist nach Anweisung frei geradeaus (»Auch wenn der Himmel ...« usw.), das Hirn im günstigsten Fall leer wie die Staatskasse.

Aber einer in der Meute verwechselt *immer* links mit rechts und tritt seinem Vordermann in die Hacken, was sich in der Regel bis zum Ende der Formation fortpflanzt. Zeit für den Ausbilder »Zu dämlich zum Laufen?« zu brüllen. Er lässt anhalten, erklärt noch einmal, dass »Links auch links bedeutet!«, und schreit: »Auf Links setzt der linke Fuß auf!«

Bei den nachfolgenden Kasernenrunden hört man immer mal wieder zunehmend verzweifelt: »Das linke Links, Männer!«

Das passende Taktgefühl ist aber nicht alles – und bei der Bundeswehr sonst sowieso vollkommen fehl am Platz. Im Idealfall ist auch der Abstand der Soldaten beim Marsch eine Konstante. 80 Zentimeter werden als optimal angesehen. Schon 79 Zentimeter sind schwul, und 81 Zentimeter gelten gar als Fahnenflucht.

Hilfreich korrigiert der Ausbilder die Abstände mit seinen Zwischenrufen: »Männer, eine Armeslänge Abstand, nicht eine Penislänge!«

Der gewitzte Unteroffizier von Welt verbannt alle stolpernden Störenfriede an das Ende der mittleren Reihe, wo ihre Köpfe unauffällig in einem ganz eigenen Takt vor sich hin hüpfen.

Es gibt aber durchaus noch mehr »Formales« zu erlernen. Wendungen zum Beispiel. Nein, nicht im Sinne von Vokabeln, sondern das gemeinschaftliche Umdrehen. Auch das benötigt viel Zeit, und zwar aufgrund der bekannten Links-Rechts-Schwäche der Rekruten. Wird während des Marschierens umgedreht, so nennt man dies einen »Schwenk«, wobei die Unordnung proportional zur Menge der Schwenkenden steigt.

In diesem Zusammenhang ist es an der Zeit, einen Irrtum auszuräumen. Viele glauben ja, als einfacher Soldat habe man bei der Armee nichts zu melden. Weit gefehlt.

Exkurs 4: Melden und Grüßen
Oder wie man dem Soldaten das Gefühl vermittelt, ein Ensemblemitglied der Augsburger Puppenkiste zu sein

Zum Thema »Grüßen im Gehen« rät *Der Reibert – Das Handbuch für den Deutschen Soldaten:*

- Der Gruß beginnt 3 Schritte vor dem zu Grüßenden und endet, wenn dieser ihn erwidert hat oder unmittelbar nach dem Vorbeigehen.[36]
- Der linke Arm wird mit natürlich geöffneter Hand zwanglos weiterbewegt.[37]
- Soldaten auf Fahrrädern grüßen nicht.
- Trägt der Soldat **kleinere Gegenstände**, ist die rechte Hand rechtzeitig zum Gruß frei zu machen.
- Soldaten, die wegen einer **Verletzung oder Körperbehinderung** den Gruß nicht mit der rechten Hand erweisen können, grüßen mit der linken Hand.

Bei so vielen Regelungen für gebrechliche Naturen stellt sich dann doch die Frage, welcher Pflegestufe man den deutschen Soldaten zurechnen soll.

In der Praxis verkrampft sich jeder Soldat in seinen ersten Wochen und stolpert mehr oder weniger hilflos an seinem Vorgesetzten vorbei. Dadurch sehen so gut wie alle Rekruten aus, als litten sie tatsächlich an einer Verletzung oder Behinderung. Beim Gruß verliert der Rekrut oft die erwähnten »kleineren Gegenstände«. Als Folge davon kriecht er dann hinter seinem Vorgesetzten auf dem Boden herum und erfüllt ihm durch diese devote Bekundung den gehei-

[36] Alles geht vorbei. Auch Vorgesetzte.

[37] Wie zwanglos sind Sie noch, nach der Aufforderung, ZWANGLOS! zu sein?

men Wunsch aller Berufssoldaten: echte, lebendig demonstrierte Unterwürfigkeit.

Aber es gibt auch gute Nachrichten. Die Zentrale Dienstvorschrift 10/8 legt ausdrücklich fest, dass beim Essen, Zähneputzen, Arztbesuch und auf dem Klo der militärische Gruß entfällt!

Um einiges einfacher ist das Melden, denn alle Meldungen laufen nach demselben Muster ab. Vor der Meldung ist der militärische Gruß obligatorisch, bei dem die Vorgesetzten unter anderem überprüfen, ob der Soldat seine Finger gerade halten kann. Gelingt ihm dies nicht, folgt bei männlichen Rekruten gerne die Frage: »Soldat, haben Sie keine Freundin, oder was?« Danach wird die ranghöchste Person im Raum oder Wald angebrüllt, natürlich mit ihrem Vornamen – also mit »Herr Oberfeldwebel« oder »Herr Stabsunteroffizier«. Anschließend gibt der Soldat noch seinen eigenen Vornamen bekannt, also z. B. »Jäger«, gefolgt von seinem Nachnamen.[38] Er leitet ein mit: *»Ich melde …«*, und erst danach folgt die Meldung als solche. In der Praxis hört sich das dann so an:

[38] **Den darf man bei der Bundeswehr nämlich behalten.**

»Herr Oberfeldwebel, Jäger Pätzold, ich melde, es schneit.«

Gerne geübt wird auch das Melden von Regen, Sonnenschein, Schattenwurf oder das Melden an sich.

»Herr Oberfeldwebel, Jäger Pätzold, ich melde, Gruppe bei Durchführung des Meldens!«

Merke: Gemeldet wird immer mit Ausrufezeichen! Bei der Bundeswehr gibt es keine Vermutungen, sondern nur Befehle und die Freude darüber!

Das Grüßen von Vorgesetzten aus der Bewegung heraus ist ein weiterer Tagesordnungspunkt! Dafür lassen die Ausbilder die Rekruten einzeln über den Kasernenhof auf sich zu, an sich vorbei oder um sich herumlaufen und von sich wegtreten! Dabei wird dann gegrüßt (Hand an die Schläfe, aber zackig!), und der Soldat holt sich die eine oder andere Wirbelverrenkung, während er der Anweisung nachkommt, den Blick beim Gruß auf seinen Vorgesetzten gerichtet zu halten!

Der Formaldienst wird immer dann befohlen, wenn den Kompanieführer die Panik überfällt, seine Soldaten könnten ihn bei einem öffentlichen Auftritt blamieren – oder wenn den Ausbildern keine andere Beschäftigungstherapie mehr einfällt. Man könnte vermuten, dass Letzteres oft der Fall ist.

11 Windbeutel und Krepphunde

… In dem wir lernen, dass man als Soldat topfit ist, wenn man sich fünf Sekunden lang an einer morschen Latte festhalten kann.

In ihren Informationsbroschüren schreibt die Bundeswehr zum Thema Fitness:

»Bezogen auf den Soldatenberuf beschreibt körperliche Leistungsfähigkeit ein Maß an Kraft, Schnelligkeit, Ausdauer und Beweglichkeit. Auch koordinative Fähigkeiten fließen in die Beurteilung mit ein. Soldatinnen und Soldaten müssen körperlich derart leistungsfähig sein, dass sie auf längere Zeit ihre militärischen Anforderungen möglichst erfolgreich bewältigen.«[IV]

Nach der Definition des Duden stammt das Wort »Lusche« aus dem Ostmitteldeutschen und ist eine Bezeichnung der Minderwertigkeit. Beim Kartenspielen werden Luschen abgeworfen oder verflucht, im Leistungssport sind Luschen nicht anzutreffen, im Breitensport, ebenso unerwünscht.

Das Wort Lusche hat auch noch eine andere Herkunft und bedeutet im Slawischen »Pfütze«.

Genau da haben die Herren Unteroffiziere wohl etwas falsch verstanden, denn sie finden es furchtbar witzig, untrainierte Soldaten in Pfützen Liegestütze machen zu lassen, damit aus Luschen irgendwann Krieger werden. Handelt es sich hier womöglich um einen tragischen Übersetzungsfehler nach der Osterweiterung der NATO?

Natürlich möchte die Bundeswehr möglichst fitte Rekruten haben. Da ergibt auch die Maxime »Hauptschulabschluss wünschenswert, aber nicht zwingend« plötzlich Sinn. Denn diese Kandidaten haben sich bestimmt schon öfter auf dem Schulhof geprügelt als der Bücherwurm am Gymnasium.

Doch die Zeitungen sind voll mit Horrormeldungen über den körperlichen Verfall der Jugend.[39] »Die Chipsfresser kommen«, könnten *Stern* und *Bild* titeln, denn die Generation Speckröllchen zeigt uns beim Bücken nach der Bierflasche nicht nur ihre Arschgeweihe, sondern auch Problemzonen vom Ausmaß kapitaler Schweinehälften. Kurz, es steht schlecht um Kraft und Gesundheit der einst so gestählten deutschen Jugend. Es ist also durchaus im Bereich des Möglichen, dass bei der Bundeswehr an diesen Körpern etwas kaputtgeht, schickt man sie in den Wald oder scheucht man sie über die Hindernisbahn.

[39] Um den geistigen Verfall kümmert sich dann die Bundeswehr.

Deswegen absolviert ein jeder Soldat zu Beginn seiner Ausbildung eine Handvoll sportlicher Übungen, den sogenannten Physical-Fitness-Test.

Die Ergebnisse dieses Tests, der nach der Grundausbildung und am Ende der Dienstzeit wiederholt wird, werden in der Akte des Soldaten vermerkt. Geht es dem Soldaten später mal nicht gut, kann anhand eines Vergleichs der Ergebnisse des PFT festgestellt werden, ob schon vorher etwas kaputt war oder ob die Bundeswehr es kaputt gemacht hat.

Die Anforderungen des PFT lauten:[V]

- Pendellauf 4 mal 9 Meter zwischen zwei Linien, wobei der Prüfkandidat die Linie mit jeweils einem Körperteil überqueren muss in maximal 10 Sekunden.

  Tipp für gelangweilte Soldaten: Diese Anweisung lässt Raum für Experimente, ohne explizit gegen die Dienstvorschriften zu verstoßen!
- Rumpfbeugen (Sit-ups), 40 Sekunden lang so viele wie möglich, mindestens aber 25 Stück. – Achtung Sportjunkies, bitte nicht vergessen, nach 40 Sekunden aufzuhören!
- Standweitsprung – wie der Name schon sagt: aus dem Stand und so weit wie möglich, mindestens 2,05 Meter.
- 40 Sekunden lang Liegestütze in einer Sonderform – zu Beginn liegt der Kandidat auf dem Bauch, und seine Hände berühren sich auf dem Rücken, er muss sich mit den Armen hochdrücken, einen Arm loslassen, mit der Hand den anderen Arm berühren und in die Ausgangsstellung zurückkehren, mindestens 16.
- Abschließend absolviert der Soldat den Cooper-Test, einen Dauerlauf, bei dem gemessen wird, welche Strecke der Kandidat in zwölf Minuten zurückzulegen vermag, mindestens 1901 Meter.

Es ist nicht bekannt, ob besonders sportliche Soldaten den weiten Weg zurück in die Kaserne alleine finden müssen.

- An den Zentren für Nachwuchsgewinnung[40] wird statt des Cooper-Tests ein Ergonometer-Test durchgeführt (»Standfahrrad«), bei dem der Kandidat eine bestimmte Umdrehungszahl bei steigendem Trittwiderstand halten muss.

Um den Test zu bestehen, sind für die Wehrdienstleistenden mindestens 15 Punkte nötig, sie dürfen jedoch in keiner Disziplin weniger als zwei von sechs möglichen Punkten erreichen. Wer rechnen kann, der stellt schnell fest, dass durchschnittlich drei Punkte in allen Disziplinen nötig sind. Für die hoffnungsvollen Bewerber an der Offiziersbewerberprüfzentrale gelten natürlich andere Maßstäbe. Für die künftigen Vorbilder und Anführer der Truppe zählen sechs Punkte als bestanden, somit reicht ein Punkt in jeder Disziplin.

Merke: Wer irgendwann mit goldenem Eichenlaub beladen von einem Schreibtisch aus seine Soldaten anfeuern soll, muss sich in jungen Jahren schonen.

Zum PFT kommen oft die berühmten Klimmzüge hinzu. Sie wissen sicher schon, wie das dann aus dem Mund eines Stabsunteroffiziers klingt: »Einen für den Spieß, einen für die Kompanie, einen für den Verteidigungsminister, einen für das Vaterland, einen für die scharfe Birgit, einen für das Bataillon, einen ... Ah, das Bataillon geht wieder mal leer aus!«

[40] Dienststelle der Bundeswehr, die bei meist mehrtägigen Veranstaltungen für eine Mischung aus Auswahltest und Propagandatour sorgt und dabei den Trick zustande bringt, nicht ein einziges Mal Wörter wie Krieg und töten ins Spiel zu bringen. Allerdings werden keine Lollis am Ende der Veranstaltung verteilt.

Natürlich sieht es die Bundeswehr gerne, wenn ihre Soldaten in der Lage sind, mehr als vier Liegestütze zu machen, und es schneller als Rainer Calmund bis zum Supermarkt am Ende der Straße schaffen. Aber sie nimmt auch wohlwollend alle anderen Rekruten auf – und behält sie. In meiner Dienstzeit habe ich erlebt, dass zwei von zehn Soldaten die Minimalkriterien des PFT nicht erfüllten. Nicht zu Beginn ihrer Ausbildung und auch nicht nach der Grundausbildung.

»Das üben wir aber noch!« Mit diesem Satz feuerten seine Vorgesetzten Jäger Berger an, einen Bewerber für den elitären Kommandozug unserer Fallschirmjägereinheit, als dieser an einem Klimmzug verzweifelte. Seinem ersten. Sie feuerten ihn drei Monate lang vergeblich an. Dann wurde er befördert.

Damit nach seiner Dienstzeit ja niemand behaupten kann, die Märsche und Geländeübungen hätten seine Gesundheit ruiniert, gibt es den Physical-Fitness-Test. Besser gesagt, es gab ihn. Seit dem 1. Januar 2010 wurde der PFT durch den Basic-Fitness-Test abgelöst. Die neuen Vorgaben zur Erhaltung der körperlichen Leistungsfähigkeit lauten für jeden Bundeswehrangehörigen (egal welchen Alters) nun, einmal jährlich die folgenden Leistungen zu erbringen:

- 200 Meter Schwimmen nach den Anforderungen des Deutschen Sportabzeichens,[41]
- 6 Kilometer Fußmarsch mit mindestens 15 Kilogramm Gepäck in nicht mehr als 60 Minuten,
- Erfüllung der Minimalkriterien des Basic-Fitness-Tests.

[41] Derzeit für Männer bis 29 Jahre in 6 Minuten.

Und so sieht der neue BFT aus:

- 11 mal 10 Meter Sprinttest in weniger als 60 Sekunden,
- Klimmhang für mindestens 5 Sekunden,
- 1000-Meter-Lauf in weniger als 6 Minuten und 30 Sekunden.

Besonders dem sogenannten Klimmhang gebührt ein wenig Aufmerksamkeit. Der moderne Soldat von Welt zieht und klettert also nicht mehr – er hängt in Ruhe und harrt möglichst lange der Dinge, die da kommen mögen. Wie hieß es in der Broschüre zum Thema Fitness noch so schön? Die Soldaten sollten so fit sein, dass sie ihre militärischen Anforderungen möglichst erfolgreich bewältigen. Das ist ein deutlicher Konjunktiv und ein dickes »möglichst« für einen Haufen, der sich gerne mal als zackig, präzise und jederzeit kampfbereit verkauft.

Die Bundeswehr beschreibt ihre Reform selbst wie folgt:

»Hier wurden die zu erbringenden Leistungen an die Einsatzerfordernisse angepasst.«[VI]

Aha! Da liegt also der Hund begraben. Vielleicht bin ich ja altmodisch, aber ich finde, unsere Soldaten sollten es mit ihren Einkaufstüten durchaus eine Treppe hinauf schaffen, ohne vor Erschöpfung im zweiten Stock lang hinzuschlagen. Diese Leistungsschau entspricht nämlich in etwa dem neuen Standard für die körperlichen Mindestanforderungen – bei der deutschen Armee euphemistisch »Fitness« genannt.

Exkurs 5: Der Selbstversuch des Autors

Man nehme dafür einen 36-jährigen Mann, Gelegenheitsraucher, passionierter Vieltrinker[42] und -esser mit einem BMI von 27,5 (gilt in Mitteleuropa als übergewichtig), der seine Tage damit verbringt, zu schlafen, in einem bequemen Schreibtischsessel zu sitzen und ab und an die zwölf Meter zu seiner Kaffeemaschine zu pilgern. Anders gesagt: Ich habe schon seit Jahren nicht mehr richtig Sport getrieben.

[42] Wein, kein Wasser!

An einem kalten Herbsttag wollte ich herausfinden, wie wehrtauglich mich die Bundeswehr heute einschätzen würde. Da ich keine Sportbekleidung besitze, trat ich zu meinem Test in Stiefeln und Jeans an. Die Sprintstrecke steckte ich auf einem Schotterweg im Wald ab, den 1000-Meter-Lauf absolvierte ich vor den staunenden Augen einer Hobbyfußballmannschaft, die mich spöttisch anfeuerte, und den Klimmhang brachte ich unter den argwöhnischen Blicken einiger Mütter an einen Klettergerüst auf dem nächstgelegenen Spielplatz hinter mich. Hier die Resultate:

- 11 x 10 Meter Sprinttest in 38 Sekunden (von geforderten 60),
- Klimmhang gehalten für 27 Sekunden (gefordertes Minimum: 5 Sekunden),
- 1000-Meter-Lauf in 3 Minuten und 53 Sekunden (von maximal zulässigen 6:30 Minuten).

Jener Autor und stolzer Besitzer eines gut zehn Kilogramm schweren Hüft-Rettungsrings auf Naturbasis sitzt angesichts dieser Zahlen bass erstaunt zu Hause auf der Couch und weiß nun, dass er sich im Falle eines Angriffs, durch welchen Feind auch immer, wohl besser selbst verteidigt. Oder, sollten in der Armee des Gegners die gleichen sportlichen Maßstäbe gelten, einfach wegläuft.

Den Soldaten der Bundeswehr rät der Verfasser daher: Laufen Sie mit, das hält fit!

Würde die Bundeswehrführung den Widerspruch zwischen Fantasie und Wirklichkeit auflösen und wirklich nur die Besten der Besten der Besten in ihren Dienst stellen, dann wären die Damen und Herren wahrscheinlich nur noch zu viert. Zum Kartenspielen und Bierholen würde es reichen.

12 GAGA

… In dem es im Höchsttempo durch die Etappen der AGA geht, wobei der Leser zu seinem Erstaunen eine Menge sexuelle Details erfahren wird.

Die Allgemeine Grundausbildung, das große Schreckgespenst aus Opas Erzählungen. Märsche von 40 Kilometern durch Sümpfe, tagelanges Ausharren in verschneiten Stellungen bei minus zehn Grad Celsius und weniger als zwei Stunden Schlaf pro Nacht bestimmen den Tagesablauf.

Fragt man die nächste Generation, runzelt Papa die Stirn und sagt, dass all das doch noch gar nichts war, zu seiner Zeit – oha! – Märsche von bis zu 60 Kilometern durch Hochgebirge, wochenlanges Durchschlagen bei 30 Grad unter null an der Tagesordnung waren – und zu essen gab es nur, was einem zufällig im Wald über die Stiefel krabbelte!

Doch auch das bereits beschriebene Bettenbauen, die Ausrüstungsausgabe, das Herstellen der Spindordnung, das Revierreinigen und der Formaldienst sind Teil der AGA. Dies gibt den Rekruten Grund zur Hoffnung, dass Opa gelogen hat und Papa wieder mal ein Bier zu viel hatte.

Auf jeden Fall heißt die Allgemeine Grundausbildung so, weil die Ausbildung der Rekruten in dieser Zeit oft in unmittelbarer Nähe zum Erdboden stattfindet. Aber eben nicht nur. Obendrein lernt der Soldat nach einigen Wochen, dass auch Stabsunteroffiziere ein Herz haben – und ein normales Temperaturempfinden.

Denn ein großer Teil der Grundausbildung findet in Form von Theorieunterricht statt, und der wiederum unter einem Dach, was die Bundeswehr durch die Bezeichnung *U-Raum* betont. Da sitzt der Soldat dann in Wärme, Ruhe und relativer Sicherheit vor Stabsunteroffizieren und kämpft gegen seinen größten Feind, die Müdigkeit. Nickt der von Schlafmangel gezeichnete Rekrut ein, wird ihm womöglich die Ehre zuteil, den Rest der *U-Einheit* in Grundstellung stehend zu verbringen. Diese Form von Autoritätsausübung wirkt bereits bei Erstklässlern beschämend albern. Einen erwachsenen Menschen in die Ecke zu stellen, ist daher nicht gerade eine Empfehlung für die Kompetenz der Ausbilder in Uniform. Schon gar nicht, wenn sie nebenher ungerührt von aufrechtem soldatischem Verhalten reden.

Merke: Die Würde des Soldaten IST antastbar. Und zwar immer.

Es gibt Fächer, die heißen »Grundlagen und Bedeutung des Grundwehrdienstes«, in denen dem Rekruten noch einmal ganz genau erklärt wird, warum er nun bei der Bundeswehr ist (meistens unfreiwillig) und was er da alles lernen wird (meistens nichts).

Auch das Fach »Politische Bildung« lässt tief blicken. Formelhaft wird aus dem Grundgesetz zitiert,[43] und der Soldat lernt auswendig, wer gerade im Verteidigungsministerium den dicken Sessel besetzt hält. Immerhin ist es

[43] Natürlich von der Soll-Seite betrachtet, der Ist-Zustand des Soldaten wird großzügig übergangen.

für manche der Anwesenden der erste Kontakt mit dem Grundgesetz.

Im Fach »Allgemeine Truppenkunde« erfährt der Soldat allerlei über die Struktur der Bundeswehr, das Leben in der Truppenunterkunft, das Verhältnis zu seinen Vorgesetzten sowie über Laufbahnchancen und ihm zustehende Geld- und Sachbezüge. Im Wesentlichen erfährt der Soldat also, wer ihn wann und warum und zu welchem Gehalt anschreien darf.

Unter der Überschrift »Rechte und Pflichten des Soldaten nach dem Soldatengesetz« folgen eine Menge Erklärungen, die eher akademischer Natur sind, als praktisch zu spüren. Der Soldat ist natürlich auf dem Papier aufgefordert, selbstständig zu denken, und darf auch die Befehle seiner Vorgesetzten infrage stellen. Gleichzeitig unterliegt er der Gehorsamspflicht und verfügt ausdrücklich nicht mehr über seine vollen Bürgerrechte, wie zum Beispiel jenes der freien Meinungsäußerung. Gerade rund um das Thema des »Staatsbürgers in Uniform« verrennt sich die Bundeswehr erfolgreich in furchtbare Widersprüche.

Die Sahnehäubchen des Theorieunterrichts sind jedoch die Themen Umweltschutz und Pressearbeit. Der ökologisch korrekte Schuss mit einer 105-Millimeter-Panzerhaubitze nimmt Rücksicht auf nahe gelegene Vogelschutzgebiete und beinhaltet die Rückführung jeglicher Munitionsbestandteile.[44] Was mit den Überbleibseln getroffener feindlicher Einheiten zu geschehen hat, wird hierbei nicht behandelt.

[44] Auch derer, die im Körper des Gegners stecken?

Die Bundeswehr ist also auch im Herzen grün. So werden Schießübungen, auch mit Manövermunition,[45] im Sommer regelmäßig wegen Waldbrandgefahr abgesagt. Das nenne ich Abrüstung ganz im Sinne von Greenpeace.

[45] Viel Lärm um nichts!

So viel Umsicht muss natürlich auch in der Öffentlichkeit propagiert werden. Darum kümmert sich die Presseabteilung der Bundeswehr, die auch dafür sorgt, dass peinliche Meldungen aus der Feder echter Journalisten nicht zu Karrierefallen für ihre Offiziere werden. Bombardiert die Bundeswehr im Überschwang der Gefühle einen Lastwagenkonvoi in Afghanistan, neben dem leider ein Haufen Zivilisten dumm herumstand, purzeln sogleich Wörter wie Präventivschlag und Restentscheidungsunsicherheit durch die Medien. Allenfalls ist von mangelhafter Aufklärung die Rede.

Unter dem Titel »Bundeswehr sieht sich entlastet«, heißt es in einem Bericht[VII] dann auch fröhlich, dass es 30 bis 40 getötete und verletzte Zivilisten gegeben haben könnte. O-Ton-Bundeswehr: »Das bestätigt nicht, dass durch den Luftschlag unbeteiligte Personen getötet wurden.«

Wir lernen daraus, dass die älteste Faustregel des Soldaten nach wie vor gilt. Es gibt weder Freund noch Feind, sondern nur lohnende Ziele.

Und das, obwohl dem Soldaten im Theorieunterricht beigebracht wird, nicht auf alles zu schießen, was sich im Dunkeln bewegt, sondern vorher in den Wald zu rufen, ob er denn dürfe.

Ja, es gibt viel zu lernen. Das Erste, was den Soldaten noch am Tag des Ausrüstungsempfangs eingeschärft wird, betrifft aber ausgerechnet ihre Kopfbedeckung.

Seit 1971 trägt man bei der Bundeswehr ein locker sitzendes Fladenbrot aus buntem Filzstoff, das Barett. Diese Kopfbedeckung hat der Soldat nach Abschluss der Grundausbildung unter freiem Himmel zu tragen.[46] Allerdings auch keinen Tag früher!

[46] Oder seinen Gefechtshelm.

Über die korrekte Trageweise gibt es in der Truppe unterschiedliche Auffassungen. Nach Meinung der Ausbilder wird das Barett leicht schräg auf dem Kopf getragen. Nach Meinung des Gefreiten gehört das Barett in die rechte Seitentasche der Kampfhose oder zusammengerollt unter die rechte Schulterklappe (also dorthin, wo Filmgeneräle manchmal ihre Zigarren deponieren).

Bei den Fallschirmjägern wird noch immer die Legende hochgehalten, das grüne Barett eines englischen Springers habe sich nach einer harten Landung durch das Blut aus seiner Kopfverletzung verfärbt. Seitdem tragen weltweit alle Fallschirmjäger ein bordeauxfarbenes Barett.

Ich meine, wer ein Filzmützchen als heiligen Gral des Soldatentums betrachtet, bei dem hat die harte Landung auf dem Kopf noch ganz andere Schäden hinterlassen. Immerhin, Karl Lagerfeld würde es sicher niedlich finden.

Das vorzeitige Tragen des Baretts während der Grundausbildung ist auch meist der erste Anlass, bei dem der Rekrut bei einem sogenannten »Dummfick« Bekanntschaft mit der Realität seiner Rechte und Pflichten macht.[47]

[47] Tendenz der Rechte: gegen null. Pflichten: alles, außer Windeln wechseln.

Ein Dummfick ist nicht etwa die militärische Bezeichnung für schlechten Sex, sondern der Ausdruck des gemeinen Soldaten für eine erniedrigende Bestrafung in Form einer Beschäftigungstherapie, die als sinnvolle Ausbildungsaufgabe getarnt ist, damit der vorgesetzte Ausbilder nicht vor dem Disziplinarausschuss der Bundeswehr landet.

Hier ein typisches Beispiel:

Die Rekruten der Stube 33 sind von ihrem Ausbilder dabei überrascht worden, wie sie heimlich das Barett aufgesetzt haben. Dies wird zunächst mit sofortigem Anbrüllen geahndet. Beim abendlichen Stubendurchgang und der Kontrolle der Sauberkeit selbiger findet der Ausbilder keine Mängel. Die Soldaten sind schließlich nicht so blöd, wie die Uniform sie aussehen lässt. Also zieht der Ausbilder am unteren Ende der Stuhlbeine die Plastikstopfen aus dem Stahlrohr und lässt etwas Rost auf seine Handfläche rieseln.

Die nächsten zwei Stunden verbringen die Rekruten der Stube 33 damit, mit Wattestäbchen, Pfeifenreinigern und Kinderzahnbürsten das Innere von 36 Stuhlbeinen zu säubern. Ziel: Neuzustand!

Immer wieder gerne befohlen wird auch das Reinigen der Außenreviere, während ein Novemberorkan übers Land hinwegfegt. Haben Sie schon mal in Ihrem Garten bei Windgeschwindigkeiten um 100 Stundenkilometer Laub gefegt? Und wie lange haben Sie dafür gebraucht?

Ein sehr populärer Dummfick ist der sogenannte Maskenball, auch Fasching genannt. Bei dem müssen die Rekruten in kurzen Abständen auf dem Flur antreten, und zwar in immer anderen Bekleidungsvariationen. Im Minutentakt heißt es, Kampfanzug, Dienstanzug und Sportanzug anzulegen. Lieblingsargument der Ausbilder für dieses Spiel ist, dass die Rekruten dabei die korrekten Bestandteile der einzelnen Anzüge lernen. Bei diesem Tempo sieht die Stube nach dem Maskenball aus wie ein Schlachtfeld – beste Voraussetzungen für einen anschließenden Spindfick! Fünf Minuten nach dem Maskenball wird nämlich grundsätzlich bei einem Stubendurchgang kontrolliert, ob die Spinde der Soldaten auch ordentlich eingeräumt sind.

Der feine Unterschied zwischen einem Fick und einem Dummfick ist dabei selbst für den altgedienten Soldaten nicht immer offensichtlich. Aus Sicht des Rekruten ist jeder Fick auch ein Dummfick, doch zeichnet sich Ersterer dadurch aus, »nur« eine Strafe zu sein, die demütigen will, während Letzterer auch immer damit zu tun hat, dass die Ausbilder Zeit totschlagen müssen.

Die Steigerung dieser Bestrafungsmethode ist ein »Fick zweiter Ordnung«,[48] bei dem der Fehler eines einzelnen Rekruten oder einer kleinen Gruppe geahndet wird, indem eine ganze Menge unbeteiligter Soldaten »gefickt« wird.

Hier ein Klassiker zur Erläuterung:

Vereinzelte Soldaten werden in einer der seltenen Pausen dabei erwischt, wie sie sich während der Dienstzeit auf ihr Bett legen. Die folgenden Geschehnisse gehören zu den bestgehüteten »Geheimnissen«, von denen jeder Soldat berichten kann.

So sanft wie es ein Stabsunteroffizier vermag, also mit den üblichen 120 Dezibel Stimmvolumen, folgt

[48] Nicht zu verwechseln mit einem Eisernen Kreuz zweiter Klasse!

der Befehl an den gesamten Zug, sich einen frischen Kampfanzug anzuziehen. Nichts hassen die Ausbilder mehr als Soldaten, die sich sichtbar für andere ausruhen.

Das perfekte Wetter für den Fick zweiter Ordnung ist Schneematsch bei andauerndem Nieselregen. Die Soldaten treten in ihren blitzblanken Kampfanzügen zuerst zum Waffenempfang an, anschließend geht es im Laufschritt zur und über die Hindernisbahn der Kaserne. Dieser Lieblingsspielplatz der Ausbilder hält alles bereit, was den Rekruten unglücklich macht und die Augen eines Feldwebels zum Leuchten bringt: Betonhindernisse, eine drei Meter hohe Holzwand, Gruben zum darüber- und hineinspringen und dazu jede Menge niedrig gespannten Stacheldraht über einer Schlammspur zum Hindurchkriechen.

Wer Kinder hat, der weiß, wie die lieben Kleinen nach einem ausgedehntem Streifzug durch den Novembermatsch aussehen. In diesem Zustand kommen die Rekruten zurück in das Kompaniegebäude und sehnen sich nach einer Dusche. Doch was ist wichtiger als das Befinden des Soldaten? Das seiner Braut!

Der gelungene Fick zweiter Ordnung entfaltet erst während der nächsten Stunde seine volle Wirkung und entwickelt sich zu einem erstklassigen Dummfick, denn die nassen, frierenden Soldaten müssen nun ihre Waffen reinigen. Es versteht sich von selbst, dass die Ausbilder bei dieser Reinigung besonders pingelig sind. Freudig lässt der geübte Stabsunteroffizier das Reinigen im Stehen vornehmen, so dass immer wieder Matsch von den Soldaten auf die Waffen kleckert.

Man mag über diese Form von erzieherischen Maßnahmen denken, was man will – die wahre Tragödie besteht darin, dass sie funktioniert. Nie wieder werden es die Kameraden eines müden Soldaten zulassen, dass er sich tagsüber auf sein Bett legt. Im besten Fall durch gutes Zureden, häufig durch gar nicht kameradschaftliches Anschnauzen. Aber ab und an gehen die Pferde mit den Rekruten durch. Sie wenden dann an ihrem guten Kameraden an, was in der amerikanischen Armee den Beinamen »Code Red« trägt. Bundesdeutsch gesagt: Die Gruppe »fickt« nun ganz ohne Hilfe ihrer Ausbilder den Schwächsten in ihren Reihen, und zwar so lange, bis auch der Gang zum Klo freiwillig im Gleichschritt erfolgt.

Merke: Die Grundausbildung heißt auch deswegen so, weil es grundsätzlich keinen vernünftigen Grund für das Theater gibt, das die Rekruten dabei erleben.

Immerhin existiert eine Art Bedienungsanleitung für den Soldaten. Das 920 Seiten starke Kompendium *Der Reibert* enthält mehr oder weniger alles, was der Soldat nach seiner Grundausbildung beherrschen soll – auch wenn auf 300 der Seiten lediglich Bildchen von Abzeichen und Waffen gezeigt werden. Zumindest kann er darin nachlesen, welche Fähigkeiten er beherrschen sollte.

Na gut, sagen wir, das Buch vermittelt ihm den Eindruck, davon gelesen zu haben, wie es eigentlich wäre, ausgebildeter Soldat zu sein.

Denn in nur zwölf Wochen einen einsatzfähigen Soldaten »machen« zu wollen, gehört zu den langlebigsten Witzen in unserem Land.

Finden wir also weiter gemeinsam heraus, was es bei »Wald und Rödel e.V.« zu lernen gibt, das man nicht als Kind bereits beim Herumstromern im Wald gelernt hat.[49]

[49] Vom korrekten Melden natürlich abgesehen! »Mutter Pätzold, Kind Pätzold, ich melde, drei Freunde beim Anzünden des Rosenspaliers!«

13 LEGO für Schießwütige

… In dem der Autor unfreiwillig allen Waffennarren eine Erektion beschert und dabei doch alle Hobby-Rambos enttäuschen wird.

Beinahe 20 Jahre lang glaubte ich, dass man bei der Armee hauptsächlich in zwei Kategorien ausgebildet würde. Einmal natürlich körperlich, um fit wie ein Turnschuh für den Einsatz zu sein. Zweitens in der Handhabung von Waffen aller Art und dort vor allem mit einem intensiven Schießtraining. Worauf kommt es denn schließlich bei einem Soldaten an, wenn er auf seinen Gegner anlegt? Doch wohl in erster Linie darauf, dass er trifft!

Zwölf Monate war ich Soldat einer Fallschirmjägereinheit, eines Truppenteils der Bundeswehr, der ausdrücklich auf seinen Eliteanspruch besteht.

Wie die Bundeswehr den Begriff *Fitness* definiert, haben Sie ja bereits im vorletzten Kapitel erfahren. Wundert es da jemanden, dass ich erst acht Jahre später bei einem ausgedehnten Jagdausflug durch Neuseelands Wälder richtig Schießen gelernt habe? Das heißt: zu treffen.

Hand an sein bestes Stück[50] darf der Soldat schon gegen Ende der ersten Ausbildungswoche legen. Die Stahltüren zum Heiligtum einer jeden Kompanie öffnen sich und geben den Blick frei auf die dahinter aufgereiht

[50] Auch bekannt als G36, früher das G3.

stehenden Sturmgewehre. Jeder Soldat empfängt gegen Abgabe seiner Waffenkarte sein persönliches Gewehr. Dies ist heute in der Regel ein G36 der Firma Heckler und Koch. Persönlich nicht etwa deswegen, weil der Rekrut eine liebestolle Beziehung zu seinem Schießprügel aufnehmen soll, sondern aus rein technischen Gründen.

Exkurs 6: Ein Ausflug in die Physik des Schießens – nur für Wissbegierige

Jede ballistische Waffe, d. h. eine Waffe, die aus einem Rohr ein ungelenktes Projektil verschießt, ist in ihrem Benehmen einzigartig. Vielleicht wird das Gewehr genau deswegen als die Braut des Soldaten bezeichnet. Egal ob Pistole, Sturmgewehr oder die Bordkanone eines Leopard-Panzers, jedes Rohr, aus dem geschossen wird, unterscheidet sich eine Spur von jedem anderen.

Das mag für den Hausgebrauch nicht viel bedeuten – beim gezielten Schuss innerhalb von vier Wänden ist die Abweichung aufgrund der kurzen Flugbahn beinahe unmessbar. Das G36 ist allerdings für Kampfentfernungen bis 500 Meter ausgelegt. Schon weil der Soldat es in der Regel vorzieht, nicht bis auf zehn Meter an seinen Gegner heranzurennen, liegt die praktische Entfernung beim Schuss zwischen 100 und 300 Metern.

Die herstellungsbedingte Streuung eines G36 liegt bei einer Entfernung von 100 Metern innerhalb eines 17-Zentimeter-Kreises. Hochgerechnet auf 300 Meter ist das schon ein halber Meter von Waffe zu Waffe. Ausreichend, um im Eifer des Gefechts einen Menschen[51] zu verfehlen.

[51] Natürlich einen Menschen. Auf was, dachten Sie denn, schießt der Soldat? Auf Kaninchen?

Dadurch, dass der Soldat immer mit derselben – mit »seiner« – Waffe schießt, lernt er deren spezielle Abweichung kennen, und ist bald (zumindest in der Theorie) in der Lage, diese durch das sogenannte Vorhalten auszugleichen.

Noch eine Anmerkung in eigener Sache:

Gründliche Recherchen wie diese haben ihren Preis. Der normale Bürger reagiert im großen Maße verstört, wenn man in einem Straßencafé sitzt und bei Kirschkuchen gemütlich das Handbuch zum Sturmgewehr G36 durcharbeitet. Es wird nicht besser, wenn man kurz darauf am Telefon lauthals nachfragt, ob die Daten für das Scharfschützengewehr G22 so stimmten und auf welche Entfernung Mann-Ziele damit bekämpft werden könnten. Eine Nachahmung ist nicht empfehlenswert.

38 Jahre lang war das G3 der treue Begleiter des bundesdeutschen Soldaten. Bekannt als »Argumentationsverstärker« oder »Knatterlatte«, wuchs es ganzen Generationen ans Herz. Ausgestattet mit einem einfachen mechanischen Diopterrvisier[52] und fast vollständig aus Metall, bringt es ein Gewicht auf die Waage, das man von einer Waffe intuitiv erwartet. Das G3 verschießt Munition im Kaliber 7,62 Millimeter mittels einer gewaltigen Treibladung. Dementsprechend viel Schaden richtet das Projektil auch an. Die Tür ihres Autos durchschlägt es mit Leichtigkeit, durchquert außerdem Sie und Ihren Beifahrer und hat bei günstigem Schusswinkel noch genug Energie, um das Vehikel wieder zu verlassen, ohne dass man die andere Tür dafür öffnen müsste. Diese Eigenschaft und die

[52] Dabei zielt der Soldat durch ein kleines Loch.

Tatsache seines einfachen und unverwüstlichen Aufbaus haben das G3 zu einem beliebten Spielzeug von Armeen, Söldnertruppen und allen möglichen anderen Verrückten rund um den Erdball gemacht – und der Firma H&K nicht etwa schlaflose Nächte, sondern riesige Gewinne eingebracht.

Natürlich gibt es (neben dem Leben des Ziels) einen Preis für diese Eigenschaften. Das G3 ist ein Rückstoßlader, was bedeutet, dass der Verschluss nach jedem Schuss durch die Trägheit des Rückstoßes eine neue Patrone in das Patronenlager lädt. Wer in Physik ein bisschen aufgepasst hat, schließt daraus zu Recht, dass sich das G3 beim Schuss benimmt wie eine bockige Ziege. Eine große, wütende Ziege, die dem Schützen voller Wucht gegen die Schulter tritt. Wahrscheinlich wäre nur ein Bodybuilder vom Format des jungen Arnold Schwarzenegger in der Lage, aus diesem Gewehr ein Ziel in 300 Metern Entfernung auch wirklich zu treffen.

Dennoch hat der Soldat immer noch viel Freude am G3, wie schon in der inoffiziellen Benennung der drei Stellungen des Sicherungshebels zum Ausdruck kommt. S, E, F – eigentlich Sicher, Einzelfeuer, Feuerstoß, benennt der Soldat als: »Schießt nicht, Erschrecken, Frieden«.

Anfang der 90er Jahre war die Bundeswehr fast die einzige Armee der NATO, deren Waffenpark noch auf dem Stand der 60er Jahre war. Aber die Bundeswehr wollte endlich mit den großen Jungs im Sandkasten spielen, weswegen im Dezember 1998 das G36 in die Truppe eingeführt wurde. Ursprünglich sollte das futuristisch anmutende G11 angeschafft werden, doch als bereits mehrere Milliarden D-Mark für die Entwicklung dieses gänzlich neuen Gewehrtyps verpulvert worden waren, brach dummerweise das Militärbündnis des Ostblocks, der Warschauer Pakt, zusammen. Der Bundeswehr fehlte damit plötzlich jedes politische Argument, weitere Milliarden in den Sand zu setzen, und die Soldaten bekamen ein weniger teures Spielzeug.

Das G36 besteht beinahe vollständig aus Kunststoff und bekommt deswegen auch ab und an den Beinamen »LEGO-Gewehr« oder »Tupper-Puste« verpasst. Lediglich der Lauf, der Verschluss und einige Kleinteile sind aus Metall.

Doch dieses Gewehr hat neben der Tatsache, dass es leichter ist als sein Vorgänger, eine Menge anderer Vorteile zu bieten.

Zunächst wäre da einmal der handliche Griff, der es dem Soldaten erlaubt, seine Braut wie eine Aldi-Tüte durch die Gegend zu tragen. Dabei ist es wesentlich leichter[53] als zwölf Dosen Export und hält auch deutlich länger als diese.

Die kleinkalibrigere Munition und der recht sanfte Rückstoß des Gasdruckverschlusses garantieren selbst dem ungeübten Schützen eine ruhige Hand beim wilden Herumballern – militärisch »Feuerstoß« genannt. Ist es da nicht schön, dass eines der Hauptargumente bei der Anschaffung des G36 war, der Soldat könne aufgrund des geringeren Gewichtes nun mehr Munition als beim G3 mit sich herumtragen. Also, bitte nicht so schüchtern und immer raus damit in die Welt jenseits der Mündung!

[53] 3,63 Kilogramm (mit leerem Magazin) bis 4,113 Kilogramm (bei maximaler Ausrüstung).

Das Kaliber 5.56x45 ist die NATO-Standard-Gefechtspatrone und wird von allen NATO-Staaten benutzt, d. h. bis 1998 von allen, bis auf die Bundeswehr. Trendsetter waren wieder einmal die USA, die mit einer Überproduktion ihrer M16-Gewehre diesen Standard sozusagen erzwangen. Die Bundeswehr und unsere Regierung brauchen bekanntlich bei allem etwas länger. Als unsere Soldaten schließlich das G36 in den Händen hielten, war die Diskussion bei den NATO-Partnern über ein stärkeres Kaliber längst in vollem Gange.

Anscheinend war den Herren Befehlshabern dann doch noch aufgefallen, dass sich der Feind gerne hinter etwas versteckt, etwa hinter einem Baum, einer Wand oder den berühmten Sandsäcken. Nun ist die NATO-Patrone dafür konzipiert, aus Entfernungen von 50 bis 200 Metern *weiche Ziele*[54] zu bekämpfen.

Doch schon ein kleines Bäumchen oder ein Sandhaufen schützen das Ziel wunderbar vor dem NATO-Spielzeugkaliber. Mit dem G3 schoss der Soldat noch durch vier Sandsäcke längs hindurch, das G36 dagegen scheitert bei über 200 Meter entfernten Zielen bereits an einem doppelten Aramid-Körperpanzer. Wenn man das Wort scheitern denn so benutzen möchte wie in Armeekreisen üblich.

Hingegen ist das moderne Visier des G36 eine reine – nun Augenweide, denn es vereint ein Zielfernrohr und ein Reflexvisier (Rotpunktvisier) in einem Gehäuse. Ersteres für entfernte Ziele, zweites für den schnelleren Schuss auf Entfernungen unter 150 Metern. Das ist schick, modern, Hollywood-tauglich und funktioniert sogar ohne

[54] Es handelt sich um genau das, wonach es klingt.

Batterien. Dumm nur, dass ein optisches Visier alle Eigenschaften von Opas Lesebrille mit ins Gefecht bringt: Es kann beschlagen, Regentropfen können die Sicht stören, von Schlamm und Staub gar nicht zu reden, mit denen im Einsatz selbstverständlich zu rechnen ist. Und wenn das Gewehr mal zusammen mit dem Soldaten hart auf dem Boden aufschlägt, passiert mit der Zieloptik gelegentlich genau das, was mit einer Brille passiert, die auf die Straße fällt.

Im Einsatz in Afghanistan wurden eine Menge deutsche Soldaten gesichtet, die sich aus Putzlappen einen Staub- und Splitterschutz um die Zieloptik ihres G36 gewickelt hatten. Gehört diese Hochtechnologie etwa zum angekündigten Konzept des Infanteristen der Zukunft?

Fassen wir also zusammen:

Mit der Ausrüstung der Bundeswehr ist im Lauf der Jahre das Gleiche geschehen wie mit den Spielzeugen unserer Kinder. Alles sieht nun schicker aus, ist fast durchweg aus Plastik, erfüllt dabei weniger Funktionen und geht sofort kaputt, sobald man es mit nach draußen auf den Hof nimmt.

Es stimmt schon, dass der Soldat in den ersten Wochen seiner Ausbildung viel Zeit mit seiner Waffe verbringt. Aber habe ich etwas von Schießen gesagt?

Der Soldat beherrscht nun halbwegs das Marschieren ohne Waffe, daher lernt er nun den Marsch mit seinem Gewehr. Nach einer kurzen Einweisung, welches der beiden Enden das gefährliche ist, zerlegt der Soldat seine Braut in ihre Einzelteile. Und baut sie wieder zusammen. Und ... Na, Sie wissen schon.

Zu jeder dieser Prozeduren leiert der Soldat in endloser Folge die entsprechenden Meldungen herunter.

Das Zerlegen und Zusammensetzen des G36 wird bei jeder Gelegenheit befohlen, vor allem dann, wenn die Ausbilder feststellen, dass eine Lücke im Dienstplan entsteht. So etwas wirft natürlich kein gutes Licht auf das straffe und stets betriebsame Selbstbild der Bundeswehr. Also heißt es: Die Mehrzweckunterlagen auf dem Boden ausgebreitet und die Gewehre kaputt gemacht. Das ist so, als ob Sie jedes Mal, wenn Sie mit Ihrem Auto fünf Minuten auf jemanden warten müssen, den Motor und das Getriebe ausbauen und zerlegen.

Soldaten, die diesen Drill besonders schnell erledigen, werden von ihren Ausbildern belohnt. Großzügig darf sich der hundemüde und fußlahme Soldat zu einer Pause hinstellen, während seine langsameren Kameraden entspannt auf ihren Matten liegen bleiben müssen. Gerne wird selbst dem sportlichsten Rekruten der Truppe eine Raucherpause befohlen, in der er seine Form abbauen kann.

Zerlegt wird mit verbundenen Augen, bei Regen, im Wald, auf dem Dachboden des Kompaniegebäudes, in der Stube (wobei sich die Einzelteile von acht Gewehren lustig auf dem Tisch vermischen können), bei Wettkämpfen im Zerlegen und natürlich zum Waffenreinigen.

Dazu muss man wissen: Nichts ist nach den Maßstäben der Bundeswehrausbilder wirklich sauber. Lediglich gereinigt. Der Lieblingsspruch von Stabsunteroffizieren beim Anblick eines blitzblanken G36-Rohrs lautet daher: »Da sind ja noch Elefanten drin!«

Exkurs 7: Hilfreiche Tipps zum Waffenreinigen

Steht auf dem Dienstplan, dass für eine Stunde Waffenreinigen befohlen ist, bedeutet das nicht, dass der Soldat maximal eine Stunde zur Verfügung hat, seine Waffe zu säubern, sondern dass der Dienstplan eine Stunde lang das Reinigen der Waffe vorsieht. Gemeint ist wörtlich, was auf dem Plan steht.

Zur Erklärung:

Die Beschäftigungstherapie namens Waffenreinigen[55] gibt dem Soldaten mehr als genug Zeit, seine Waffe zu säubern. Er sollte auf gar keinen Fall den Fehler machen, zu früh – etwa bereits nach der Hälfte der vorgesehenen Zeit – seinem Ausbilder das Gewehr mit der Meldung »Waffe gereinigt wie befohlen!« unter die Nase zu halten. Was der Soldat nicht sieht: Im Inneren des Ausbilders bricht sich eine milde Form von Panik ihren Weg, nämlich die Frage, was er dem Soldaten nun für einen Auftrag geben soll? Denn untätiges Herumlungern gibt es nicht bei der Bundeswehr. Also (er)findet der Ausbilder Schmutz an der Waffe des Soldaten. Das klingt dann so: »In Ihrem Verschluss ist ja noch der halbe Truppenübungsplatz drin!« oder »Da hole ich mir ja die Krätze, wenn ich Ihr G36 anfasse!«

Deswegen ist die beste Taktik für den Soldaten, sein Gewehr wirklich gründlich zu reinigen und die restliche halbe Stunde interessiert und aufmerksam mit den Einzelteilen vor sich herumzuspielen, während Körper und Geist in einem glücklichen Testbildmodus vor sich hin dösen. Fünf Minuten vor Ende des Waffenreinigens setzt der Soldat dann sein Gewehr zusammen und erstattet pünktlich zum Dienstschluss seinem Ausbilder Meldung.

[55] Abgesehen von einem ganzen Tag auf dem Truppenübungsplatz, an denen Waffe und Soldat wirklich dreckig geworden sind.

Am nächsten Morgen werden die Waffen dann wieder ausgegeben, um weitere unzählige Male zerlegt, gereinigt und zusammengesetzt zu werden. Dies legt unter anderem den Verdacht nahe, dass der einzige Verschleiß, dem das Material der Bundeswehr unterliegt, durch die endlosen Sitzungen gelangweilter Soldaten mit einer Unmenge von Putzlappen entsteht.

Derart mit seinem Arbeitsgerät »vertraut«, geht es für den Soldaten als Nächstes daran, endlich einmal seinen eigentlichen Arbeitsplatz richtig kennenzulernen.

14 Freiwild

... In dem der Leser erfährt, was man – anstatt zu laufen – alles veranstalten kann, um militärisch korrekt im Wald von A nach B zu gelangen.

Generationen von Outdoor-Experten, Waldläufern, Survivalspezialisten und Aussteigern haben das Leben in der Wildnis bewältigt – und in Filmen und Büchern davon berichtet. Ebenso stellen zahlreiche Firmen spezialisiertes Gerät für den Outdoor-Einsatz her. Alle diese Kenntnisse und Ausrüstungen nutzt die Bundeswehr nicht.

Was sich die Bundeswehr unter dem »Leben im Felde« vorstellt, ist zum Glück nicht die Käferpopulation auf dem Acker hinter dem Kasernenzaun. Trotzdem versucht sie, ihren Soldaten weiszumachen, dass diese mit ihrer Brotaufstrichdose und dem klapperigen Esbitkocher perfekt vorbereitet seien, um ein paar gemütliche Januartage im Wald zu verbringen.

Fast vier Wochen dauert das Soldatendasein in den meisten Einheiten, bis der Rekrut endlich einmal einen Grashalm in freier Wildbahn krümmen darf. Dazu wird der ganze Haufen eines Morgens auf die Tonner verladen und auf den nächstgelegenen Standortübungsplatz losgelassen. Natürlich werden die Rekruten nicht immer gefahren. Es ist unter Ausbildern sehr beliebt, gerade im August den Marsch zum Übungsplatz als »Kälteschutzmaßnahme« anzupreisen.

Die erste Lektion trägt den schönen Titel »Überleben auf dem Schlachtfeld[56] – Kapitel 1: Bewegung im Gelände«.

Schnell merkt der Rekrut, dass er auch hier ganz von vorne beginnen muss, sich zurechtzufinden. Besondere Aufmerksamkeit wird zwei Tätigkeiten zuteil, die man als Zivilist nach Meinung der Bundeswehr anscheinend so gut wie nie erlebt: dem Hinlegen und Aufstehen.

Die Bibel des Soldaten, *Der Reibert,* widmet dem korrekten Hinlegen und Aufstehen ganze sechs Absätze – und beschreibt Ersteres in einer akribischen Acht-Phasen-Anleitung. Hier erfährt der Soldat, wozu seine Knie zu gebrauchen sind, und dass das Liegen an sich in Bodennähe stattfindet. Allerdings zeigt der Autor auch Vertrauen in die Mündigkeit des Soldaten, wenn er ganz locker schreibt: *»Manchmal muss sich der Soldat auch anders als beschrieben hinlegen oder aufstehen.«*

An seinem ersten Tag wird der Rekrut über eine holprige Wiese gescheucht und bekommt – hat er es geschafft, richtig aufzustehen und sich hinzulegen – eine Unterweisung im Gehen, Kriechen, Springen, Pirschen und Gleiten.

Wer bei der Bewegungsart des Gleitens jetzt an etwas Sexuelles denkt, der liegt – im besten Sinne des Wortes – halbwegs richtig. Beim Gleiten befindet sich der Soldat im Vollkontakt zu Mutter[57] Natur wieder, und zwar zu allem, was Mutter Natur so zu bieten hat. Flach wie eine Flunder, nur die Aufmerksamkeit erhoben, schubbert

[56] Damit ist nicht der Sommerschlussverkauf gemeint!

[57] Es ist Ihr Ödipuskomplex, nicht meiner.

der Rekrut stundenlang seine Vorderseite wund. Nun ist der deutsche[58] Waldboden nicht gerade die Krabbelecke im Teppichland. Es lauern allerlei Spießgesellen auf das beste Stück des (männlichen) Soldaten, und der Ruf des Ausbilders: »Arsch runter!«, ist dabei eher kontraproduktiv.

Die gefühlte Wegstrecke, die der Rekrut in seiner Grundausbildung auf diese Weise zurücklegt: Berlin–Moskau.[59]

Das Gleiten wird auf Bundeswehrdeutsch befohlen mit: »Tiefste Gangart, marsch, marsch!«

Natürlich fragt sich der aufgeweckte Soldat von Format, warum es immer noch *Gehen* heißt, wenn seine Nase schon lange die Trüffel vom letzten Jahr gefunden hat.

Das Gleiten dient offiziell der verborgenen Annäherung an den Feind oder der Bewegung unter Beschuss, aber auch der Bestrafung. Ein jedem Soldaten nur allzu bekannter Befehl, der alle Kriterien eines Ficks erfüllt, lautet: »Sie messen jetzt diese Wiese in Körperlängen aus, marsch, marsch!«

Dass es sich bei so einem Stück Grasland nicht um eine kleine Lichtung, sondern stets um riesige Äcker von den Ausmaßen der nordamerikanischen Prärie handelt, versteht sich von selbst.

Das Kriechen wiederum ist ein Gleiten light, bei dem der Soldat wie ein Einjähriger durch den Wald krabbelt und nicht mehr jedes topografische Detail mit der ge-

[58] Immer schön dran denken: Der deutsche Soldat verteidigt nur noch. Er wird doch nicht etwa durch fremde Wüsten gleiten?

[59] Sollte es sich hier nur um einen Zufall handeln? Fragen Sie Ihren Stabsunteroffizier für weitere Kilometer.

samten Körperfront wahrnimmt. Dafür schlägt ihm das umgehängte Gewehr abwechselnd gegen Kinn, Ellenbogen und Knie.

Lichtungen werden grundsätzlich »im Sprung genommen«. Das bedeutet nicht, dass der Soldat sich mit seinem Sturmgewehr und dem 25-Kilo-Rucksack in ein Känguru verwandeln soll, sondern einfach nur, er möge sich beeilen. Stellen Sie sich das mal vor, dem Soldaten muss man extra sagen, dass er im Feindesland auf dem Weg zur nächsten Deckung besser nicht trödeln sollte.

Andere Anweisungen sollte man auf keinen Fall wortwörtlich ausführen. Ansonsten kann das *überschlagende Vorrücken*[60] der Gruppe zu wahrlich bösen Blessuren führen.

Dann gibt es da noch die Bewegungen ganzer Truppenteile. Mein Favorit: das Einsickern.

Meldung über Funk: »Verband erfolgreich eingesickert.«

Wie eine Weinpfütze in den Teppich? Nein, wird Ihnen Ihr Ausbilder freundlich bei einer Dosis Gruppenliegenstütze erklären, eher wie das Grubenwasser in Nachbars Keller: unauffällig und dennoch großen Schaden anrichtend.

Beim Einsickern handelt es sich um die Umbenennung des unsoldatisch klingenden Wortes »anschleichen«. Die Bundeswehr hat anscheinen Angst, zu viel Cowboy-und-Indianer-Atmosphäre aufkommen zu lassen, also wird auf Teufel komm raus gesickert!

[60] Ein Teil der Gruppe sichert die Bewegung des anderen Teils, wartet, bis dieser vorwärts voraus Stellung bezogen hat, und bewegt sich seinerseits vorwärts über die Position der Sichernden hinaus. Auch als »kaskadierendes Vorrücken« bekannt.

Fragt sich nur, klappt das unmerkliche Einsickern auch mit einem Dutzend 62 Tonnen schwerer Leopard-II-Panzer?

Wird nicht gesickert und gesprungen, gibt es immer noch den einen oder anderen Kilometer zu marschieren. Doch wo lang soll es gehen?

Auf die richtige Benutzung von Karte und Kompass wird bei der Bundeswehr größten Wert gelegt. Das ist auch gut so, hilft nur meist nicht viel. Immer wieder kommt die Zivilbevölkerung in den Genuss, herumirrenden Soldatentrupps den Weg in die Kaserne zu beschreiben. Der moderne Soldat ist mehr mit der Angabe »beim McDonald's links« vertraut als damit, seine Position mittels einer Dreieckspeilung zu ermitteln.

In der Regel marschiert oder pirscht eine Gruppe Soldaten in einer Formation durchs Gelände, die sich »Schützenreihe« nennt. Kinder sagen zu so etwas »Gänsemarsch«. Nennt der Rekrut es jedoch so, dann bezeichnen Hauptmänner sein Verhalten als unsoldatisch. Feldwebel sagen dazu übrigens »Liegestützbeschaffungsmaßnahme«.

Bei diesem besonderen Gänsemarsch sollen die Soldaten das Gelände zur Deckung nutzen und ihre Umgebung durch ständiges Beobachten sichern. Besonders glücklich darf sich der letzte Soldat in der Reihe schätzen, denn dieser soll »zu jeder Zeit nach hinten heraus« beobachten. Eine Anweisung mit Tücken beim Marsch durch dichte Kieferngehölze oder bei der Überquerung einer sumpfigen Wiese voller tiefer Löcher.

Sehnsüchtig schielen die Rekruten auf den Waldweg neben ihnen, während sie sich durch einen Drainagegraben kämpfen, seufzend werfen sie einen Blick auf die kleine Brücke, bevor sie durch das große Abflussrohr kriechen.

Richtig einsauen darf sich der Soldat dann bei einem sogenannten Einsatzspezifischem Training (EST), oder, um es für die Computergeneration verständlich zu machen: Dreck 2.0.

Gleiten durch Bachläufe, Stellung in Wildschweingruben und endlose Märsche durch geflutete Sumpfwiesen sind nur die Spitze des Eisberges.[61] Dass dabei nicht bloß die Haltbarkeit des Soldaten an ihre Grenzen gerät, sondern auch die seiner Ausrüstung, ist durchaus gewollt.

An dieser Stelle erfolgt deswegen wieder ein praktischer Tipp für den geneigten Bundeswehrbewerber: ein Paar Stiefel für die Heide, eines bleibt 'ne Augenweide. Anders gesagt: Machen Sie es sich einfach und benutzen Sie immer dasselbe Paar Stiefel für die »grünen Tage«. Dann haben Sie es leichter, an den anderen Tagen mit korrektem Schuhputz anzutreten, weil Ihre Stiefel nicht aussehen, wie im Müllzerkleinerer weichgespült.

Sind die Soldaten genug gelaufen, dürfen sie sich ausruhen – na ja, zumindest hinlegen –, nach dem passenden Befehl im Bundeswehrton: »Stellung!«, versteht sich.

Eine Stellung bezeichnet bei der Armee einerseits jede Art von Grube oder Mulde, in welcher der Soldat meist tagelang in einer Schlammpfütze ausharren muss, andererseits bedeutet Stellung auch das »in Deckung gehen« des Soldaten im Allgemeinen. Mit selbigem Befehl deu-

[61] Es gibt schlimme Gerüchte, dass Rekruten sogar den bestiegen haben sollen …

tet der Ausbilder an, dass sich der Feind in der Nähe befindet und die Soldaten sich vor diesem hinter einer Bodenwelle verstecken sollen. Befiehlt der Ausbilder in schnellem Wechsel »Stellung!« und »Auf, marsch, marsch!« und lässt seine Rekruten auf diese Weise ganze Bundesländer durchqueren, vermutet der Soldat richtig, dass es sich hierbei um eine neue Art von Fick handelt.

Es gibt auch Stellungen für ganze Kompanien, allerdings ist dann die Grube dementsprechend größer. Viel größer!

Merke: Der Begriff Stellung beinhaltet *keine* sexuellen Nuancen. Glauben Sie mir!

Den sonnigsten Moment seiner bisherigen Dienstzeit erlebt der Rekrut, wenn er dann auch noch erfährt, dass er zwischen Wald und Heide grundsätzlich nach humanistischen Idealen ausgebildet wird. Denken Sie ruhig an Albert Schweitzer, denken Sie an Erich Fromm: Der Soldat lernt bei seinem ersten Marsch, sich zu entfalten.

Militärisch korrekt, versteht sich!

Die Anweisung, sich zum Schützenrudel zu formieren, gilt nicht etwa dem Tier im Soldaten, sondern heißt bei der Bundeswehr doch tatsächlich »entfalten«. Diese einmalige Gelegenheit freiheitlichen Ausdrucks nehmen die Soldaten dergestalt wahr, dass sie vom Gänsemarsch zu einer verstreuten Linie wechseln. Richtig – wie eine Großfamilie beim Pilze suchen. Und genau wie beim Pilze suchen kommt es auch hier darauf an, sich einander weder zu sehr zu nähern, noch sich aus den Augen zu verlieren.

Das alles wird eifrig geübt. Da merkt der Soldat erst einmal, wie groß der örtliche Übungsplatz eigentlich ist:

unheimlich groß. Der erste Tag im Grünen hat für den Rekruten bekanntlich 25 Stunden. Nachdem die Soldaten bei ihrem ersten Ausflug bereits zahllose Kilometer in den verschiedensten Körperhaltungen zurückgelegt haben, überrascht sie ihr Einheitsführer gerne mit der Nachricht, dass der Nachhauseweg in einem Gefechtsmarsch bestehe, auf dem sie das Gelernte ausgiebig anwenden könnten. In der Kaserne angekommen, folgt dann noch ein kleines viertägiges Waffenreinigen. Und schon ist der erste richtige Arbeitstag des Rekruten vorbei.

Gute Nacht.

Stopp. Ich meinte natürlich:

»KOMPANIE, ZAAAAPFEEEENSTREEEEEICH!!!«

Exkurs 8: Der Marsch – Tipps, Tricks und Überleben desselben

(Auch für Wanderer geeignet)

Die Bad Kreuznacher Wandervögel wussten es schon immer: Der gelungene Tag zu Fuß hängt nicht unbedingt von ausgeklügelter Hightech-Ausrüstung und einer olympiatauglichen Kondition ab. Sogar Ottfried Fischer und der bundesdeutsche Soldat können einen langen Marsch ohne großes Leid überstehen, wenn sie sich an ein paar Grundregeln halten.[62]

Des Marschierenden liebster Proviant ist das Wasser. Vor und während des Marsches gilt es, möglichst viel zuckerfreie Flüssigkeit zu trinken, um die Leistungsfähigkeit bis zum letzten Kilometer zu erhalten, selbst wenn die Füße brennen. Der Kreislauf arbeitet effektiv, die Muskeln

[62] Auch wenn wir inzwischen wissen, dass die Chancen von Ottfried Fischer dabei besser stehen.

werden besser versorgt, und – ebenfalls nicht unwichtig – die Übersäuerung (der berüchtigte Muskelkater) fällt geringer aus.

Dafür kann man am Proviant sparen. Jedes Gramm im Rucksack wird spätestens nach dem zwanzigsten Kilometer zu einem gefühlten Kilo. Außerdem, wer mag während eines Dauerlaufs mit Gepäck schon einen Imbiss verspeisen?

Sowieso wird man bei der Bundeswehr in der Gemeinschaft verpflegt. Das ist vielleicht nicht lecker, aber die nötige Energie erhält man. Auch vor dem Marsch sollte man wenig essen, damit Magen und Darm nicht belastet werden. Außerdem erspart man sich die hektische Notdurft in einer Fichtenschonung, während der Rest der Gruppe nervös auf die Uhr schaut und der Unteroffizier schon einmal die verstrichenen Sekunden in Liegestütze umrechnet.

Ganz allgemein gilt zwar die napoleonische Weisheit, dass ein leerer Bauch nicht gut kämpft, aber ein voller marschiert dafür nicht gern.

Alkohol am Vorabend, selbst in Maßen,[63] vermittelt einem am Tag darauf das Gefühl, mit angezogener Handbremse zu laufen. Das sollte selbst für routinierte Trinker keine Überraschung sein.

Merke: Jägermeister heißt nicht so, weil man sich nach seinem Genuss im Wald besonders wohlfühlt.

Das wichtigste Körperteil beim Marsch sind übrigens die Füße. Ziehen Sie möglichst zwei Paar Socken an, ein dickeres über einem sehr dünnen. Dann reibt der eine Socken auf dem anderen und nicht auf der Haut. Die Strümpfe sollten schon einmal getragen sein, was ebenfalls hilft, die gefürchteten Blasen und Scheuerstellen zu vermeiden.

[63] »Mäßig« nicht nach der Definition vieler Soldaten, die anscheinend kein anderes Hobby kennen. Die Stimmen der britischen Presse über unsere Truppe in Afghanistan fasst *Atlantic Concil* passend zusammen: »German soldiers – too fat and drunk to fight?« (»Deutsche Soldaten – zu fett und betrunken zum Kämpfen?«)

Ebenso empfiehlt es sich, die Stiefel zwei oder drei Tage vorher bereits zu tragen – sie sozusagen weich zu laufen.

Einer der wichtigsten Tipps überhaupt ist aber, die Stiefel unbedingt fest zu schnüren. Jede zunächst bequeme Bewegungsfreiheit entwickelt sich schnell zur Scheuerstelle. Aus einer Scheuerstelle wird bald eine Blase, und aus einer Blase nach 20 Kilometern ein sumpfiges Blutbad. Zudem geben lässig sitzende Schlappen keinen Halt im Gelände, wodurch die Muskeln an den Fußgelenken und Waden sehr schnell ermüden.

Die Taktik, möglichst viel Ausrüstung anzuziehen, damit der Rucksack etwas leichter wird, zahlt sich nicht wirklich aus. Marschieren findet bei der Armee in einem Tempo statt, das es unnötig macht, selbst im Winter mehr als ein T-Shirt und die Feldbluse anzuziehen.

Merke: Marschierende Soldaten blenden jeden Benutzer eines Wärmebildgerätes.

Die ungeliebte ABC-Tasche kann man mit zwei Karabinern direkt am Koppeltragegestell befestigen, womit vermieden wird, dass ihr Gewicht über den Umhängeriemen ausschließlich an einer Schulter zerrt.

Der erfahrene Wanderer hält sein Gepäck und damit das Leid für Rücken und Schultern möglichst klein. Die Bundeswehr vertritt dazu die Meinung: Gepäck ist Training oder doch zumindest notwendig.

Da hilft nur der Rat, den Rucksack so kompakt wie möglich und perfekt ausbalanciert zu packen. Die Mehrzweckunterlage (sprich Isomatte) legt man dazu an das Rückenteil des Rucksacks an, ebenso die Zeltbahn. Den Klappspaten und alles andere von Gewicht (wie zum Beispiel eine versteckte zweite Wasserflasche) kommen am besten auf den Rucksackboden. Schließlich gilt es, den Schwerpunkt niedrig zu halten.

Den kompletten Wechsel-Feldanzug rollt man fest zusammen und verzurrt ihn mit einem Spanngurt. Eingewickelt wird das Ganze mit einer Plastiktüte – einer knisterfreien, versteht sich! Oder hatten Sie vor, bei voller Tarnung die Geräuschkulisse von einer Million bröselnder Kekse zu produzieren? Die sogenannte NATO-Rolle hilft nicht nur, Platz im Rucksack zu sparen, sondern hält auch die Wechselsachen trocken, sollte der Ausbilder auf die Idee kommen, die Gruppe einen Fluss schwimmend durchqueren zu lassen.

Der Schlafsack wird obenauf geschnallt – unbedingt in der Mitte und so fest, dass er sich beim Marschieren keinen Millimeter bewegt. Pendelnde Gegenstände am Rucksack rauben nicht nur den letzten Nerv, sondern stören auch das Gleichgewicht.

Der Rucksack sollte über dem Po, aber nicht zu hoch und auf jeden Fall so fest wie möglich sitzen, allerdings ohne dass die Gurte drücken. Fängt der Rucksack an, schief zu sitzen oder sogar bei jedem Schritt zu schaukeln, drücken und schmerzen die Schulten bald genauso stark wie das bundesdeutsche Haushaltsdefizit.

Derart vorbereitet, steht einem erträglichen – ja, sogar schönem – Marsch nichts mehr im Wege.

15 Zärtliche Cousinen

… In dem der Autor nachts durch staubige Flure schleicht und den Leser ganz nebenbei mit der Nahkampfausbildung bei der Bundeswehr vertraut macht.

Es war mein dritter Tag in Varel, dem ehemaligen Bundeswehrstandort, und für den letzten Abend der Reise in meine Vergangenheit hatte ich Großes geplant. Na ja, sagen wir, ich hatte einen Plan von etwas Großem, wie er nur in der Vorstellungswelt eines Mannes entstehen kann. Vielleicht erinnert sich der eine oder andere Leser noch, welche Kleidungsstücke ich im ersten Kapitel dieses Buches in meinen Koffer gepackt habe und welche berechtigten Fragen meine Frau dazu gestellt hat. John Clancy … ich komme.

Aus diesem Grund und weil sich ein weiteres Hirngespinst in meinem Kopf ausgebreitet hatte, lungerte ich am Nachmittag vor dem Schaufenster des kleinen Haushaltswarenladens in der Fußgängerzone herum. Nachdem ich ausgiebig die ausliegenden Küchenmesser betrachtet hatte, betrat ich schließlich den Laden.

»Ich hätte gerne das große Küchenmesser aus ihrem Schaufenster, das mit der 40 Zentimeter langen Klinge und der dazu passenden Lederscheide«, sagte ich zu dem Mann hinter dem kleinen Verkaufstresen.

Er suchte es heraus und murmelte: »Damit können Sie aber was wegschneiden!«

»Wachhunde«, rutschte es mir wahrheitsgemäß heraus, als ich das Geld über den Tresen schob.

Ich wartete nicht auf die Antwort des Verkäufers oder gar darauf, dass er hastig zum Telefon griff, um die Polizei oder den psychologischen Notdienst herbeizurufen.

Zwölf Stunden später, gegen zwei Uhr morgens, schlich ich in meinen schwarzen Anziehsachen und mit einer Sturmhaube über dem Gesicht durch das Unterholz des Vareler Forstes. Ich drückte mich am Stacheldrahtzaun der ehemaligen Friedlandkaserne entlang, das monströse Küchenmesser in seiner Scheide in den Hosenbund gesteckt.

Zu meiner Schande muss ich gestehen, dass ich nicht eine Sekunde über mein Vorhaben reflektierte. Ein astreines soldatisches Verhalten, könnte man sagen. Sicher wären meine ehemaligen Vorgesetzten stolz auf mich gewesen, setzte ich doch die wichtigste inoffizielle Doktrin eines jeden Soldaten um: *Kämpfen, nicht denken!* Das Ziel des Einsatzes alleine zählt. Und mein Ziel war es, noch einmal in jenen grüngelb gekachelten Fluren zu stehen und meiner Erinnerung freien Lauf zu lassen. Also warf ich eine alte Picknickdecke über die Stacheldrahtkrone des Zauns und schwang mich hinüber.

Mein Glückwunsch gilt den Soldaten der Bundeswehr. Sie haben es während meiner Zeit bei der Armee geschafft, mir jeglichen Respekt vor Uniformen und vor allem vor der Ausbildung ihrer Träger abzugewöhnen. Wenn man weiß, wie der durchschnittliche Bundeswehrsoldat im Kampf von Mann zu Mann geschult wird, beginnt man irgendwann für ihn zu hoffen, dass er wenigstens schnell weglaufen kann, wenn es brenzlig wird.

Bedenkt man, dass privates Wachschutzpersonal noch unter diesem Niveau operiert, ist dies wie eine Einladung, überall und jederzeit in bewachte Objekte einzubrechen – einfach nur so zum Spaß.

Erinnern Sie sich noch an Ihre erste (oder letzte) Prügelei auf dem Schulhof?[64] Dabei haben Sie sicher das Ehrenprinzip kennengelernt, Augen, Haare und die Genitalien des Gegners aus dem Spiel zu lassen. Schienbeintreten – ja. Eier zerquetschen – nein.

Die Nahkampfausbildung der Bundeswehr setzt eher beim Gegenteil an. Erlaubt und gefördert wird alles, was hinterhältig ist und zu großen Schmerzen führt. Das Motto meines ehemaligen Ausbilders gibt die generelle Kompetenzmangelatmosphäre sehr schön wieder: »Männer, besser ein gebrochener Kiefer als gar keine Zärtlichkeiten!«

Der durchschnittliche Soldat kommt im Rahmen der AGA, wenn überhaupt, in den Genuss einer eintägigen Vollausbildung in den Disziplinen waffenloser und bewaffneter Nahkampf. Dazu werden die Rekruten eines Nachmittags in die Turnhalle verfrachtet, wo jeder eine Messerattrappe aus Gummi erhält. In der ersten Hälfte dieser Lektion tobt sich der Ausbilder an den Rekruten aus. Das Ganze nennt man dann Demonstration.

»Ziel des Nahkampfes ist es, den Feind zu töten!«, lautete die Erklärung, die wir seinerzeit von Stabsunteroffizier Lambert erhielten, während er einem unserer Kameraden mit dem Gummimesser den Hals wundscheuerte.

[64] Ich meine eine kleine, ehrliche Rempelei zwischen sonst friedlichen Jungen, kein ausuferndes Massaker mit Schlagringen und Klappmessern der Marke Rütli-Schule.

»Sie gehen ran und treffen lebenswichtige Punkte«, fuhr er fort und hackte mit dem Puddingdolch auf Brust, Rücken und Hals des Testrekruten herum.

»Wenn Sie keine Waffe haben, wenden Sie waffenlose Gewalt an«, erklärte er weiter und warf den Kameraden zu Boden.

»Haben Sie das verstanden?«, fragte Stabsunteroffizier Lambert, wobei er breitbeinig über dem verstört dreinschauenden Rekruten stand.

Dann befahl er uns, das »Gelernte« aneinander zu üben.

Wir schubsten uns herum und stießen eine Weile mit den Gummimessern aufeinander ein. Ganz recht, wie auf dem Schulhof. Große Pause. Großes Kino.

»Männer, wir sind hier nicht bei *Zärtliche Cousinen*!«, feuerte uns Lambert fröhlich an.

Nach vier Stunden traten wir verschwitzt und mit blauen Flecken übersät vor der Sporthalle an und marschierten zur abendlichen Verpflegungsausgabe. Ich vermute, Lambert meinte es damals nur gut mit uns. Vielleicht glaubte er sogar, dass er uns in nur vier Stunden zu wehrhaften Nahkämpfern ausgebildet hatte. Es blieb übrigens die einzige Lektion zu diesem Thema, die wir in den drei Monaten der Grundausbildung erhielten.

Diese Übungen sind allerdings rein fakultativ, d. h. Teil der Lust und Laune des jeweiligen Ausbilders oder Ausdruck seines Sinns für Humor, wenn er die Anweisung »Sport« auf dem Wochendienstplan frei interpretiert. Nach der Zentralen Dienstvorschrift ist in der AGA des Soldaten keine Ausbildung im Nahkampf vorgesehen und die wunden Hälse bleiben den meisten Rekruten erspart.

Eine Spur anders sieht die Lage dagegen bei den dünn besetzten Spezialeinheiten der Bundeswehr aus. Deren Mitglieder haben nicht nur ihre Grundausbildung bereits hinter sich und den Rückfahrschein ins Zivilleben weggeworfen, sondern lernen auch, richtig zu kämpfen.

In der waffenlosen Form hat hier mittlerweile das Wing Tsun seinen Weg in die Ausbildung der Truppe gefunden. Es handelt sich um eine taoistische Kampfkunst und prominente Spielart des Kung Fu.[65] Die Bundeswehr entledigt sich allerdings des ganzen unbequemen Ballastes aus Sinn, Reflexion sowie des Wortes »Kunst« und belässt es bei »Kampf«. Das hat so gut geklappt, dass Bereitschaftspolizisten und Kriminalbeamte mittlerweile ebenfalls im Wing Tsun unterwiesen werden.

Der Witz an der Sache ist, dass die Kunst des Kung Fu im alten China entstand, als Möglichkeit der Armen, Unterdrückten und Unbewaffneten, sich gegen die herrschende Obrigkeit zu wehren – also gegen die Armee und Polizei. Das machte über die Grenzen Chinas hinaus Schule. Wenn heute also ein bundesdeutsches Kommando Soldaten zu einer verdeckten Operationen im Ausland ausrückt, ist es durchaus möglich, dass es dabei die Nachkommen der Erfinder des waffenlosen Aufstands vermöbelt. Für jene ist es heutzutage schlicht einfacher, an eine Kiste mit AK47-Sturmgewehren heranzukommen als an eine vernünftige Ausbildung. Inklusive oder exklusive Kung-Fu.

[65] Anhänger des Wing Tsun bezeichnen ihre Kampfkunst auch als eine der Reinformen des Kung Fu. Der spirituelle taoistische Ansatz schlägt sich jedoch nicht in der Ausbildung der Bundeswehr nieder.

Womit wir wieder einmal bei einem der Grundübel von staatlich geförderter Gewalt wären. Mit den Kosten für Ausbildung und Ausrüstung für einen unserer Elitesoldaten könnte man ein ganzes Gymnasium sanieren und ein paar neue Lehrer einstellen. Es würde niemand dabei verletzt werden, und ein paar Hundert gut unterrichtete Abiturienten wirken sich im Allgemeinen besser auf die Stimmung auf diesem Planeten aus als ein Typ, der es für das Größte hält, mit seiner Waffe im Anschlag durch die Wälder und Hinterhöfe der Welt zu rennen.

Derzeit stehen einer Handvoll Elitesoldaten, die in der Lage sind, richtig und wahrhaftig zu kämpfen, gut 250.000 uniformierte Platzhalter mit einem Plastikgewehr gegenüber. Von denen verbringt gut ein Viertel mehr Zeit am Schreibtisch als mit dem Gesicht im Dreck.[66] Ein weiteres Viertel besteht aus Grundwehrdienstleistenden, die sich über die AGA hinaus nur wenige anwendbare militärische Kenntnisse aneignen.

[66] Auch wenn Büroarbeit die wahre Drecksarbeit ist.

Unser Bild von einem Soldaten ist geprägt durch die Filme aus der Traumfabrik Hollywood. Von den Einsätzen des Kommandos Spezialkräfte (KSK) der Bundeswehr dringt hingegen nichts an die Öffentlichkeit, außer einer Handvoll reißerischer TV-Reportagen, die mehr einem Werbefeldzug der Armee ähneln.

Ich erlebte meinen ganz persönlichen Film-Moment, und zwar als ich in jener Nacht im Dunklen über das verlassene Kasernengelände schlich, das Küchenmesser im Gürtel. Bei jedem Schritt klang mir ein spannungsgeladener Soundtrack in den Ohren, und ich fühlte mich wie

James Bond – kurz bevor er die falsche Tür öffnet und von der Armee seines Widersachers gefangen genommen wird.

Wie auch bei der Bundeswehr ist die Fantasie das eine und die Realität eine ernüchternde Wahrheit. Es gab keine patrouillierenden Truppen, die das stillgelegte Kasernengelände sicherten, ich traf nicht einmal einen Rentner als Wachmann an.

Sämtliche Spuren der Bundeswehr waren von dem Areal getilgt worden. Bei ihrem Abzug hatte die Truppe neben allem Gerät sogar den Schlagbaum am Tor abmontiert und mitgenommen. Ich schlich zwischen den Gebäuden herum, fand meinen ehemaligen Kompanieblock, kletterte durch ein unverschlossenes Fenster im Erdgeschoss in eine der Stuben und lief ein wenig in den staubigen, gekachelten Fluren herum.

Meine Vorstellungen von diesem Ausflug wurden zumindest in einem Punkt gründlich enttäuscht: Ich empfand rein gar nichts Besonderes dabei, an diesem Ort zu sein.

So ist das mit der ganzen Bundeswehr, erst wenn man bis über beide Ohren dringesteckt hat, weiß man, dass es dort wenig zu lernen gibt – außer der Tatsache, dass es Menschen nicht gut bekommt, sie zu eng zusammen hinter einen Zaun zu sperren und allen die gleichen Anziehsachen zu geben. Allenfalls gehen sie, von ihren Ausbildern angefeuert, mit Gummimessern aufeinander los.

Ich kletterte aus dem Kompaniegebäude, zog das Fenster ordentlich hinter mir zu und spazierte in aller Gemütsruhe zu der Stelle am Zaun zurück, an der meine

Picknickdecke über der Stacheldrahtkrone hing. Auf meinem Weg über den großen, leeren Appellplatz blieb ich eine Minute mitten auf der verblassten Landemarkierung für Hubschrauber stehen, einem riesigem »H« in einem Kreis, schaute in den Nachthimmel und vollzog endlich, nach so vielen Jahren, meinen Abschied von der Truppe.

16 Fremdsprachenunterricht

… In dem versucht wird, einen Pfad durch den einzigen Dschungel zu schlagen, in dem ein Wehrdienstleistender je kämpfen wird: den der Abkürzungen und seltsamen Fremdwörter bei der Bundeswehr.

Auch wenn für den Soldaten viel Zeit vergeht, bis er wieder ins zivile Leben entlassen wird, irgendwann ist es dann doch so weit – sofern er denn noch möchte. Gewisse Eingewöhnungsschwierigkeiten in der Übergangsphase sind völlig normal. Ansonsten gilt, dass die Zeichen einer Überdosis Bundeswehr in der Regel zügig vergehen. Lediglich das Suchen einer unauffälligen Nähe zu Büschen, Gräben und Mauern während längerer Fußmärsche bleibt beim Exsoldaten als Hinweis auf seine Dienstzeit zurück.

Ein anderes Symptom vergeht dagegen nicht so schnell – der sogenannte BW-Dialekt. Das mag daran liegen, dass der Soldat sich diesen Sprachfehler während seiner Dienstzeit erst hart erarbeiten musste.

Ich bekam dies selbst zu spüren, nachdem ich frisch von der Bundeswehr ins Zivilleben zurückgekehrt war. Die Tinte auf meinen Entlassungspapieren war noch nicht trocken, da besuchte ich meine Großmutter und half ihr ein bisschen im Haus, in dem es in jenem Herbst ein Ungezieferproblem gab. Ich ging in den Dorfladen, in dem es von der Klobürste bis zur Salami alles gab, und sagte zu der der Frau hinter dem Verkaufstresen: »Ich benötige drei EA Falle, klapp, für Kleintier grau, beweglich.«

Nehmen Sie sich die Zeit und stellen Sie sich in Ruhe den Gesichtsausdruck der Verkäuferin vor.

Bevor ich auch noch einen Materialanforderungsschein ausfüllen wollte, erwachte ich aus meinem kurzen Rückfall.

Bei dem Gerät, nach dem ich seinerzeit verlangte, handelt es sich übrigens um eine gewöhnliche Mausefalle. Sie können sich jetzt gerne ausführlich fragen, was um Himmels willen dann ein »Kleintier grau, unbeweglich« ist. Die Maus nach Behandlung durch 1 EA, Falle, klapp?

Natürlich erleichtern Abkürzungen das Leben, vor allem auf dem Papier. Die Bundeswehr schießt mit ihrem Abkürzungsfimmel jedoch über das Ziel hinaus – so sehr, dass es auch dafür unter Soldaten eine Abkürzung gibt: BwAküFi[67]. Tausende Rekruten und selbst altgediente Soldaten verbringen jeden Tag viel Zeit damit, die Rätsel der Dienstsprache immer wieder aufs Neue zu entschlüsseln.

[67] Lang: Bundeswehrabkürzungsfimmel.

Gleich zu Beginn seiner Dienstzeit wird der hilflose Rekrut mit Begriffen wie PzGrenBtl, KrKw, leKG oder LwAusbRgt konfrontiert. Warum auch nicht, wenn Panzergrenadierbataillon, Krankenkraftwagen, leichtes Kampfgeschwader und Luftwaffenausbildungsregiment verständlicher sind. Und wieso das Wort Fernglas benutzen, wenn man minutenlang darüber grübeln kann, was ein DF ist! Nämlich das Doppelfernrohr. Das heißt nicht etwa so, weil man dadurch alles doppelt sieht, sondern weil es doppelte Mühe bereitet, sich diese Abkürzung zu merken. Jeder normale Mensch sagt nämlich einfach Fernglas.

Selbst für Begriffe, die nicht unbedingt in jedem Schriftstück auftauchen, gibt es eine Abkürzung. Wie lange muss der durchschnittliche Gefreite wohl nachschlagen, bis er die Auflösung des Rätsels HLKO gefunden hat? Und was für einen Inhalt hat dann ein Dokument, in dem die Haager Landkriegsordnung explizit erwähnt wird? Keinen guten für den Soldaten, lässt sich vermuten.

Abkürzungen für Dienstgrade und Dienstposten sind auch nicht einfacher zu durchschauen: OStGefr, GenOStArzt, StKptLt, Obtsm, Btl-Kdr – suchen Sie sich einen aus. Die Verwirrung lässt viel Raum für derbe Witze, die sich altgediente Soldaten nur zu gerne mit den Frischlingen erlauben.

Beim Streifzug durch die Dienstgrade, fällt besonders der OStVet – der Oberstabsveterinär – auf. Zeigt die Bundeswehr hier etwa ihr wahres Gesicht bei der gesundheitlichen Versorgung ihrer Soldaten?

Andere Abkürzungen stehen für angenehmere Begriffe. Das Bundeswehr-SUV[68] hat allerdings keine vier Räder, sondern bezeichnet die Soldatenurlaubsverordnung, und KzH drückt den traumhaften Zustand »krank zu Hause« aus.

Doch immer wieder trifft man auf Abkürzungen, deren Verwendung mehr Mühe bereitet, als das abgekürzte Wort zu benutzen. So steht AnlBl für Anlagenblatt. Wie oft braucht der Soldat im Einsatz wohl dieses Wort?

[68] Im Denglischen als Geländewagen bekannt.

Weitere Kurzformen laden zu Fehlinterpretationen ein. Ausbr steht nicht etwa für Ausbrecher, sondern für Ausbilder. ID identifiziert niemanden, sondern ist der Innendienst. Und die G-Akte enthält auch nicht die gesammelte Bundeswehrweisheit in Konkurrenz zu Dr. Sommer aus der *Bravo*, sondern ist das Krankenblatt des Soldaten.

Selbst nach außen gibt sich die deutsche Armee größte Mühe, unverstanden zu bleiben.

ZNwGBw – na, was könnte das sein?

Es handelt sich um das Zentrum für Nachwuchsgewinnung der Bundeswehr, das früher einmal »Freiwilligen-Annahmestelle« hieß. Doch das klang wohl ein bisschen zu sehr nach Altstoffverwertung auf dem Recyclinghof, was zwar nahe an der Wahrheit lag, aber nicht im Sinne der Werbeoffiziere war. Ob die ersehnten Rekruten nun den Weg in Scharen zur Bundeswehr finden, ist fraglich. Wahrscheinlicher ist, dass sie schon bei dem Versuch scheitern, nach dem Weg zum ZNwGBw zu fragen.[69]

Passend dazu ziert sich der Militärische Abschirmdienst mit der Abkürzung MAD. Das ist nicht nur der Name einer bekannten Satirezeitschrift, sondern vor allem auch das englische Wort für »durchgedreht«.

Die Soldaten selbst tun ebenfalls ihr Bestes, um den größten sprachlichen Unfall namens Bundeswehr noch zu vergrößern. Allen voran wieder einmal die Ausbilder,

[69] Sprechen Sie die Abkürzung ein paar Male hintereinander aus, und warten Sie dann entspannt auf die hilfsbereiten Männer mit der weißen Jacke.

deren Metaphern es locker mit jedem dadaistischen Gedicht aufnehmen können. Die blumigen Reden, die sich besonders die einfachen Unteroffiziere einfallen lassen, erfordern dann schon Kenntnisse in einer besonderen Fremdsprache.

So lautet die Lieblingsfloskel des durchschnittlichen Bundeswehrausbilders, wenn seine Rekruten ihn einmal wieder nicht verstehen: »Spreche ich Suaheli, oder was?«

Dies ist die inzwischen veraltete Bezeichnung für Swahili – die am weitesten verbreitete Verkehrssprache Ostafrikas. Sie sehen, auch hier ist die Bundeswehr nicht auf dem neusten Stand.

Doch es gilt, Gerechtigkeit walten zu lassen. Die Soldaten der Bundeswehr sind durchaus bemüht, sich ordentlich auszudrücken, wie folgende, in Soldatenkreisen oft erzählte Anekdote zeigt:

Soldaten, die die Kabine eines Lkws als »Führerhaus« bezeichnen, werden von ihrem Ausbilder gerne darüber belehrt, dass sich das Führerhaus in Berlin und nicht auf einem Lastkraftwagen befindet.

Politische Bildung und Unterricht zur deutschen Sprache in einem – das schafft nur die Bundeswehr!

Der Höhepunkt einer Soldatenkarriere und somit der endgültige Beweis, dass die Ausbildung am Rekruten Wirkung gezeigt hat, ist dann erreicht oder vielmehr erbracht, wenn der Soldat auch in seiner Freizeit das Sprechen verlernt hat. Fortan wirft er ebenfalls mit halbgaren Sätzen um sich. Es beginnt mit: »Sie jetzt Stube reinigen!«, und findet seinen Höhepunkt in: »Das müssen wir so machen tun!«

Ob dies eine WDB im Sinne des SVG darstellt und gemäß der WBO zu KzH oder vorzeitigem DZE führt ist VS, auf jeden Fall aber NfD.

Merke: An einem Bundeswehrschädel prallt jede Gesamtausgabe des Duden Verlags ab. Hardcover!

17 Innerlich anzuwenden

… In dem der Unterschied zwischen Motivation und Bestrafung erklärt und obendrein erläutert wird, warum bei der Bundeswehr der Anschiss vor dem Einlauf kommt.

Ich will zunächst einmal einen Witz zitieren:

»Ihr [der Soldaten] Einsatzwille wird gestärkt durch ihr während der Ausbildung gewonnenes Vertrauen in Charakter, Können und Leistungen ihrer Vorgesetzten.«[VIII]

Den fanden Sie nicht lustig? Na gut, versuchen wir es noch einmal. Ich habe noch einen:

»Das Prinzip des ›Staatsbürgers in Uniform‹ zielt gerade darauf ab, den Soldaten zum Mitdenken und Mitgestalten auszubilden und zu erziehen.«[IX]

Immer noch nicht gelacht? Dann sollte ich diese besondere Form militärischen Humors wohl besser durch eine passende Anekdote erklären.

Ich möchte natürlich keine Namen nennen, aber Stabsunteroffizier Lambert war, wie fast alle Unteroffiziere, ein wirklicher Naturfreund. Stundenlang konnte er uns dazu anfeuern, bei Schanzarbeiten die zähen Wurzeln gesunder Birken mit dem Klappspaten zu zerhacken. Nie wurde er müde, uns saftig-grüne Fichtenschonungen mit

Übungshandgranaten lichten zu lassen. Das erste Grün des Frühjahrs sehnte er herbei – und befahl uns sogleich, es abzureißen und als Tarnung an den Helm zu stecken.

Eines Tages führte Stuffz Lambert uns auf eine bezaubernde Lichtung, die von Rotbuchen gesäumt war. Es war Herbst, und der Waldboden war übersät mit reifen Bucheckern. Alle Soldaten, die ihre Kindheit an einem Ort mit viel Natur verbracht hatten, griffen sich gewohnheitsmäßig eine Handvoll Bucheckern und begannen die leckeren Nüsse zu verzehren. Die Pause ging zu Ende, Stuffz Lambert befahl, Marschbereitschaft herzustellen. Dann entdeckte er die Bucheckernschalen auf dem Boden.

Stuffz Lambert zitierte die Richtlinien zur umweltgerechten Ausbildung und zum ökologisch einwandfreien Dienst, nicht ohne hier und da ein gewaltiges Schimpfwort über »diese verdammten neuen grünen Regierungsspinner« einzuflechten – und befahl uns dann, »unseren Müll verdammt nochmal nicht im Wald liegen zu lassen wie die Hottentotten«.

Also trugen wir die Bucheckernschalen brav bis in die Kaserne und entsorgten sie dort gemäß Dienstvorschrift in einem Müllcontainer für Restabfälle.

Lesen Sie jetzt bitte noch einmal die beiden Zitate zu den Themen »Vorbild« und »Innere Führung« am Anfang des Kapitels.

Die Bundeswehr hat für jedes Detail, das außerhalb der Kaserne als normales Verhalten gilt, eine gesonderte Dienstvorschrift parat. Als ich die Dienstanweisungen zur Inneren Führung zum ersten Mal in die Hand nahm, fiel mir sofort der folgende Paragraf auf:

»Der Soldat ist verpflichtet, die Wahrheit zu sagen.«

Ich fand es alarmierend, dass dies der Bundeswehr eine gesonderte Dienstvorschrift wert war. Stöbert man jedoch in den verschiedenen Ausgaben des Wehrberichts der Bundeswehr, dann wundert einen so viel Vorsicht nicht mehr.

So befahl ein Feldwebel auf einem Standortübungsplatz jenen Soldaten, die einige Ausrüstungsgegenstände in der Kaserne vergessen hatten, stattdessen Steine in ihren Rucksack zu packen. Das Truppendienstgericht degradierte den Feldwebel wegen dieser und anderer Dienstpflichtverletzungen zum Stabsunteroffizier und stellte fest: »Von einem jungen Deutschen kann nicht verlangt werden, dass er aus Einsicht oder gar mit Begeisterung Dienst in einer Institution verrichtet, in der solcherart Ausbildung praktiziert wird.«[x]

In einem Zitat aus der Zentralen Dienstvorschrift zur Inneren Führung heißt es:

*»**Vertrauen** zwischen Vorgesetzten und Untergebenen ist eine Voraussetzung für erfolgreiche Menschenführung.«*

Mit der entsprechenden Begeisterung für dieses Prinzip versah wohl auch jener Stabsunteroffizier seinen Dienst, der einen Stubendurchgang bei Grundwehrdienstleistenden in der ersten Ausbildungswoche mit einem Baseballschläger durchführte, der die Aufschrift »Disziplinator« trug.

In der ZDv 10/1 heißt es auch:

»Daueraufgabe des Vorgesetzten ist es, seinen Soldaten ***Sinn und Wert ihrer Aufgaben*** *und die Einordnung in den Gesamtzusammenhang zu erklären.«*

Dazu ein Stabsunteroffizier ausschweifend: »Sie sind hier, um zu lernen, den Feind zu bekämpfen.«

Weiter ist in der Dienstvorschrift zu lesen:

»Der Vorgesetzte bemüht sich um eine ***kritische Selbsteinschätzung****, da das Wissen um die eigenen Grenzen ihm den Umgang mit den Stärken und Schwächen der anderen erleichtert.«*

Dazu ein Unteroffizier: »Mein Name ist Meier, und das buchstabiert sich G-O-T-T!«

Deutlicher wird die Dienstvorschrift, nachdem das schöne Geplänkel vom gleichberechtigten Miteinander auf den ersten Seiten verklungen ist.

»Abschnitt IV – Befehl

7. ***Durchsetzen von Befehlen***

Meist genügt zur Durchsetzung die Dienstaufsicht, der Vorgesetzte muss aber erforderlichenfalls auch andere angemessene Mittel anwenden: [...] – bei Ungehorsam [...] Erzwingung des Gehorsams durch Anwendung körperlicher Gewalt.«

Diese Denkbremse hat nun gar nichts mehr mit der schönen Idee des Staatsbürgers in Uniform zu tun.

In der täglichen Praxis kommt der Rekrut noch einmal mit einem Hörsturz davon. Gäbe es ein inoffizielles Wörterbuch für die Sprache bei der Bundeswehr, dann wäre unter dem Buchstaben A folgende Definition aufgeführt:

Anschiss – Die lauteste mögliche verbale Form einer Rüge, die immer dann zur Anwendung kommt, wenn der Rekrut es durch Fehler schafft, seinen Ausbildern Sätze wie diesen zu entlocken: »Ich glaube, mir platzen gleich die Eier!«

Alternativ platzen den Bundeswehrausbildern auch der Arsch, die Hose oder die Halsschlagader.

Um die Situation zu lösen, wird der Rekrut zunächst dienstlich angehört. Eine typische Frage dabei lautet: »Haben Sie Arschhaare geraucht?«

Antworten Sie auf derlei Fragen bestimmt, aber umsichtig – auch auf die folgende: »Was machen Sie richtig, was alle anderen falsch machen?«

Versuchen Sie nicht witzig zu sein. Ansonsten müssen Sie noch mehr Fragen beantworten, wie etwa: »Habe ich eben Heiterkeit befohlen?« oder »Sie haben wohl mit Peter Lustig gevögelt!«

Der Anschiss wird gerne von einem therapeutischen Fick gekrönt, um bei dem Soldaten für die rechte Motivation zu sorgen.

Der *Einlauf* hingegen, der meist von einem Angehörigen eines höheren Dienstgrades vorgenommen wird, erfolgt bei der Bundeswehr erst nach dem Anschiss bzw. ist vielmehr eine erweiterte Form desselben. Das ist medizinisch gesehen erstaunlich. Während der Anschiss in der Regel verbal bleibt, ist der Einlauf stets mit einer Strafe verbunden.

Ein typisches Beispiel: Phase eins – der Anschiss. »Schmidt, warum steht Ihre Waffe hier alleine rum? Ihnen hat wohl jemand ins Gehirn geschissen!«

Sollte Schmidt seine Waffe noch öfter unbeaufsichtigt stehen lassen, folgt Phase zwei – der Einlauf. Dann wird er nicht nur von seinem Stabsunteroffizier, sondern auch vom Zugführer, dem Spieß und dem Kompaniechef in die Mangel genommen, wobei sich Letzterer seinem Rang entsprechend meist doch etwas zurückhält. Der Stabsunteroffizier verhängt Liegestütze, der Zugführer Sonderdienste, und der Kompaniechef droht mit disziplinarischen Maßnahmen wegen einer ernsten Verletzung der Dienstpflichten.

Dabei lernt der Rekrut im Grunde nur eines, nämlich die Klappe zu halten und aufzupassen, die Befehle seiner Vorgesetzten sklavisch genau auszuführen.

Denn nach allem Geplänkel um den verantwortungsvollen Gehorsam des Soldaten, kommt die Dienstvorschrift zum Ende dann doch auf den Punkt:

»***V Gehorsam***. *5. [...]* ***Bestehen über die Rechtmäßigkeit*** *[eines Befehls, A. d. A.]* ***Zweifel, sollte nach dem Grundsatz verfahren werden: Erst gehorchen, dann beschweren!*** *Die Verantwortung trägt der Vorgesetzte.*«

Damit wird dem Soldaten nun wahrlich ein Freibrief zum Nichtdenken erteilt. Oder anders ausgedrückt: die dienstliche Erlaubnis zur Blödheit. Ist es nicht schön, dass jeder Obergefreite im Zweifel erst einmal draufloballern darf, und sein Zugführer sich anschließend vor dem unrechtmäßig Erschossenen verantworten muss? Was dies mit einem verantwortungsvollen Staatsbürger in Uniform zu tun haben soll, bleibt zwischen Anschiss und Einlauf ein Rätsel.

Bei so viel Sorge um den Verdauungstrakt des Soldaten wundert es auch nicht, dass Mängel beim Antreten der Rekruten immer noch regelmäßig so korrigiert werden: »Männer, wenn es heißt ›Stillgestanden!‹, dann pressen Sie Ihre Arschbacken gefälligst so heftig zusammen, dass ein Zwei-Euro-Stück seine Prägung verliert!«

Ein Satz, den man in genau dieser Form wahrscheinlich nicht im Handbuch zur Wehrausbildung finden wird.

18 Geschichtsstunde light

… In dem der Leser auf einen kurzen Ausflug in die Gründerzeit der Bundeswehr mitgenommen wird.

So eine Geburt ist schon eine anstrengende Sache. Mancher Vater verdrückt sich in die nächste Kneipe, statt dabei zu bleiben. Die Mutter muss. Wer bei der Geburt der Bundeswehr welche Rolle übernommen hat, ist nicht überliefert, aber auf jeden Fall gab es einige eifrige Geburtshelfer.

Schon vor ihrer Gründung wurde die künftige Bundeswehr von dem ehemaligen Wehrmachtsgeneral Rudolf Konrad bei einem *Treffen zum Tag der Treue* mit den folgenden Worten auf den Weg gebracht:

»Wir hoffen, dass in der neuen Schale die gleichen Männer, die alten Soldaten stecken, die einst Kraft und Ruhm des deutschen Heeres und der Stolz des deutschen Volkes waren.«[70]

[70] 17. Mai 1953, Tag der Treue unter dem Edelweiß, München.

Der damalige Bundeskanzler Konrad Adenauer ließ sich vor dem ersten Deutschen Bundestag am 3. Dezember 1952 zu folgender pauschalen Ehrenbezeugung hinreißen:

»Wir sind überzeugt, dass der gute Ruf und die Leistung des deutschen Soldaten trotz aller Schmähungen während der

vergangenen Jahre in unserem Volk noch lebendig sind und auch bleiben werden.«

Er übersah dabei wohl, dass im Gegensatz dazu jene, die an den zitierten tollen Leistungen deutscher Soldaten intensiv teilhaben konnten, in der Folge alles andere als lebendig waren. Es kam damals anscheinend niemandem verdächtig vor, die neue Generation von Soldaten damit aufzumuntern, wie viel Blut Papa und Opa auf Befehl einer Handvoll Irrer vergossen hatten. Das war die Lage der Nation im Jahr 1955.

Auch heutzutage lässt man sich bei der Bundeswehr nicht lumpen. Raten Sie doch einmal, wer die folgenden Worte bei welchem Anlass öffentlich gesprochen hat:

»Wehrmacht – das ist ohne Zweifel gleichzusetzen mit jener vorzüglichen Truppe, die unvorstellbares im Krieg zu leisten und zu erleiden hatte und die für Bewährung in äußerster Not steht, für Erinnerungen an und Verehrung von Vorgesetzten, für Kameraden- und Opfertod.«

Zu Pfingsten des Jahres 1992 hielt der damalige Generalinspekteur der Bundeswehr, Klaus Naumann, seine Mittenwalder Rede, aus der jener oben stehende Passus entnommen ist.[XI]

Als Artilleriesoldat war er es wohl gewöhnt, schweres Geschütz aufzufahren. Aber auch wenn der Klaus im Jahr 1939 geboren wurde, als Entschuldigung lassen wir das nicht gelten!

Diese einwandfreie Haltung wurde später dadurch belohnt, dass Klaus im Jahr 1999 zum Vorsitzenden des

NATO-Militärausschusses ernannt wurde. Oder zu Europas oberstem Krieger, wie man in seinem Fall wohl treffend sagen muss. Praktisch, dass er im selben Jahr als Aufsichtsratsmitglied in dem französischen Rüstungskonzern Thales Group einen Platz fand. Ein Schelm, wer Arges denkt, nur weil der 370.000 Euro teure Schießsimulator der Bundeswehr von eben diesem Konzern hergestellt wird.

Die Sache mit dem Klaus bringt uns noch einmal zu einem der Schlagwörter bei der Bundeswehr schlechthin: Tradition. Immer wenn etwas unbequem und politisch nicht ganz korrekt ist, wird es unter dem Deckmantel des Traditionsbegriffs mundgerecht verpackt.

Was bei der Bundeswehr alles als Tradition durchgeht? Zum Beispiel die inoffizielle Bezeichnung des Testraumes für die ABC-Schutzmasken als Adolf-Eichmann-Gedächtniskammer.

»Ein umstrittener, aber gebräuchlicher Ausdruck für den ABC-Übungsraum«, erklärt die Reservistenkameradschaft 26 der Samtgemeinde Hagen hierzu.[XII]

Ganz recht, jeder Soldat kennt diese Bezeichnung. Die Bundeswehr weiß offiziell von nichts.

Weiter unten in der Befehlshierarchie versucht man sein Bestes, um diese »Vorgaben« umzusetzen.

So war ein Stabsunteroffizier wegen Zeigens und Äußerns des »Hitlergrußes« auffällig geworden. Sein Kompaniechef hatte bereits die Einleitung eines disziplinargerichtlichen Verfahrens beantragt und ein Strafverfahren veranlasst. Dessen Nachfolger sah die Sache jedoch anders. Wenige Wochen nach Übernahme der Dienstgeschäfte erteilte er dem Stabsunteroffizier in Kenntnis der

Sachlage eine förmliche Anerkennung wegen »vorbildlicher Pflichterfüllung«.[XIII]

Andere Soldaten sehen ihre Möglichkeiten der Traditionspflege eher auf verbalem Territorium, so beschimpfte ein Leutnant in einer Universität der Bundeswehr einen dunkelhäutigen Fahnenjunker wiederholt als »Neger«.[XIV]

Auch das ist eine Form von Tradition, denn schon in der Kolonialzeit waren es die besser gebildeten Söhne, die ein Offizierspatent erhielten und dann zu den primitiven Völkern geschickt wurden.

Da passt es vortrefflich, dass der damalige Generalinspekteur der Bundeswehr – unser Sorgenkind Klaus Naumann – bereits 1992 ein Strategiepapier verfasst hatte, das später in die verteidigungspolitischen Richtlinien einfloss. In diesem Papier heißt es, dass zu den neuen Aufgaben der Bundeswehr *»die Aufrechterhaltung des freien Welthandels und des ungehinderten Zugangs zu Märkten und Rohstoffen in aller Welt«* sowie die *»Einflussnahme auf die internationalen Institutionen und Prozesse im Sinne unserer Interessen«* gehören.

Wenn das mal kein Klartext ist. Sitzen also die falschen »Kameltreiber« auf ein paar Bodenschätzen, oder stören ein paar »Neger« unseren »freien« Handel, gibt es im neuen Jahrtausend auch was von der Bundeswehr auf die Mütze.

Dabei war die Geburtsstunde des *Prinzips der Inneren Führung* sowie der Idee vom *Staatsbürger in Uniform* das Resultat einer gewissen Angst vor einer neuen Armee auf deutschem Boden.

Bereits ab 1950 knobelte eine Kommission unter der Leitung von Theodor Blank das Prinzip der Inneren Füh-

rung aus. Das Ziel bestand darin, den Unfug der sogenannten »ewigen soldatischen Tugenden« zu beenden, denen sich die Soldaten bis dato freudestrahlend unterworfen hatten. Wir wissen, wie furchtbar schief das damals gegangen ist, weshalb das Prinzip Verantwortung Einzug in die Soldatenschädel halten sollte.

Zu diesem Zweck formulierte man ein Gesetz in unverständlicher Bürokratensprache – die ZDv 10/1. Selbst nach mehrmaligem Lesen ist aus diesem Papier nicht einmal ansatzweise zu erkennen, was genau der Soldat, seine Vorgesetzten und die verantwortlichen Politiker nun zu tun haben, damit aus der Bundeswehr die gewünschte demokratische Armee verantwortungsvoller Staatsbürger wird.

Gute 50 Jahre später sind unsere Soldaten immer noch keine Waldorfknaben, aber zumindest bombardiert die Bundeswehr nur noch auf strikten Befehl des Bundestages. Wie schön.

Das alltägliche Leben hinter den Kasernentoren ist hingegen oft noch immer ein Spottlied auf den Staatsbürger in Uniform. Die Selbsterziehung der Bundeswehr leidet dabei vor allem darunter, dass die Offiziere neben allerlei fachspezifischen Inhalten zu wenig über die praktische Seite der Menschenführung lernen – trotz aller Beteuerungen der Bundeswehrführung. Spätestens im Dienstalltag scheitern die Offiziere daran, ihre Unteroffiziere unter Kontrolle zu halten.

Aber was kann man an Qualifikationen zur Menschenführung von Leuten erwarten, die eine jahrelange Ausbildung nur deswegen absolvieren, um Menschen in einem Krieg anzuführen?

19 Abseilen

… In dem der Leser Kamerad Schneider auf der Flucht vor den Feldjägern begleitet sowie eine clevere Alternative dazu kennenlernt, die sich aus der Natur der Bundeswehr ganz von allein ergibt.

So mancher Ausbilder erzieht seine Rekruten mit dem Befehl: »Sie treten jetzt so lange nach rechts weg, bis ich den Ersten von Ihnen wieder von links kommen sehe!«

Dieser Befehl ist natürlich keine Aufforderung zur Fahnenflucht. Sowieso flüchtet der Soldat meistens nicht vor einem bunten Stück Stoff.

Die Geschichte von Jäger Schneider[71] beginnt harmlos und mit Schweigen. Schneider, ein Rekrut aus meinem Zug und kein Mann großer Worte, trug unter einer strubbeligen Frisur stets denselben Gesichtsausdruck abwesender Zufriedenheit zur Schau. Als unser Zugführer uns zum Friseur schickte, ließ sich Schneider den Kopf kahlrasieren, was ihm das Aussehen eines liebenswerten Trottels verlieh. Am nächsten Tag erhielt er den ersten einer ganzen Reihe von Anschissen von unserem Zugführer: »Schneider, verdammt, Sie sehen ja aus, wie der Insasse eines Gulag!«

In den nächsten Wochen wurde Schneider unter anderem angeschissen für:

[71] Der natürlich in Wirklichkeit anders hieß und dessen Geschichte zudem ein Konglomerat aus den Erlebnissen von zwei Kameraden darstellt. Jäger Schneider ist also eine Sammelvariable von Geschehnissen bei der Bundeswehr.

- zu wenige Klimmzüge (keine),
- zu langsames Laufen (Letzter des Zuges),
- falsches Melden (er schaffte es nie, sich mehr als drei Wörter richtig zu merken),
- zu wenige Punkte in jedem schriftlichen Test, den wir schrieben (null),
- die Unfähigkeit, selbst einfachste Aufgaben zu erledigen (»Leeren Sie mal den Mülleimer da aus!«).

Jede Woche war Jäger Schneider zu Gast bei unserem Zugführer, der sich seinem Sorgenkind in langen Gesprächen widmete. Eines Tages war Schneider aus der Kaserne verschwunden. Einfach so. Eine respektable Leistung für einen sonst eher unfähigen Soldaten wie ihn. Das fand wohl auch unser Zugführer, aber wahrscheinlich war er insgeheim froh, ihn los zu sein.

In einem Fall wie dem von Jäger Schneider werden die von den gemeinen Soldaten gefürchteten Feldjäger aktiv.

Ein Feldjäger ist kein militärischer Förster, und er hält sich auch nicht mehr an der frischen Luft auf als der durchschnittliche Soldat. Vielmehr handelt es sich um einen Angehörigen der internen Polizeitruppe der Bundeswehr. Zum einen sollen sie verlorengegangene Soldaten zurück in die Kaserne bringen, zum anderen sind sie die Aufpasser der Truppe in der Öffentlichkeit. Auf Bahnhöfen und bei Großveranstaltungen sorgen sie für Zucht und Ordnung unter den Kameraden, was jedoch oft in Gängeleien ausartet. Nicht selten wird ein Soldat mit einem leicht schief sitzenden Barett angeschnauzt oder es wird an nicht ganz blitzblanken Stiefeln herumgemäkelt. Unter anderem deswegen – und weil sie eine weiße Armbinde tragen – heißen die Feldjäger unter vernünftigen Soldaten auch »bewaffnete Schülerlotsen«.

Die Feldjäger werden aktiv, wenn sich ein Soldat mehr als drei Tage verdrückt hat und somit als EA – eigenmächtig abwesend – gilt. Wird die Abwesenheit des Rekruten zum Dauerzustand, spricht man von Fahnenflucht.

Im Jargon des gemeinen Soldaten heißt dies: abseilen.

Heimliches Ziel eines jeden Soldaten ist es, die höchste Kunst des Abseilens zu erlernen, nämlich das Abseilen *während* des Dienstes, ohne EA zu sein und trotzdem frei zu haben. Für den Rekruten in der Grundausbildung ist es so gut wie unmöglich, sich abzuseilen, doch für den Gefreiten in der folgenden Dienstzeit gehört es sozusagen zum guten Ton.

Das gekonnte Abseilen besteht vor allem darin, für einfache Aufgaben ein möglichst großes Zeitbudget zu verbrauchen. Ein geübter Stabsdienstsoldat kann die Anweisung: »Schmidt, kochen Sie mal Kaffee!«, auf über eine Stunde ausdehnen. Da gilt es zunächst, die Kaffeekanne gründlich auszuwaschen. Gründlich! Dann muss neues Kaffeepulver im Laden des Mannschaftsheims besorgt werden. Schließlich entdeckt der Soldat, dass noch zehn Pakete Kaffee vorhanden waren und bringt das soeben gekaufte zurück. Es folgt ein dritter Weg zum Laden, um eine Tüte Zucker zu erwerben. Und dann braucht der Kompaniechef ja auch noch seine Milch.

Das ist professionelles Abseilen.

Eine weitere großartige Gelegenheit zum Abseilen bietet sich in den Instandsetzungseinheiten.[72] Bei der Wartung eines Panzers zerlegt der geübte Bundeswehrsoldat grundsätzlich das gesamte Gerät. Zusätzlich ergeben sich immer wieder ausgiebige Leerlaufzeiten, weil man im Handbuch nachschlagen muss, wie die 45.823 Einzelteile des verflixten Leopard II wieder zusammengesetzt werden.

[72] Das sind die Automechaniker der Bundeswehr.

Merke: Auch neues Gerät wird bei der Bundeswehr zur Wartung komplett zerlegt. Und Sie wissen jetzt warum.

Abgeseilt wird überall dort, wo der Vorgesetzte seinem Soldaten den Rücken zuwendet. Die beliebtesten Abseilmöglichkeiten sind Boten- und Meldegänge, bei denen sich der Soldat ständig in der Gefahr befindet, auf andere Soldaten warten zu müssen – zumindest schließen das die Vorgesetzten aus den Meldungen aller ihrer Untergebenen.[73]

[73] Mit Ausnahme der schon erwähnten Brenner, den Soldaten-Strebern.

Die höchste Form des Abseilens ist erreicht, wenn der Soldat anschließend von seinem Vorgesetzten für die herausragende Erfüllung der Aufgabe gelobt wird.

Ein Klassiker zur Erläuterung:

Während einer Gefechtsübung bei gutem Wetter zieht sich der als Melder eingesetzte Soldat für ein ausgiebiges Nickerchen an eine sonnige Stelle zurück. Seinem Vorgesetzten erklärt er die Verzögerung damit, dass er sich gefechtsmäßig im Gelände bewegt habe. Der Soldat macht seinem Vorgesetzten also weis, dass er eine Strecke von zwei Kilometern auf allen vieren kriechend zurückgelegt habe. Manche Ausbilder quittieren dies mit einem Kopfschütteln, oft genug wird der Soldat jedoch für seinen Einsatz gelobt.

Merke: Die Summe der durch Abseilen erschlichenen Freizeit, übersteigt oft die Summe der gesamten Dienstzeit.

Dieses Paradoxon nennt man bei der Bundeswehr »höhere Mathematik«.

Doch zurück zu Jäger Schneider.

Die Feldjäger brachten Jäger Schneider nach elf Tagen in Freiheit zurück in die Kaserne. Sie hatten ihn von der Couch seiner Freundin geklaubt, wozu sie fast zwei Wochen messerscharfer Kombinationsarbeit gebraucht hatten.

Schneider wurde mit einer vergleichsweise milden Disziplinarstrafe belegt: einer Kürzung des Wehrsoldes und der Streichung des Wochenendausgangs für einen Monat.

Von seinem ersten freien Wochenende außerhalb der Kaserne kehrte Jäger Schneider wieder nicht zurück.

Noch einmal suchten die Feldjäger zwei Wochen, und diesmal fanden sie Schneider bei seinen Eltern. Er wurde mit einigen Tagen Freiheitsentzug darauf aufmerksam gemacht, seine aufgezwungenen Staatsbürgerpflichten doch bitte zu erfüllen.

Jäger Schneider beschäftigte die Feldjäger in den nächsten zwei Monaten noch dreimal. Dann tauchte er eines Morgens mit Bandagen um beide Handgelenke auf. Ihm war seine Verzweiflung wohl peinlich, denn er tat seinen Suizidversuch im Nachhinein rundherum als Quatsch ab. Die Verbände an den Handgelenken erklärte er damit, sich beim Schlafen am Bettgestell »angerissen« zu haben. Die Betten bei der Bundeswehr mögen zwar legendär schlecht sein, aber diese Ausrede nahm ihm dann doch niemand ab.

Schneider schied nach der Empfehlung eines psychologischen Gutachters schließlich unehrenhaft aus der Bundeswehr aus.

Merke: Der deutsche Soldat wird in Friedenszeiten erst ab zwei Litern Blutverlust ernst genommen.

Da ist doch schon im Ansatz – nämlich in der Gesetzgebung – etwas falsch gelaufen. Zumal diese »Kriminellen« innerhalb der Armee zunächst einmal keinem Zivilgericht vorgeführt, sondern vorsorglich von der Bundeswehr in Haft genommen werden. Sie unterstehen dem Wehrgesetz, das auch deswegen so heißen könnte, weil sich die Soldaten kaum dagegen wehren können.

Solche Bösewichte, die es nach Hause zu ihren Freundinnen und Familien zieht, gehören wahrlich eingesperrt. Was wir dagegen dringend brauchen, sind mehr begeisterte Soldaten, die auf Liebe und Behaglichkeit pfeifen und sich auf Teufel komm raus in ein Land am Arsch der Welt schicken lassen, um dort auf eine Landmine aus – selbstverständlich – deutscher Produktion zu latschen.

Mehr freiwillige Schneiders vor!

20 Die wollen doch nur spielen

… In dem über das naheliegende Faible der Bundeswehr für Ballerspiele – neudeutsch: Egoshooter – berichtet wird.

Jetzt mal Hand aufs Herz[74] – selbst die ewig nörgelnden Kritiker an der Ausstattung der Bundeswehr müssen zugeben, dass sich unsere Armee mittlerweile ein paar prächtige, moderne Ausrüstungsgegenstände gegönnt hat. Genießen Sie dieses Bewusstsein in vollen Zügen, denn darin steckt natürlich auch Ihr hart erarbeitetes Geld.

[74] Wenn Sie dann nichts spüren, bitte nicht gleich verzweifeln, Sie können immer noch Karriere bei der Bundeswehr machen.

Entgegen allen erzieherischen Bestrebungen spielen unsere Kinder bis ins Teenageralter immer noch sehr gerne. Natürlich wurden die Holzklötze im Laufe der Zeit durch Computer, Spielkonsolen und komplizierte Bausätze mit Namen wie »Mein erstes Crack-Labor« ersetzt. Doch das oberste Grundprinzip des Spielens, nämlich frei, fantasievoll und ohne Konsequenzen beliebige Ausschnitte des Lebens auszuprobieren, hat sich dabei mehr oder weniger erhalten.

Dieses Prinzip ist auch der Bundeswehr nicht verborgen geblieben und hat zur Beschaffung eines ganz besonderen Spielzeugs für Soldaten geführt: dem AGSHP. Hinter dieser Abkürzung verbirgt sich der schillernde

Name *Ausbildungsgerät Schießsimulator Handwaffen/Panzerabwehrhandwaffen.*

Das AGSHP ist im Prinzip ein Ballerspiel im Turnhallenformat. Bis zu vier Schützen können damit gleichzeitig ausgebildet werden – und bleiben dabei trocken und warm. Die Soldaten sitzen oder liegen auf den sogenannten Schützentischen vor einer Großleinwand. Das klingt, als ob der Soldat darauf seziert werden soll. Wird er aber nicht. Auf die Leinwand werden nun alle möglichen Szenarien projiziert: Kosovo, Afghanistan, Wanne-Eickel, das Gymnasium um die Ecke – alles nur eine Frage des Programms. Dabei schießen die Soldaten selbstverständlich nicht mit scharfer Munition, bei aller Liebe zum Realismus. Per Infrarotoptik wird ein Lichtschuss gemessen, und über ein Druckluftsystem wird der Rückstoß nachempfunden.

Das ist eine Menge Aufwand, doch dafür kann eine Vielzahl von Waffen simuliert und eine Menge Trainingsparameter eingestellt und ausgewertet werden, etwa Haltepunkt, Anpressdruck der Schulterstütze, Verkanten, Abzugsstellung, Magazinwechsel, Simulation von Ladehemmungen und andere Funktionsstörungen.

Allerdings ersetzt die Anlage dann doch nicht das Training mit echter Munition. Außerdem kostet jeder AGSHP satte 370.000 Euro.

Dazu die Bundeswehr: »Diese Form der Ausbildung ist billiger und belastet die Umwelt in geringerem Maße.«

Da sind die wieder, unsere heimlichen Ökoaktivisten. Selbst der harte Kern von Greenpeace würde bei so viel Engagement glatt vor Ehrfurcht erblassen. Oder einen Walfangsimulator entwickeln, damit sich die japanischen Fischereiflotten einmal gründlich abreagieren können.

Aber es sind letztendlich unsere Steuermillionen, die da verprasst werden. Vielleicht gibt die Bundeswehr der Öffentlichkeit deswegen zurück, was sie vermag. Besonders die Jugend ist auf den zahlreichen Werbeveranstaltungen des Militärs erster Nutznießer, wenn die Armee mit ihrer Ausrüstung protzt.

So kamen im Herbst 2009 die Schüler einer Hauptschulklasse im schleswigholsteinischen Eutin in den Genuss einer ganz besonderen Demonstration. Auf Einladung der Bundeswehr wurden den 13- bis 15-Jährigen nicht nur ein Kasernenrundgang und der übliche Vortrag über »Sport, Spaß und Spannung in Afghanistan«[XV] geboten, sondern auch der AGSHP vorgeführt. Ein übereifriger Oberstabsfeldwebel geriet dabei vor den Kindern in Ekstase und prahlte, »dass das Schießkino tausendmal besser wäre als jedes Spiel auf der Konsole zu Hause«.[XVI]

Mein Glückwunsch gilt dem Fachpersonal der Bundeswehr. Das Wehrbereichskommando I Kiel kommentierte treffend: »… da mangelte es offenkundig an Geschick«.

Es existiert auch noch eine XXL-Variante des AGSHP. Sie steht im niedersächsischen Munster, wo im Panzersimulationszentrum der Bundeswehr der virtuelle Ernstfall mit großem Gerät geprobt wird.

In einem Artikel des Magazins *Der Spiegel*[XVII] verneint ein Soldat die Frage, ob die Simulatoren die Hemmungen zu töten herabsetzen werde, mit den Worten: »Ich bin das alles ja vom Videospielen gewöhnt. Dass einer in dem Panzer drinnen sitzt, habe ich in dem Augenblick, in dem es wirklich darauf ankommt, komplett ausgeschaltet.«

Merke: Dem Soldaten geht es gut, wenn er das Geschrei des Ziels nicht hören muss. Wer will schon deswegen eine Schusshemmung entwickeln?

Bunter geht es nur beim US-amerikanischen Militär zu, das schon seit einigen Jahren erfolgreich einen eigenen Egoshooter für Heimcomputer vertreibt. Das Programm ist kostenlos, von der Regierung finanziert und enthält neben einem virtuellen Ausbildungsmodus zum Soldaten eine große Anzahl Multiplayermaps – digitale Spielplätze, auf denen sich bis zu 32 Spieler gleichzeitig über das Internet realistische Schlachten liefern können. Für Kopfschüsse gibt es übrigens Extrapunkte, außerdem Spezialtraining an Handgranaten zur Belohnung und eine feinfühlige Unterweisung im Umgang mit Scharfschützengewehren.

Was die actionreichen Ballerspiele der freien Spielindustrie nicht schaffen, gelingt diesem Programm. Es vermarktet das Lebensgefühl »Gewalt = toll« 100-prozentig unreflektiert. Darunter leiden eine ganze Branche und vor allem natürlich die User, denn die wollen wirklich nur spielen. Doch das Produkt der US-Armee bringt mit diesem als Spielzeug getarnten Rekrutierungsfeldzug echte Gewalt in die Kinderzimmer dieser Welt.

Wenn dann wieder einmal in einer Schule ein vernachlässigter Jugendlicher auf seine Mitschüler losgeht, schieben Politiker die Schuld dafür gerne auf das Teufelswerk namens Computerspiele. Nur vergessen sie dabei wohl, dass es in diesen wirklich ums Spielen geht, in den gelobten Simulatoren der Bundeswehr dagegen der blutige Ernst geprobt wird – was sogar als salonfähig vor unseren Kindern gilt, wie wir gesehen haben.

Apropos Verhältnismäßigkeit: Während sich mein 19-jähriger Cousin einer richterlich angeordneten psychologischen Betreuung unterziehen musste, weil er am Computer knuddelige Pixelbilder mit einem Mausklick abgeschossen hatte, versuchte man aus mir einen besseren Bürger zu machen, indem man mir eine 30-schüssige Schnellfeuerwaffe in die Hand drückte, mit der ich auf eine Pappscheibe in Menschengestalt ballern sollte.

Viel interessanter für jeden zukünftigen Wehrpflichtigen sind jedoch die Ergebnisse von Studien über den Zusammenhang zwischen Computerspielen und einem erfolgreichen Soldatendasein. Forscher des US-Militärs führen regelmäßig Tests zur Vorbereitung von Soldaten auf Auslandseinsätze durch. Dabei müssen die Kandidaten unter anderem in verschiedenen Suchszenarien Minen, Sprengsätze und getarnte Bomben am Straßenrand entdecken. Soldaten, die öfter Videospiele spielen, erzielten dabei übrigens deutlich schlechtere Ergebnisse als Nichtspieler.[XVIII]

Zwar erhöht das regelmäßige Spielen von Multiplayershootern die Fähigkeit der Spieler zur Zusammenarbeit im Team, aber es baut auch nachgewiesenermaßen Aggressionen ab. Zudem schränkt es, wie die oben erwähnten Studien zeigten, die Fähigkeit ein, in einem realistischen Szenario fern des räumlich beschränkten Monitorbildes angemessen zu reagieren.

So wird durch regelmäßiges Ballern am Computer aus einem feinen Kandidaten für die Truppe im günstigsten Fall also ein Student der Sozialwissenschaften – oder sogar Theologie.

Also dann mal los, Männer, ran an den Computer, bis die Augen tränen! Das schützt euch in Zukunft vielleicht vor dem Zugriff des Kreiswehrersatzamtes, wenn es sich schließlich auch bis dorthin herumgesprochen hat, dass Computerspieler pauschal keine Amokläufer sind – und meistens auch keine geeigneten Soldaten.

Merke: Spielen hält nicht nur jung, sondern auch zivil!

21 Liebling, lass uns rödeln gehen

… In dem der Leser an einem erlebnisreichen Tag auf dem Lieblingsspielplatz der Ausbilder teilhaben wird – der Hindernisbahn.

Bei aller hochtechnisierten Ausrüstung der Bundeswehr, der Lieblingsspielplatz des Soldaten ist in der Vorstellung seiner Vorgesetzten immer noch das Gelände.[75] Der Lieblingsspielplatz der Bundeswehrausbilder dagegen ist die Hindernisbahn, unter den Rekruten besser bekannt als »Rödelbahn«.

Als »rödeln« bezeichnen die Inhaber fast aller Dienstgrade nicht ganz gemäß der Dienstsprache der Bundeswehr jede Form von Bewegung des Soldaten, bei der dieser

a) unglaublich schmutzig,
b) unglaublich erschöpft,
c) unglaublich verzweifelt
wird und sich
d) danach an manchen Stellen unglaublich wundgescheuert fühlt.

Dazu gehören die beliebten Kandidaten:

Tiefste Gangart im Schlamm, das gefechtsmäßige Überqueren einer Moorwiese, jeder Gefechtsmarsch, ein *Biwak*

[75] Nicht repräsentative Umfragen haben jedoch ergeben, dass das Gelände noch hinter Kneipe, Bett, Freundin und einem Besuch beim Zahnarzt auf der Hitliste des gemeinen Soldaten rangiert.

(Erklärung folgt) – eigentlich alles, was den Soldaten in schmutziger Umgebung in Bewegung versetzt.

Das Ganze geht nach Wunsch der Ausbilder so lange, bis auf den Zustand der Soldaten der Spruch zutrifft: Es ist kein Mensch, es ist kein Tier, es ist ein Panzergrenadier.

Das Wort »Gerödel« ist übrigens ein Sammelbegriff für jegliche Ausrüstung, die man beim Rödeln tragen kann, während das Anlegen und Anziehen des Gerödels als »aufrödeln« bezeichnet wird.

Weil die Hindernisbahn sämtliche Freuden des professionellen Rödelns auf einer Strecke von 100 bis 200 Metern vereint, gehört sie zu den Schreckgespenstern eines jeden Soldaten. Allerdings kann der werdende Rekrut an dieser Stelle beruhigt werden, denn nicht in jeder Einheit wird die Hindernisbahn auch für die Grundausbildung genutzt. Oft macht der Soldat nur einen oder zwei Nachmittage lang mit ihr Bekanntschaft.

In anderen Ausbildungskompanien sind jedoch jene harten Hunde vom Typ Stabsunteroffizier Lambert zu finden, die ihren Soldaten gerne zeigen »wo der Hammer hängt« und scheuchen die Rekruten bevorzugt bei 32 Grad Celsius im Schatten oder im strömenden Dezemberregen über die Rödelbahn.

Für all jene Glücklichen, die noch nie in den Genuss einer Runde über die Rödelbahn gekommen sind, hier eine beispielhafte Beschreibung derselben:

Die Soldaten starten zu zweit, dritt oder viert nebeneinander. Bekleidet in der Regel mit dem Gefechtsanzug samt Gerödel, also Koppel, Mehrzwecktasche, ABC-Tasche und natürlich Gewehr. Begonnen wird die Tour mit etwas Leichtem wie den »spanischen Reitern«. Dabei handelt es sich um ein Gestell aus diagonal ineinander montierten Balken, das der Soldat halb über- und halb durchklettern muss. Danach geht es in der tiefsten Gangart durch ein Betonrohr, worauf eine Art schräge Leiter aus Holzstämmen folgt, deren Sprossen in etwa einem Meter Abstand befestigt sind. Von der obersten Sprosse soll sich der Soldat nun in eine Sandgrube fallen lassen, ohne sich bei der Landung mit seinem Gewehr einen Zahn oder etwas Weicheres auszuschlagen.

Daran schließt sich der Sprung über eine schlammige Grube an – oder hinein, je nach Fitness des Soldaten. Beim Lauf über einen Schwebebalken kann der Rekrut trocknen, um den Matsch dann beim folgenden »Autoreifentanz« abzuschütteln. Dabei handelt es sich um einen Lauf durch eine mit Reifen ausgelegte Fläche.

Es folgt das wohl bekannteste Hindernis der gesamten Militärgeschichte[76]: die Eskaladierwand.

Die Eskaladierwand ist eine Holzwand, zwischen lässigen 1,60 und anstrengenden 2,50 Metern hoch, die der Soldat zu überwinden hat. Dabei ist es völlig egal, *wie* er dabei aussieht, was die Ausbilder immer wieder beteuern, die Hauptsache ist, hinüber zu gelangen, was am besten mit etwas Tempo geht. Während der Soldat ordentlich Anlauf nimmt, wirft er also das Gewehr mit dem Schulterriemen auf den Rücken. Direkt am Fuß der Wand springt er dann ab, greift nach der oberen Kante und nutzt den Schwung aus, um den

[76] Mit Ausnahme des Beförderungsstaus natürlich, einem Ärgernis, das entsteht, wenn alle höherrangigen Planstellen in Friedenszeiten nicht schnell genug frei werden.

Oberkörper auf eben diese Kante zu hieven. Zu frühes oder gar zu spätes Abspringen dient zwar der Unterhaltung der zusehenden Kameraden, führt jedoch meist nicht zum gewünschten Erfolg. Den Weg nach unten erledigt dann die Schwerkraft.

Was sich so einfach anhört, führt immer wieder zu Szenen des Elends, vor allem aber ungebremster Heiterkeit. Dank des Internets, kursieren zahlreiche Amateurvideos von der Ausbildung höherer Dienstgrade auf der Rödelbahn, zum Beispiel von der Unteroffiziersschule des Heeres oder dem Offizierssportfest der Bundeswehr. Dort kann ein jeder der gestählten Elite unseres Landes dabei zusehen, wie sie sich von drei Kameraden am Allerwertesten über die Eskaladierwand schieben lässt. Bravo, meine Herrschaften! Derlei Öffentlichkeitsarbeit macht garantiert Eindruck und weckt Vertrauen bei der Bevölkerung.

Die Eskaladierwand steht oft in der Mitte der Rödelbahn, und so hat der Soldat danach noch einiges vor sich. Kriechen unter Stacheldrahtverhauen, Laufen durch eng abgesteckte Kurse, Hangeln an einem Klettergerüst, mit Schwung an einem Seil über einen Graben – eben alles, was dreckig macht und anstrengend ist.

Der klassische Abschluss einer Rödelbahn ist eine Stellung (manntiefe rechteckige Grube) aus Beton, auch »Handgranatenwurfstand« genannt, in die der mittlerweile nicht mehr ganz taufrische Rekrut springen muss. Dabei verletzen sich die Soldaten gerne mal, weil sie sich mit dem Kopf an den Wänden der Grube stoßen. Aus dem Graben wirft er dann eine Handgranatenattrappe, die in einem Zielkreis landen muss. Danach beginnt das abschließende Trauerspiel, wenn der Soldat versucht, wieder aus der Grube herauszukommen. Ohne Leiter.

Während sich der Rekrut in voller Gefechtsausrüstung über Mauern und durch Stacheldrahtverhaue quält, feuert ihn sein Ausbilder mit motivierenden Sprüchen an: »Aufstehen, Soldat! Ein deutscher Stahlhelm fällt nur einmal!«

Solche Sätze auf der Rödelbahn erklären vielleicht, warum man diese Bahn in allen Kasernen in die hinterste Ecke verbannt hat, auf jeden Fall weit genug von den Ohren der Stabsoffiziere entfernt.

Als die höchste Form des Rödelns gilt es, die Bahn im Gruppenverband unter ABC-Vollschutz und unter Mitführen eines verletzten Kameraden zu überwinden.

Wer jetzt den Fehler macht, sich um die Rolle des Verletzten zu reißen, kommt in den Genuss, wie ein alter Sack Kartoffeln über die Hindernisse gezerrt zu werden.

Sie glauben ja gar nicht, wie oft es einer Gruppe Soldaten gelingen kann, selbst ihren beliebtesten Kameraden fallen zu lassen. Am besten man lässt es gar nicht erst auf diese Form eines Freundschaftstests ankommen.

Bei dem Manöver »ABC-Gruppen-Rödelbahn« sollen die Soldaten lernen, einander zu unterstützen – was tatsächlich funktioniert! Ist der sportliche Ehrgeiz der Gruppe einmal geweckt, läuft alles wie am Schnürchen. Die Soldaten wachsen schier über sich hinaus, und der verletzte Kamerad kann hoffen, den Abend des Tages lebendig zu erleben.

Soldaten erzählen oft von der unglaublichen Kameradschaft in der Truppe, von der Zusammengehörigkeit und dem Gefühl, einander zu unterstützen, vor allem aber davon, dass man so etwas im zivilen Leben gar nicht kennenlernen könne.

Schade, aber statistisch korrekt – über drei Viertel aller Männer sind unfähig, im Alltag tiefere Bindungen und echte Freundschaften zu entwickeln. Erst die Rödelbahn macht es möglich.

Merke: Kameradschaft ist ein Zweckbund gegen das größte gemeinsame Übel: den Vorgesetzten.

Natürlich ist das mit der Rödelbahn auch eine schöne Sache. Der erhebende Moment, über sich hinausgewachsen zu sein, weil man die Gruppe nicht hängenlassen wollte. Das beruhigende Gefühl, nicht alleine in der Scheiße[77] zu stecken. Die helfenden Arme der anderen, wenn man schlappmacht. Die dummen Sprüche, wenn es öfter passiert. Die Sticheleien und Spitznamen, wie »Dumpfsack«, »Calimero«,[78] »Koffer« oder »Made«.

Selbstverständlich unterstützt die Bundeswehr keine Gruppenbestrafungen. Oder etwa doch? Wie würden Sie es nennen, wenn der ganze Ausbildungszug kurz vor Dienstschluss noch einmal in sauberen Sachen über die Rödelbahn gescheucht wird, weil sich ein Kamerad während der Dienstzeit auf sein Bett gelegt hat? Dies zumindest schreibt Martin Puch in seinem Erlebnisbericht[XIX], in dem auch Folgendes zu lesen ist:

»An diesem Abend gab es daher einige (vielleicht sogar durchaus berechtigte) Vorschläge, diese Leute mal spüren zu lassen, was wir von ihrer Dämlichkeit hielten. Der Vorschlag, mit

[77] Inoffizielle Bezeichnung für alle Ausbildungsmaßnahmen während der AGA.

[78] Abgeleitet von der Trickfilmfigur, einem schwarzen Küken, dessen Eierschalenhelm stets schief sitzt.

ABC-Schutzmasken vermummt auf deren Stube zu stürmen und kollektiv bei jedem der Verantwortlichen mit einem Kampfstiefel einmal als Revanche kräftig zuzuschlagen, wurde jedoch abgeschmettert.«

Dass diese Maßnahme laut Bericht schweren Herzens nur deswegen abgeblasen wurde, weil die Soldaten die Realität nicht mit einem US-Actionfilm verwechselten, lässt den Schluss zu, dass die Rechnung der Ausbilder hier voll aufgegangen ist. Die Wut unter Kameraden richtet sich nicht gegen den Vorgesetzten, sondern gegen jemanden aus den eigenen Reihen.

Merke: Kameradschaft bedeutet, zusammen einen Hügel zu erstürmen und demjenigen, der stehen bleibt und warum fragt, eins auf die Nase zu hauen, damit es endlich weitergehen kann.

Zurück auf die Rödelbahn. Das Hochgefühl unter den Rekruten verschwindet schnell wieder, wenn der Vorgesetzte am Ende der ganzen Quälerei die Soldaten antreten lässt und sie anschnauzt: »Keuchen und hecheln Sie hier nicht rum wie im Puff. Kotzen Sie, oder seien Sie still!«

Merke: Pädagogik bei der Bundeswehr bedeutet, als Vorgesetzter möglichst lange einer Disziplinarmaßnahme zu entgehen.

22 Nur für Bundeswehr und Schweinezucht

… In dem der Leser allerhand Leckereien aus der Truppenküche kredenzt bekommt, bei deren Anblick sich der Soldat fragt, warum er per Gesetz dazu verpflichtet wurde, seine Gesundheit zu erhalten, der Truppenkoch aber offenbar nicht.

Die Bundeswehr arbeitet wie jede Armee mit den Maßnahmen Täuschen, Tarnen und dem guten alten Überraschungseffekt. Leider betrifft dies auch die Truppenverpflegung.

Seit Jahren kursiert unter Soldaten die Legende, dass ein Kamerad einen Kameraden kennt, der einen Kameraden kennt, der gesehen hat, dass die angelieferten Kartoffelsäcke in der Truppenküche mit dem Aufdruck versehen sind: *Nur für Bundeswehr und Schweinezucht.*

Die Bundeswehr dementiert diese Geschichte seit ebenso vielen Jahren, genauso wie die Bundesregierung in regelmäßigen Abständen das Gerücht streut, Kanzler Merkel sei eine Frau.

Die Meinungen über die Qualität der regulären Verpflegung gehen innerhalb der Truppe weit auseinander. Dies liegt vor allem daran, dass jeder Standort aus einem Grundbaukasten von Zutaten seinen eigenen Speiseplan entwickelt.

Schauen wir doch einmal auf dem Musterspeiseplan nach, was es in einer durchschnittlichen Woche so alles bei der Bundeswehr zu spachteln gibt. Und nicht vergessen: Mit diesen Angaben versucht die Bundeswehr im Internet bei der Jugend Werbung für sich zu machen!

Brotaufstrich, süß. Genau so steht es da. Nicht Honig, nicht Nutella, nicht Pflaumenmus, nein »süß«. Dazu reicht der Truppenkoch »Gelbwurst«. Wer je herausfindet, was das ist, wird es wohl erst recht nicht mehr essen wollen.

Mittagessen: »Rohrnudeln mit Vanillesoße«. Na, wohl bekomm's. Am Abend lockt ewig das »Brotsortiment«. Klingt wie aus dem Baumarkt – schmeckt auch so.

Tag zwei. Der Brotaufstrich ist immer noch »süß«. Zum Mittagessen steht »Frühlingsrolle mit Cocktailsoße« auf dem Plan. Das ist vielleicht exotisch, aber auch ein bisschen wie Schokoladenpudding auf Schnitzel. Am nächsten Morgen lacht der »Truthahnfleischkäse« vom Teller. Der Rekrut nicht.

Einfach mal Spaghetti Bolognese oder ein Spiegelei, das schaffen die Bundeswehrköche anscheinend nicht. Stattdessen tüfteln sie in einem eigenen Labor in Oldenburg vor sich hin, wo die Verpflegung der Bundeswehr mehr ausgerechnet als gekocht wird. Oberste Direktive ist, dass die Bilanz aus Kalorien, Mineralstoffen, Proteinen und Vitaminen auf dem Teller stimmt. Doch zum einen sagt das noch nichts darüber aus, ob der Teller dann auch voll ist, und zum anderen erfüllt auch eine Mischung aus Kieselerde, Hühnerköpfen und Löwenzahn die erwünschten Kriterien. In dieser Küche grübeln experimentierfreudige Kochzombies weiter daran, die Gelbwurst noch gelber zu gestalten, bis auch die Gesichtsfarbe des Rekruten die Verwendung von Tarnschminke unnötig macht.

Schaut man sich die Kartoffelchips futternden Schülerhorden an, klärt sich zumindest ein Teil des Dramas auf den Tellern. Die jungen Menschen könnten einen grünen Salat womöglich für die Tischdekoration halten – und einen Besuch bei McDonald's an der Ausfallstraße ihres Ortes für das höchste der kulinarischen Gefühle. Da ist es natürlich verständlich, dass ein Großteil der Soldaten mit der Truppenverpflegung zufrieden ist. Mit ihren Worten: »Der Geschmack ... na ja. Aber die Menge ist schon okay.«

Was gibt es sonst noch für den Soldaten zu essen? Zu den unangefochtenen Highlights aller Zeiten gehören:

Auf Platz drei – das Dosenbrot.

Schon der Name lässt Schlimmes ahnen. Tatsächlich ist das Brot aus der Dose länger haltbar als ein Ziegelstein und auch eine Spur kräftiger im Geschmack als dieser.

Auf Platz zwei – das Kaltgetränk.

Getreu dem Motto *nicht Fisch, nicht Fleisch,* ist das Kaltgetränk nicht Tee und nicht Limonade – nicht wässerig, aber auch nicht geschmackshaltig. Von einer blasslila bis schalrosa Farbe, wird es dem Soldaten zu jeder Mahlzeit in großen Kannen gereicht und auch im Gelände aus großen Wannen ausgeschenkt. In den EPA-Tagesrationen[79] ist es zudem als Getränkepulver enthalten. So allgegenwärtig ist das Kaltgetränk, dass böse Zungen behaupten, es enthalte einen Stoff namens »Hängolin«, der den männlichen Soldaten seiner Libido beraubt und ihn damit frei von Ablen-

[79] Ein-Mann-Pack: eine Kiste voller Leckereien, die niemand zu Friedenszeiten freiwillig essen würde. Niemand, außer einem Reservisten natürlich!

kung macht. Es soll durchaus schon vorgekommen sein, dass Soldaten nach absolvierter Dienstzeit schlimme Entzugserscheinungen durch den Wegfall des Kaltgetränkes zu erleiden hatten.

Uneingeschränkter Sieger und damit auf Platz eins unserer Liste bleibt jedoch für alle Zeiten das soeben erwähnte EPA, das der Soldat frei und treffend mit »**E**rbrochenes **p**ortionsweise **a**bgepackt« übersetzt.

Wer zur Bundeswehr gegangen ist, um ein Abenteuer zu erleben, der wird es in Form der EPAs auf jeden Fall finden. Es enthält die legendären Panzerkekse, deren einziger sinnvoller Verwendungszweck darin besteht, sie mit der stark öligen Schuhcreme der Bundeswehr zu bestreichen und anschließend als Feueranzünder zu benutzen. Das funktioniert auch bei starkem Regen hervorragend, denn die Kekse brennen noch besser, als ihre Kunststoffverpackung und der Soldat muss sie danach nicht mehr mit sich herumschleppen.

Das EPA wird immer dann ausgegeben, wenn die Soldaten von der regulären Truppenverpflegung abgeschnitten sind – und von ihren Geschmacksnerven.

Das Paket enthält neben den Keksen zwei in Aluminiumfolie eingeschweißte »ohne Würzen verzehrfertige« Mahlzeiten, die im Wasserbad oder während eines stundenlangen Geduldspiels auf dem klapprigen Esbitkocher erwärmt werden sollen, aber (laut Beipackzettel) »ohne Nährwertverlust und wesentliche Einbußen im Geschmack auch kalt verzehrt werden können«.

Zu Risiken und Nebenwirkungen fragen Sie Ihren Sanitäter oder den Wehrbeauftragten.

Im Angebot finden sich Speisen wie »Linsen mit Würstchen« oder »Italienisches Nudelgericht«, und als Zwischenmahlzeit ist im EPA Typ II sogar ein Schälchen Obstsalat zu finden.

Dies klingt zunächst einmal nicht so schlecht, doch die Bundeswehr gibt die Haltbarkeit und Lagerbeständigkeit der EPAs mit dreieinhalb Jahren an. Inoffiziell wird in der Truppe von bis zu 25 Jahren gesprochen. Lassen Sie sich also den exhumierten Obstsalat oder ein Würstchen aus der Grabkammer Tutanchamuns zünftig schmecken!

Das Beste an den EPAs sind vermutlich die 50 Gramm Zartbitterschokolade und die Kaugummis – zwei Artikel, denen man die jahrelange Haltbarkeit nicht gleich beim ersten Bissen anmerkt. In den Genuss, das beiliegende Kaffeepulver oder den Tee zu benutzen, kommt der Soldat mangels kochenden Wassers im Gelände sowieso selten. Da ist es schön, dass auch Kaffeeweißer und Zucker enthalten sind. Wurst, Streichkäse, Konfitüre und Streichhölzer komplettieren die Packung. Dabei hat es die Bundeswehr geschafft, die einzige Wurst der Welt zu entwickeln, deren Haltbarkeitsdatum das von Streichhölzern übertrifft.

Mit den Wasserentkeimungstabletten auf Chlorbasis[80] kann sich der Soldat dann zum krönenden Abschluss ein Getränk bereiten, um alles auf dem schnellsten Wege wieder loszuwerden. Oder warum glauben Sie, warnen Mütter ihre Kinder immer, auf keinen Fall das Wasser aus dem Becken in der Schwimmhalle zu trinken?

[80] Nach 40 Jahren Bedenkzeit wurden die Tabletten mittlerweile wegen gesundheitsschädlicher Nebenwirkungen aus den EPAs entfernt.

Vielleicht hilft ja der Griff zum mitgelieferten Erfrischungstuch, um den Soldaten wieder auf die Beine zu bekommen.

Das EPA ist die vorletzte Verpflegungsreserve des Soldaten. Die Letzte ist die Überlebensration, ein bröseliger Riegel aus einem Kohlenhydrat-Eiweiß-Gemisch, bei dem selbst die Bundeswehr zugibt: *»Aussehen und Geschmack sind hierbei natürlich zweitrangig!«*

Natürlich!

Es gibt auch noch eine sogenannte Notration. Ob die Not vor dem Überleben kommt oder erst dadurch entsteht, ist vom einzelnen Soldaten abhängig – und seinem Willen, einen eingewickelten Stein als etwas Essbares zu betrachten.

Aber auch die Bundeswehr entwickelt sich weiter. Zumindest ihr Essen. Seit 1999 gibt es das »EPA leicht« für Soldaten, die nicht nur auf dem Übungsplatz spielen, sondern in einen wirklichen Einsatz gehen. Das »EPA leicht« ist für vier Soldaten gedacht, was rein zufällig der Einsatzstärke eines KSK-Kommandos entspricht. Für die vielen Auslandseinsätze musste etwas Neues für die Soldatenmägen her – vor allem aber etwas Leichteres. Damit ist nicht etwa *light* gemeint, schließlich hat ein Soldat im Krieg genug Bewegung und muss keine Kalorien zählen. Die Truppe wollte schlicht das Gewicht der Notverpflegung senken – ein reines Transportproblem also. Im »EPA leicht« wurden die Komponenten deswegen gefriergetrocknet und haben daher alle die Konsistenz der Panzerkekse. Ja, auch der Obstsalat!

Natürlich kann man nun nichts aus dem EPA mehr essen, ohne es mit heißem Wasser zuzubereiten. Wie praktisch! Der Soldat muss in der Wüste[81] also auch noch eine Extraration Wasser zum Kochen mit sich herumschleppen. Die Gewichtsersparnis wurde hier großzügig nach unten delegiert – vom Transportflugzeug zum Soldaten.

Der praktische Nutzen des neuen EPAs ist also in jeder Hinsicht umwerfend. Während dem Soldaten im Einsatz die Kugeln und Splitter um die Ohren fliegen, sitzt er mit seinen Kameraden gemütlich zusammen und wartet geduldig darauf, dass der winzige Esbitkocher das Wasser für sein Essen endlich zum Kochen bringt.

Die Alternative, sich die staubtrockene Verpflegung wie Kokain durch die Nase zu ziehen, ist selbst unter Soldaten nicht sehr beliebt.

Übrigens: Nur die deutsche Armee legt einen Müllbeutel mit in die Kampfverpflegung. Entweder wiehert der Amtsschimmel hier wieder besonders laut, oder es handelt sich um eine pietätvoll getarnte Beigabe zum Aufsammeln diverser Körperteile.

Ein anderes Highlight für den Soldatenmagen ist das gefechtsmäßige Verpflegen im Felde durch die Truppen- oder Feldküche. Dabei lassen sich die Bundeswehr und ihre Köche von dem Fehlschluss leiten, dass der erschöpfte Soldat schon alles mit Heißhunger verschlingen werde, was man ihm unter freiem Himmel in den Aluminiumnapf klatscht.

Nur eines ist noch schlimmer, nämlich die »Selbstverpflegung im Gelände«. Diese Form der Versorgung drängt den Soldaten zwar nicht dazu, sich ein Wildschwein für den Dienstgebrauch zu schießen, verbietet es aber auch

[81] Zurzeit bekanntlich Afghanistan, aber das wird sich auch noch ändern.

nicht explizit. Das tut schon die Dienstvorschrift zum ökologisch korrekten Verhalten des Soldaten.

Sind die Rekruten einen ganzen Tag herumgerödelt und von Schlamm und Regen pitschnass, folgt als Hit am abendlichen Lagerfeuer der Befehl zum selbsttätigen Zubereiten der warmen Abendverpflegung. Dafür erhält die Gruppe 500 Gramm tiefgefrorenes Gemüse, eine Handvoll ungeschälter Kartoffeln, für jeden eine rohe Bratwurst und eine Zwiebel.

Jetzt zwei statistische Fragen: Erstens, wie viele junge Leute kennen Sie, die kochen können? Zweitens, wie viele davon schaffen das auf einem Holzfeuer mit einem stumpfen Taschenmesser und einem winzigen Napf aus Aluminium?

Apropos Napf. Nach einigen Tagen im Wald entwickelt das Essgeschirr eine milde Form von eigenem Bewusstsein, da sich der Aluminiumbecher nur schwer reinigen lässt. So muss der Soldat befürchten, eines Morgens mit seinem Geschirr um das Essen zu ringen.

Die Gemeinschaftsverpflegung ist mit einem Satz von 6,76 Euro pro Tag für drei Mahlzeiten bemessen[82] – jedenfalls ist dies die Summe, die Zeit- und Berufssoldaten für die Teilnahme an der Gemeinschaftsverpflegung zahlen. Der offizielle Satz beträgt dagegen lediglich 3,60 Euro.[xx] Die Bundeswehr prahlt gerne damit, dass diese Leistungen den Wehrdienstleistenden »umsonst« oder vielmehr inklusive zur Verfügung stehen, und auch damit, dass man sich für diesen Betrag in der zivilen Gastronomie oder am privaten Herd nicht verpflegen kann.

[82] Stand: Januar 2010.

Andererseits ist die Bundesregierung der Meinung, dass 2,2 Millionen Empfänger von Leistungen nach dem Sozialgesetz (Hartz IV) mit einem Tagessatz von 4,28 Euro[XXI] genau das können sollen.

Irgendwer kann da überhaupt nicht rechnen.

Vor allem nicht mit der Frage, warum Wehrpflichtige und die Empfänger von Sozialleistungen gleichermaßen auf einem so niedrigen Niveau versorgt werden, und das in einem Land, dessen Verteidigungshaushalt jährlich fast 29 Milliarden (!) Euro beträgt.[XXII]

Nach dieser kleinen Bilanz steht die Behauptung der Bundeswehrführung, alles zu tun, um jedem Soldaten eine vollwertige und schmackhafte Verpflegung zu bieten, doch auf recht wackeligen Beinen.

Vielleicht bezeichnen Soldaten das »Essen fassen und vernichten« deswegen auch als »schanzen« – eigentlich der korrekte Begriff für die Erdarbeiten beim Ausheben und Befestigen einer Stellung.

Guten Appetit!

23 Ja, ist denn schon Weihnachten?

… In dem der Leser erfährt, was es in den Unterrichtseinheiten »Tarnen im Gelände« und »Leben im Felde« Lustiges für das Leben zu lernen gibt.

Es ist wieder Zeit für die Rekruten, an die frische Luft zu gehen. Nur soll sie dabei niemand sehen. Neben der Ausbildung in den verschiedenen Bewegungsarten zählt auch das »Tarnen im Gelände« zum Themenkomplex »Überleben auf dem Schlachtfeld«. Jeder kennt aus Filmen den Moment, wenn sich urplötzlich ein Stück Wald erhebt und als Gruppe Soldaten entpuppt. Geschminkte Gesichter, Laub und Gras auf den Helmen und einen zotteligen Ganzkörper-Tarnanzug (Ghillie) am Körper – so stellt sich der Zivilist den Soldaten im Einsatz vor.

Das Kapitel »Tarnen und Täuschen« appelliert an die ältesten Instinkte des Soldaten. Schon in der Kindheit haben die meisten von uns das Versteckspielen geliebt. Klingt es da nicht verlockend, zu lernen, durch den Wald zu stromern, und dabei fast unsichtbar zu sein? Wer möchte nicht sämtliche Spaziergänger damit zu Tode erschrecken, indem er sich plötzlich 30 Zentimeter neben ihrem Ohr räuspert.

Welche Fortbildung lässt die Bundeswehr ihren Rekruten also in diesem wichtigen Punkt angedeihen?

Bereits die ZDv 3/11 versucht den Soldaten vorzubereiten:

»Jeder Soldat muss zu ***jeder Zeit****, in* ***jeder Lage*** *und überall mit* ***Beobachtung*** *und* ***Aufklärung durch den Feind*** *rechnen.«*[XXIII]

Dieser Auftrag wird von den Soldaten oft als Aufforderung missverstanden, sich beim *Abseilen* von seinen Vorgesetzten nicht erwischen zu lassen.

Der Trugschluss scheint sich noch zu erhärten, folgt man dem weiteren Text der Dienstvorschrift allzu wortwörtlich:

»Auch der Feind nimmt Ziele durch deren ***Erkennungsmerkmale*** *wahr […] und das* ***Verhalten (Tätigkeit) des Zieles****.«*[XXIV]

Demnach gilt es, alle Arten von Tätigkeit zu vermeiden! Nach dieser expliziten Aufforderung zu Untätigkeit haben es die Vorgesetzten und Ausbilder nicht leicht, ihre Rekruten wieder in Schwung zu versetzen.

Versuchen wir es einmal mit einer kurzen Definition: *Das Tarnen hat die Aufgabe, die Aufklärung des Soldaten zu erschweren.*

An dieser Stelle ist zu hoffen, dass die Bundeswehr nicht versucht, die Kampfkraft ihrer Soldaten durch sexuelle Verwirrung zu steigern.

Liest man in der Dienstvorschrift weiter, erfährt man, dass »Aufklärung« das militärische Wort für »gefunden werden« beim Versteckspiel unter Soldaten ist. Gefunden soll der Rekrut natürlich nicht werden, vielmehr hat er sich zu diesem Zweck der Umgebung anzupassen. Wie weit die Soldaten dabei gehen, hängt davon ab, wie stark ihr Hang zum Verkleiden ist. Man munkelt, dass die Soldatinnen hierbei einen großen Vorteil durch ihre Erfahrung mit einem gut gefüllten Kleiderschrank haben.

Nach drei Tagen auf dem Gefechtsfeld benötigt der Soldat bekanntermaßen keine besondere Tarnung seiner Gesichtsfarbe mehr. Für die ersten Stunden jedoch kommt die Tarnschminke zur Anwendung. Dabei wird in der Dienstvorschrift explizit darauf hingewiesen, nur dienstlich zugelassene Schminke zu verwenden.

Wie viele Soldaten müssen vor der Formulierung dieses Hinweises unangenehm aufgefallen sein, weil sie sich stundenlang mit dem Kajalstift und der Puderdose ihrer Freundin abgemüht haben!

Erlaubt sind nur ausnahmsweise Behelfsmittel wie Holzkohle, und die Verwendung von Erde ist gänzlich untersagt, da sie laut ZDv »*Infektionen verursachen kann*«.

Stellen Sie sich vor, das Material, mit dem der Soldat am intensivsten in Kontakt gerät, ist eigentlich ein biologischer Kampfstoff! Da sollte sich der Soldat vor dem nächsten Befehl wie »Stellung!« oder »Tiefste Gangart!« wohl lieber vorsorglich mit einer Familienpackung Antibiotika versehen.

Der Rest des Rekruten wird mit allem getarnt, was die Natur so hergibt. Dabei sollen schon Soldaten unter dem Gewicht des Tarnmaterials zusammengebrochen sein. Ebenso sind Lacher garantiert, wenn ein perfekt getarnter Ausbildungszug seine Stellung eilig aus einer Kiefernschonung auf eine Wiese verlegt. Nur mit Rosen getarnte Soldaten in einem Kürbisfeld fallen dann noch deutlicher auf.

Überhaupt erscheint es putzig, einem Wehrdienstleistenden im Zeitalter der Wärmebildaufklärung beizubringen, dass es genügt, sich einen halben Weihnachtsbaum in die Kleidung zu stopfen, um unsichtbar zu werden.

Immerhin wird der Rekrut durch das übermäßige Tarnen auch unbeweglich und erfüllt somit zumindest das Kriterium der Geräuschtarnung.

Bei der Geräuschtarnung handelt es sich nicht um das Vermeiden von Blähungen. Das Prinzip der Geräuschtarnung hält den Soldaten vielmehr an, leise zu sprechen, sich vorsichtig zu bewegen, das Radio des Gefechtsfahrzeuges ausgeschaltet zu lassen sowie alle metallischen Ausrüstungsgegenstände und sein Gewehr mit dämpfenden Bandagen zu umwickeln – den sogenannten Tarngirlanden. Helau!

Bei Dunkelheit scheint jedes Geräusch zehnfach lauter zu sein als am Tage. Dies liegt unter anderem an den geringeren Nebengeräuschen bei Nacht, aber auch daran, weil das Gehör versucht, die eingeschränkte Wahrnehmungsfähigkeit der Augen durch erhöhte Empfindlichkeit zu kompensieren.

Während meiner Grundausbildung kam unsere Einheit in den Genuss einer ausführlichen Demonstration des Kapitels »Hören und Sehen bei Nacht«. Dazu wurden wir auf eine Anhöhe dirigiert, wo in einem 1,5 Kilometer entfernten Waldstück einige Mannschaften vorführten, wie sich Stiefelschritte, knackende Äste, das Durchladen eines G3 oder G36 und Brennholzschlagen mit einem Klappspaten anhörten. Dies alles klang, als wäre es gerade einmal zehn Meter weit von unseren Ohren weg.

Es folgten Vorführungen mit Geräuschtarnung, wie das Durchladen eines Gewehres im Schlafsack oder das Benutzen des mit Stoff umwickelten Klappspatens als Hammer. Der Unterschied war erstaunlich.

Im dritten Teil wurde uns demonstriert, wie deutlich das Rotlicht von Taschenlampen, der Schein eines nicht korrekt abgedeckten Grubenfeuers und anderes selbst in weiter Ferne zu sehen waren. Sogar die Glutspitze einer Zigarette schien bei stockdunkler Nacht so hell wie ein Leuchtfeuer.

Diese Vorführung beeindruckte uns derart, dass wir den Auftrag, unsere Tarnung zu verbessern, im Folgenden sehr ernst nahmen. Stabsunteroffizier Lambert ließ uns mit dieser Anweisung im Wald zurück und begab sich zum Bataillonsgefechtsstand, um die Befehle für den Rest der Nacht zu empfangen.

Er benötigte zwei Stunden und 30 Minuten, um unsere mittlerweile eingegrabene, von Zweigen bedeckte, mucksmäuschenstille Gruppe wiederzufinden. Aus Gründen der Geräuschtarnung verzichtete Stabsunteroffizier Lambert jedoch auf einen Anschiss.

Besonders hervorzuheben sind jene Abschnitte der Dienstvorschrift über das Tarnen, die vermutlich noch aus den Zeiten der Stellungskämpfe des Ersten Weltkrieges stammen. Sie erwecken den Eindruck, der Soldat würde sich tarnen, um daraufhin Wochen und Monate unentdeckt zu verharren.

Die Sorgen der Bundeswehr um ökologisch korrekte Kriegsführung lassen die folgende Anweisung jedenfalls in völlig neuem Licht erscheinen. Lesen Sie selbst einen Auszug aus der ZDv, die sich hier als Gartenratgeber herausstellt:

»Das ***Umsetzen lebender Pflanzen*** *erfordert viel Zeit und Kräfte [...] Junge Sträucher und Bäume unter 1,50 m Höhe können*

ohne Erdballen um die Wurzeln verpflanzt werden, ausgenommen Nadelhölzer.

Die Grube für die umzusetzende Pflanze muss so groß sein, dass die Wurzeln nicht geknickt werden. Die Grube ist mit einer Schicht Humus auszustreuen, vor dem vollen Auffüllen ist die Pflanze kurz anzuheben, damit die Wurzeln gestreckt werden, und nach dem Auffüllen der Grube mit Erdreich ist die umgesetzte Pflanze einzuschwemmen.«[XXV]

Hobbythek-Moderator Jean Pütz hätte die Sache nicht präziser beschreiben können. Man kann es förmlich sehen – ein ganzes Bataillon Fernspäher beim emsigen Umsetzen einer Fichtenschonung auf den nahe gelegenen Kartoffelacker, während sich die Zugführer auf der Suche nach einer Handvoll Humus auf einer Exkursion durch die Gärten des nahe liegenden Ortes befinden.

Und falls es mit dem grünen Daumen in Flecktarn doch nicht klappt – keine Bange, der nächste Tieffliegerangriff wird es richten. Danach sieht jeder und alles gleich aus.

Dennoch wird bei der Bundeswehr einfach alles getarnt: Müll, Fäkalien, Feuer, Vorgesetzte. Für die ersten drei werden Gruben ausgehoben, bei Letzteren genügt es, diese im Felde nicht durch Anlegen der Hand an die Kopfbedeckung zu grüßen, da dies einer gelungenen Zielmarkierung für den Feind gleichkäme. Nur eine Rundumleuchte auf dem Helm des Kompaniechefs wäre noch deutlicher, als 120 im Wald ständig grüßende Soldaten.

Zu den Einheiten, die als wahre Meister im Tarnen bekannt sind, gehören nicht nur die Scharfschützen sondern vor allem auch die Fernspäher. Das sind die Kundschafter der Bundeswehr, von anderen Einheiten auch liebevoll als »Luftlandespanner« bezeichnet. Sie schleichen – Verzeihung: sickern – durch die feindlichen Linien, graben sich tagelang, wenn nötig auch über mehrere Wochen in Beobachtungsposten ein, sammeln Informationen und bringen diese im Idealfall zusammen mit allen lebensnotwendigen Organen zurück.

Dennoch pflegt, zumindest der Legende nach, eine andere Gattung Soldat besonders stark mit dem Gelände zu verschmelzen: der Grenadier.

Daher stammt auch der Spruch »Tritt nie auf einen grünen Stein, es könnt ein Greni drunter sein.«

24 Rohr frei!

… In dem sich ENDLICH ausführlich dem Thema gewidmet wird, weswegen sich nach eigener Auskunft so viele Männer freiwillig zur Armee melden – dem Schießen.

Nachdem der Soldat sein Gewehr bereits einige Hundert Male gereinigt und es in allen möglichen wie unmöglichen Körperhaltungen über die Rödelbahn und den Standortübungsplatz getragen hat, ist das berüchtigte Jucken im Finger vermutlich verschwunden. Vielleicht ist dies ja gewünscht und eine Taktik der Bundeswehr, die nicht müde wird zu beteuern, dass sie keine schießwütigen Rambos in ihren Reihen haben möchte. Doch irgendwann muss die Bundeswehr sich überwinden und den Soldaten zusammen mit einer Handvoll scharfer Munition auf die Schießanlage schicken.

Ich will es gleich vorwegnehmen: Das Schießen bei der Bundeswehr ist in etwa so spannend, wie einem Joghurt beim Schimmeln zuzusehen. Selbst Jagdausflüge mit dem greisen Edmund Stoiber, der nach drei Stunden im Anstand einschläft und einem dabei die Schulter vollsabbert, müssen wahre Highlights gegen den Schießbetrieb bei der Bundeswehr sein.

Ein Tag auf der Schießbahn beginnt wie immer bei der Bundeswehr mit einem Wust an Organisationsarbeit. Endlose Listen werden geführt; an jeder Station für die einzelnen Übungen befinden sich mehrere Vorgesetzte, deren Anzahl die der Rekruten zu übersteigen scheint.

Die Soldaten sitzen von den Tonnern ab und treten erst einmal an, ehe ihnen das Tagesprogramm erklärt wird. Vor allem erfahren sie, dass immer nur eine kleine Gruppe zum Schießen geführt wird. Der Rest der Kompanie lungert solange herum.

Da Soldaten niemals einfach nur herumlungern, werden die Rekruten über den langen Tag hinweg mit allerlei therapeutischen Beschäftigungsmaßnahmen bei Laune gehalten. Gibt es auf dem Gelände des Schießplatzes ein winziges Gehölz, und sei es nur 20 Meter breit, schicken die Ausbilder ihre Soldaten umgehend dorthin. Es wird befohlen, Stellung zu beziehen und Tarnung anzulegen, und im Folgenden streiten sich 60 Soldaten um ihre persönlichen zwei Quadratmeter Waldboden. Nachdem sich die Rekruten mit Gras und Zweigen getarnt haben, ist allerdings nicht mehr viel von dem Gehölz übrig. Aber für zehn Minuten ist es das am besten bewachte Stück Wald in ganz Europa.

Es gibt auch einen Aufenthaltsraum auf den Schießanlagen, und manchmal zieren sich die Ausbilder, bis sie die Soldaten dort hineinlassen. Wahrscheinlich befürchten sie, dass beim Ablegen der Tarnung die Reinigungskosten für das Gebäude zu hoch werden.

In der Schießanlage, die ich kennenlernte, wurden die Soldaten auf besondere Weise im Aufenthaltsraum begrüßt. Neben der Tür hing eine Holztafel, auf der, umrandet von bunten Gänseblümchen, unter den Bildern von zwei gekreuzten G36 zu lesen stand:

»Schön, dich zu treffen!«

Passend dazu nutzte einer unserer Stabsunteroffiziere die Wartezeit und erklärte das Vorgehen des guten Schützen so: »Das ist ganz einfach. Sie schießen nur auf die Beine, verstanden, nur auf die Beine! Das Nasenbein, das Jochbein, das Schlüsselbein!«

Es gibt noch einige weitere Gründe für den Rekruten, sich anzustrengen, etwas zu treffen. Seit 1965 kann der Soldat – das gilt auch für Grundwehrdienstleistende – die Schützenschnur für hervorragende Ergebnisse beim Wertungsschießen erwerben, die in drei Stufen (Gold, Silber, Bronze) vergeben wird. Allerdings nicht an Offiziere. Nennt man diese Auszeichnungen etwa deswegen ein »Leistungsabzeichen«?

Irgendwann geht es dann endlich los.

Die Bundeswehr hat alle ihre Schießübungen nach einem einfachen Schema aufgeteilt. Der Soldat absolviert verschiedene Übungen für Gewehr, MG, Pistole und Panzerfaust mit steigendem Schwierigkeitsgrad. Er beginnt mit der sogenannten »S1«, bei der er durch mehrere Schüsse den Haltepunkt seiner Waffe ermittelt, d. h. die Abweichung des tatsächlichen Schusses von der Visiereinrichtung.

Weitere Übungen sind zum Beispiel:

G-S-3a: Präzisionsschuss mit Gewehr auf 200 Meter aus liegendem oder stehend aufgelegtem Anschlag (*G-S-3b* – 250 Meter).

G36-S-9: Schnellschuss aus der Bewegung, vier Schuss in je vier Phasen, 200 Meter stehend, 150 Meter liegend freihändig sowie 100 und 80 Meter stehend und kniend.

»Aus der Bewegung« bedeutet hier, dass der Soldat am Anfang der Schießbahn startet und nach je vier Schüssen um eine Position auf die nächsten Ziele zu vorrückt. Nur

wenige Anlagen sind für eine praxisnahe Ausbildung vorgesehen, bei der sich der Soldat tatsächlich im freien Gelände bewegen kann und dabei schießt.

Dann gibt es noch das Schießen mit Pistolen. Die Bundeswehr hat trotz der Einführung des Modells P8 noch enorme Stückzahlen der uralten P1 in Verwendung. Natürlich spricht nichts dagegen, einen hervorragend funktionierenden Ausrüstungsgegenstand so lange wie möglich zu verwenden. Doch die P1 ist nicht zufällig in Filmen über den Zweiten Weltkrieg so oft zu sehen, weswegen es auch heißt:

»Die P1 – sieben Schuss, um den Feind zu erschrecken, und ein gezielter Wurf, um ihn zu bekämpfen.«

Eine andere Waffe hingegen ist ein echtes Erfolgsmodell. Das Maschinengewehr 3 – landein, landaus unter dem schönen Namen »Hitlersäge« bekannt.

Schon die alliierten Truppen hatten im Zweiten Weltkrieg im wahrsten Sinne schwer mit diesem Monster der Waffentechnik zu kämpfen[83] – und der deutsche Soldat daran zu tragen, denn ohne Munition wiegt das MG3 stolze zwölf Kilogramm. Da ist es beruhigend, dass in der Dienstvorschrift an das Wohlbefinden des Soldaten gedacht wird:

»Innerhalb von ***Gebäuden*** *darf ein Soldat nur ein MG3 tragen, außerhalb höchstens zwei.«*

Da hat der Dienstherr des Soldaten wirklich mitgedacht. Zu verführerisch ist es für den unbedarften Rekruten,

[83] Ja, so alt ist die Technik des MG3, das lediglich eine weiterentwickelte Version des MG42 der Wehrmacht ist.

mit einem Bündel Maschinengewehren im Arm das Schlachtfeld zu stürmen!

Das MG3 verschießt Munition im Männer-Kaliber 7,62. Das macht die Übungen mit dieser Waffe nicht einfach, denn die kontrollierte Schussabgabe aus diesem Monster erfordert einiges an Fingerspitzengefühl.

Nach 150 Schuss in Folge ist sowieso Schluss mit dem Spaß, denn dann muss laut Dienstvorschrift das Rohr des MG3 gewechselt werden. Ganz recht, Sie haben sich nicht verlesen.

Bei einer Schussfrequenz von 1200 Schuss pro Minute ist dies damit vergleichbar, als ob Sie bei Ihrem Wagen immer dann, wenn Sie mal drei Kilometer zügig gefahren sind, auf einem Rasthof den Motor wechseln müssten.

Merke: Krieg ist auch deswegen die Hölle, weil Waffen und Ausrüstung der Soldaten stets vom billigsten Anbieter bereitgestellt werden.

Anders als es sich die meisten Zivilisten vielleicht vorstellen, bekommt der Soldat im normalen Schießbetrieb nur eine geringe Anzahl scharfer Patronen ausgehändigt: fünf, sechs, zehn, maximal 16 Schuss. Damit jeder weiß, dass die Soldaten nun richtig bewaffnet sind, wird das selbstverständlich gemeldet.

Ausbilder: »Sechs Schuss Munition G36 richtig übergeben!«

Rekrut: »Sechs Schuss Munition G36 richtig empfangen!«

Hier erleben wir wieder die Praxisnähe der Bundeswehrausbildung. Ich sehe unsere Soldaten in der afghanischen Wüste unter Beschuss nicht unbedingt rufen:

»30 Schuss richtig übergeben!«, wenn sie einem Kameraden ein Magazin zuwerfen.

Dann gibt es noch das gefechtsmäßige Schießen, bei dem der Soldat endlich einmal die Gelegenheit hat, sich mit seiner Waffe so zu benehmen, wie er es aus Spielfilmen kennt. Das Gefechtsschießen findet nicht auf einer abgegrenzten Schießanlage statt, sondern auf einem dafür vorgesehenen Truppenübungsplatz. Natürlich läuft auch diese Übung ab wie eine Maiparade, da es sich nicht empfiehlt, einen Haufen Rekruten, mit Sturmgewehren und scharfer Munition bewaffnet, kreuz und quer durcheinanderlaufen und herumballern zu lassen.

Auch hier gibt es wie immer Ausnahmen. Um nur einige zu nennen: Die Soldaten der KSK, die Enterkommandos der Marine, die wenigen Scharfschützen der Bundeswehr und wieder einmal die Fernspäher erhalten eine deutlich realitätsbezogenere Schießausbildung. Der normale Soldat bekommt davon nichts zu spüren.

Ob man schlagkräftige, zielsichere Soldaten erhält, indem man die Rekruten drei Tage lang auf eine unbewegliche Pappscheibe schießen lässt, mit Stöpseln in den Ohren, damit sie nicht allzu sehr unter dem Lärm der Schüsse leiden?

Auf jeden Fall ist das Schießen der Teil, der den Wehrdienst am deutlichsten vom Zivildienst unterscheidet.

Alle anderen merkwürdigen Erlebnisse eines Zivis kann der Rekrut im Prinzip bei der Bundeswehr teilen. Er hat täglich Umgang mit Behinderten. Er beseitigt[84] eine Menge Scheiße. Er hopst zur Unterhaltung anderer durch die Gegend. Und er betreut als Stabsdienstsoldat ältere Mitbürger, die

[84] Und erzeugt.

er ab und an sogar in einem Dienstwagen herumfährt. Seit in der Bundeswehr nun auch zahlreiche Frauen Dienst tun, wurden die Grenzen noch weiter aufgelöst, weshalb der Soldat mit dem Zivi nun das Privileg teilt, müßig auf die Hintern seiner Kolleginnen zu starren – auch wenn diese in den weiten Uniformhosen natürlich nicht ganz so gut zur Geltung kommen.

Die Ausbildung an der Waffe ist das Zünglein an der Waage. Egal ob klein oder groß, ob Pistole P8, Leopard II oder Tornado Jagdbomber – es findet sich für jeden Soldaten das richtige Spielzeug.

25 Das dreckige Dutzend

… In dem der Leser an der Königsdisziplin der AGA teilnimmt, dem Biwak.

Das Biwak. Wahre Horrorgeschichten ranken sich um diesen Teil der Ausbildung, aber auch viele witzige und einmalige Anekdoten. Selbst hartnäckige Gegner des Militärdienstes könnten dieser Veranstaltung unter freiem Himmel einen gewissen Spaßgehalt nicht absprechen. Sicher ist nur eines – ein Biwak bei der Bundeswehr ist ein Erlebnis.

Los geht es oft damit, dass die Soldaten durch einen simulierten Angriff durch »Blauland«[85] oder einen ähnlichen Schurken in Marsch gesetzt werden. Vorzugsweise eine Stunde vor dem üblichen Wecken, gellt der Ruf »Alarm!« durch das Kompaniegebäude und versetzt die Soldaten in die rechte Stimmung, ein paar Tage im Wald zu verbringen. Da der überraschende Angriff auf dem Dienstplan vermerkt war, steht die Ausrüstung schon fix und fertig gepackt neben den Betten. In frühmorgendlicher Dunkelheit marschieren die Soldaten nun zu Fuß oder motorisiert in ihren Verfügungsraum. Dieser Name trügt leider, denn der Verfügungsraum hat weder Dach noch Wände und schon gar keine Heizung. Es ist einfach der Platz im Ein-

[85] Seit 1990 ist dies der wenig prosaische Ersatz für »den Russen«.

satz, an dem die Einheit zur Verfügung steht, also in der Regel der nächstgelegene Truppenübungsplatz, den die Rekruten bereits aus vorangegangenen Geländetagen gut kennen.

Je nach Truppengattung entwickelt sich das Biwak in den folgenden Stunden zu einem lauschigen Abenteuercamp oder einer Schinderei voller Kriegsspiele. Einheiten der Funker können in den Genuss kommen, das Biwak in ihren Fahrzeugen vor dem Funkgerät zu verleben. Angehörige der Fallschirmjäger und Panzergrenadiere nennen all das, was ein Klappspaten herrichten kann, für die Zeit des Biwaks ihr »Zuhause«. Jetzt nur noch schnell eine Zeltplane über das Loch im Boden drapiert, fertig ist das Feldlager des Rekruten.

Besonders glückliche Grundwehrdienstleistende kommen mit einer einzigen Sommernacht im Freien davon, in der Regel sind jedoch drei Tage für das Biwak vorgesehen. Während der Spezialgrundausbildung und der weiteren Ausbildung von Zeit- und Berufssoldaten sind längere Biwaks an der Tagesordnung, die fünf, acht oder gar zehn Tage dauern. Berufssoldaten äußern ihre Meinung dazu meist lakonisch mit dem Satz: »Man muss schon gerne draußen sein.« Manche davon meinen das auch so.

Der Begriff »Biwak« bezeichnete einst ein Feldlager vor den Toren einer Festung und stammt ursprünglich aus dem Französischen. Nein, stopp – aus der verballhornten Übernahme des deutschen Wortes »Beiwache« über das Niederländische zu den französischen Begriffen »bivoque« und »bivouac« – um von dort wiederum zurück ins Deutsche geschleppt zu werden. So interessant ist die Soldatensprache.

Ein anderes Wort, das unmittelbar mit jedem Biwak zusammenhängt, ist das bereits erwähnte »Schanzen«, wie das militärische Buddeln im Dreck genannt wird. Geschanzt wird, um Unterstände, Schützenlöcher und -gräben sowie Stellungen anzulegen. Sind diese fertiggestellt, wird die Truppe flugs an einen anderen Standort verlegt, und das Schanzen kann von vorn beginnen. Der Beliebtheitsfaktor des Vorgesetzten sinkt dabei mit jeder Minute, in der die Soldaten mit ihren Klappspaten in steinigem, von Wurzeln durchzogenem oder gefrorenem Boden herumkratzen müssen.

Um das nächtliche Feldlager der Gruppe herzurichten, stehen den Soldaten verschiedene Ausrüstungsgegenstände zur Verfügung: der Klappspaten, eine Zeltbahn und viele, viele Äste. Das ist zwar nicht gemütlich, geht dafür aber schnell und entspricht zufällig auch dem Prinzip, nach dem ein überaus erfolgreiches Möbelhaus seine Kunden foppt: IKEA.

Zwei zusammengeknüpfte Zeltbahnen ergeben das Bundeswehr-Pendant zu einem Zelt, dessen Größe ausreichend durch seinen Spitznamen beschrieben wird: »Dackelgarage«. Darin sollen zwei Rekruten die wenigen Stunden der Ruhe verbringen, die ihnen im Gelände zuteil werden. Jetzt ist klar, warum es auch heißt, der Dienst in der Armee bringe junge Männer[86] einander so nahe wie sonst nichts im Leben.

[86] Nun auch Frauen … Männer und Frauen ganz nah – oha!

Das Lager der Soldaten ist mit den sogenannten Stellungen zu umgeben, den bereits erwähnten Schützenlöchern oder Gräben. Eine der Stellungen ist stets mit zwei Soldaten besetzt, die das Gelände beobachten. Das ist der Alarmposten.

Im Alarmposten lernt der Soldat neben dem Beobachten vor allem das Ablösegespräch. Dieses folgt einem Muster, das sich der Soldat mittels einer Eselsbrücke einprägen soll: *PAGNAAPPFF*.

Konnten Sie sich dieses Wort merken? Die Ausbilder der Bundeswehr glauben auch nach jahrzehntelanger Erfahrung mit verwirrten Rekruten, dass solche Merksprüche helfen.

In seiner Langform beinhaltet das Ablösegespräch nach *PAGNAAPPFF* die folgenden Punkte:

- P = Posten
- A = Auftrag
- G = Grenzen
- N = Nachbarn
- A = Alarmierung
- A = Ablösung
- P = Parole
- P = Platz des Führers (Immer noch? *Anm. d. A.*)
- F = Feuerregelung
- F = Feuereröffnungslinie für den Alarmposten

Auch wenn sich kein Mensch auf Erden diese Eselsbrücken merken kann, immer dran denken: Ruhe bewahren, alles ist *PAGNAAPPFF*. Nicht zu verwechseln mit Rechnen nach Lagrange, Malen nach Zahlen oder Parken mit Maultieren.

Eine andere populäre Variante des Ablösegespräches orientiert sich an dem Merkwort *LANGEMARK*.[87]

Wer jetzt aufmerkt, weil ihm dieses Wort bekannt vorkommt, der liegt richtig.

Der Mythos von Langemarck geht zurück auf eine Schlacht des Ersten Weltkrieges, die um den 10. November 1914 herum in Flandern unweit des Ortes Langemarck stattfand. Dort kamen alleine am 10. November bei einem Durchbruchversuch über 2000 deutsche Soldaten ums Leben. Die deutschen Truppen waren mangelhaft ausgebildet und setzten sich hauptsächlich aus ungedienten Freiwilligen und Ersatzreservisten zusammen.

Die deutsche Kriegspropaganda verwandelte diesen militärischen Reinfall zu einem heroischen Bericht über den »Opfergang junger Soldaten«, die voller patriotischer Gefühle, das Deutschlandlied singend, in den Kampf gezogen sein sollen.

Schon zum ersten Jahrestag des Gemetzels 1915 schrieb die *Deutsche Tageszeitung*: »Der Tag von Langemarck wird bis in alle Zeiten ein Ehrentag der deutschen Jugend bleiben.«

Der kriegsverherrlichende Mythos von Langemarck hat sich bis heute als Patron für die Namensgebung zahlreicher Straßen, Plätze und auch Kasernen in Deutschland gehalten. Ebenso als eine Eselsbrücke der Bundeswehr, deren Rekruten und auch Ausbilder frohen Mutes jedes Mal mit diesem Wort daran erinnern. Der Aktivis-

[87] Aufgedröselt bedeutet das: **L**age, **A**uftrag, **N**achbarn, **G**renzen des Beobachtungsbereiches, **E**röffnungslinie des Feuers, **M**eldung bei …, **A**larmierung, **R**ückwärtiger Raum, **K**ennwort/Parole

tenpreis für politisch korrekte Ausbildung ist der Bundeswehr damit wieder einmal sicher.

Aber zurück in den Wald zu unseren frierenden Rekruten. Genau das tun die Soldaten inzwischen, und zwar egal ob Sommer oder Winter, ob Feuer oder nicht. Jeder, der schon einmal zu lange in einem zugigen Haltestellenhäuschen auf den nächsten Bus gewartet hat, weiß genau, wie kalt einem werden kann, wenn man sich draußen nicht bewegt.

Nachdem die Soldaten ihre Klamotten beim Schanzen so richtig durchgeschwitzt haben, liegen sie nun in ihren Stellungen und beobachten. Ist es bereits dunkel, dürfen manche auch in den Dackelgaragen ruhen. Am besten trifft es noch jene Rekruten, die als Streife durch den Wald laufen müssen. Sie haben es ruhig, und die mäßige Bewegung wärmt.

Zu den unbeliebtesten Aufgaben während eines Biwaks gehört das nächtliche Beobachten im Alarmposten. In Kälte, Stille und Bewegungslosigkeit harren je zwei Soldaten aus und starren in die Dunkelheit vor ihrer Stellung. Meist sind sie völlig übermüdet, und die Verantwortung, Ohren und Augen der ganzen Gruppe zu sein, sorgt für angespannte Nerven. Das führt schnell dazu, dass die Soldaten Dinge sehen, die es gar nicht gibt.

Manche Rekruten berichten von rosafarbenen Männchen, die auf ihre Stellungen zulaufen, andere von Bäumen, die nach ihnen greifen. Der wohl häufigste Alptraum im Alarmposten sind jedoch Geisterbilder von Vorgesetzten. Des Rekruten größter Feind ist der Stabsunteroffizier, der als düstere Erscheinung des Nachts auf seine Soldaten zustürmt. So verbringt der Soldat seine Zeit im Alarmposten zwischen Sekundenschlaf und Panik.

Erfolgt dann wirklich ein (simulierter) Angriff auf die Stellungen, beginnt eines der größten Spektakel, die der Soldat in der Grundausbildung erleben kann, der Feuerkampf bei Nacht.[88]

Die Rekruten gleiten (!) in ihre Stellungen, und nach der Meldung »Klar zum Gefecht!« kann es losgehen.

Doch zunächst hat die Bundeswehr auch hier für ihre Soldaten eine Zungenbrecher-Eselsbrücke parat. Einfach nur schießen und treffen? Wo kämen wir denn da hin!

EREZA macht das Leben schön – oder den Kopf frei … pardon: klar zum Gefecht. Das Feuerkommando nach EREZA lautet aufgeschlüsselt: **E**inheit – **R**ichtung – **E**ntfernung – **Z**iel – **A**usführung. Also zum Beispiel: »Gewehrschützen fertig machen zum Feuerüberfall – halb links – 200 – feindliche Schützen im Unterholz – drei Schuss Einzelfeuer, ich zähle, drei, zwo, eins – Feuer!«

Merke: Der humanistische Dachverband namens Bundeswehr macht es sich nicht zu leicht, auf andere zu schießen.

Bei so viel deutscher Gründlichkeit und Gesprächsbereitschaft im düsteren Wald ist der Feind bereits nach Neuseeland weitergezogen, ehe der erste Schuss fällt.

Zu Übungszwecken verschießt der Soldat natürlich keine scharfe Munition. Worauf auch? Dennoch möchte man bei der Armee nicht auf das Gefühl eines erfüllten Arbeitstages verzichten, und dazu gehört nun mal, dass es beim Schießen knallt.

[88] Mit einem Feuerkampf ist nicht der Einsatz der Soldaten gegen einen Waldbrand gemeint, sondern das Schießen auf den (imaginären) Feind.

Deswegen gibt es ein Spielzeug mit dem Namen *ManPat* – das Manöverpatronengerät. Es wird anstelle des Mündungsfeuerdämpfers auf den Lauf geschraubt, damit das Gewehr auch mit Übungsmunition automatisch repetiert. Das Gerät funktioniert nach dem selben Prinzip wie alle anderen sich bereits lange im Betrieb befindlichen Geräte der Bundeswehr: selten.

Zu einem Biwak kann auch ein Gefechtsschießen gehören – oder anders herum: Es wird gerne mal für ein Gefechtsschießen biwakiert.

Eine weitere Ausbildungsstation, mit dem die Tage eines Biwaks gefüllt werden, ist der »Sanitätsdienst aller Truppen«. Grundlegende Unterweisungen haben die Rekruten bereits in Theorie und Praxis erhalten, nun gilt es, das Gelernte in freier Wildbahn zu vertiefen.

In verschiedenen Übungen werden verwundete Kameraden aus Fahrzeugen oder Stellungen geborgen und etliche Meter über das Schlachtfeld getragen, gezerrt und nicht selten wenig liebevoll fallen gelassen. Der Soldat an sich ist nicht genormt, weswegen es besonders bei Rekruten der Fliegengewichtsklasse extrem beliebt ist, einen knapp 120 Kilogramm schweren Kameraden aus einem Schützenpanzer zu bergen. Am besten, um ihn danach einen halben Kilometer durch den Wald zu zerren. Der gemeine Soldat ergänzt den Titel des Ausbildungsthemas »Retten und Bergen« deswegen gerne treffend mit dem Zusatz: »von Fetten und Zwergen«.

Danach ist auch wieder allen Soldaten warm. Sehr warm. Deswegen an dieser Stelle kurz ein Wort zur Hygiene im Feld.

Die Dienstvorschrift denkt auch hier für den Soldaten vor:

*»**Vorbeugend gegen Ungezieferbefall** wirkt gründliches und regelmäßiges Waschen.«*

Hier kann der Mann von Welt noch etwas fürs Leben lernen. Bei späteren Auslandsreisen, auch und besonders im Rahmen des Dienstes an der Waffe, wird sich dieses Wissen in den Salons der Welt als nützlich erweisen.

Natürlich ist es vernünftig, dass sich die Soldaten nach einer anstrengenden Nacht voller *PAGNAAPPFFs* morgens auch waschen. Es sieht vielleicht nicht schön aus, wenn ein Zug Rekruten halbnackt im Wald um die Wette zittert, aber immerhin sind dann alle richtig wach. Die einzigen Verletzten einer Übung gibt es übrigens bei der morgendlichen Rasur, die für alle befohlen ist – auch für die Besitzer eines elektrischen Rasierapparates. Da es im Wald keine Steckdosen gibt, kommt der eine oder andere Mann hier zum ersten Mal in die Verlegenheit, sich an einer Nassrasur zu versuchen. Ohne Spiegel, mit zu wenig Schaum im Gesicht und eiskaltem Wasser verstümmeln sich die Soldaten so lange, bis befohlen wird, dass alle sauber sind, und es zum feldmäßigen Frühstück geht.

Über die hygienische Lage im Felde nach der Öffnung der Bundeswehr für Frauen liegen noch keine Daten vor. Hoffen wir das Beste.

In manchen Einheiten sind unter den Ausbildern eine Menge Brenner zu finden, die jedes Biwak für ihre Rekruten zu einem Martyrium machen. Immerhin zu einem spannenden. Da werden nächtliche Patrouillen entsandt, der Bereich um die Stellungen mit Fallen aus DM12-Sprengkörpern gesichert und die Soldaten erhalten spannende Spielzeuge wie Restlichtverstärker.[89] Zu jeder Gelegenheit greifen Trupps die Rekruten an, die Soldaten ziehen wiederum zum Gegenangriff los et cetera pp. Ein volles Programm, bei dem schon so mancher vergessen hat, dass es dabei nicht um den Spaß am großen Knall geht.

[89] Neubundeswehrdeutsch für Nachtsichtgerät.

Der unbestreitbare Vorteil dieses Feuerwerks besteht darin, dass die Zeit wie im Flug vergeht.

Andere Vorgesetzte gehen den Ausflug ins Grüne eher locker an. So soll es schon vorgekommen sein, dass Unteroffiziere die vorgesehenen simulierten Feindangriffe während der Nacht gleich ganz verboten, damit sie selbst durchschlafen konnten.

Merke: Die Elite ruht, das Kanonenfutter marschiert.

Was auch immer der Soldat beim Biwak zu erwarten hat, unter den Rekruten aller Einheiten hat sich eine Übersetzung eingebürgert, die dieses Kapitel der Ausbildung auf den Punkt bringt:

Bundeswehr **I**m **W**ald **A**ußer **K**ontrolle.

Exkurs 9: Eine Nacht unter Freunden – Einige wertvolle Tipps, um ein Biwak angenehm zu überstehen

Ein Biwak gehört zu den anstrengendsten Erlebnissen für den Soldaten, daher sollte man es sich erleichtern, wo man nur kann.

Für das Packen des Rucksacks gelten die gleichen Regeln wie beim Marsch. Die NATO-Rolle und alle Ersatzkleidungsstücke gehören in

Plastiktüten aus knisterfreiem Material, denn der Bw-Rucksack widersteht einem Dauerregen leider nicht!

In der Regel verbieten die Ausbilder die Mitnahme von privatem Essen, Süßigkeiten und dergleichen, um den Realitätsbezug des Biwaks nicht zu schmälern. Der beste Ort, um ein paar Müsliriegel zu verstecken, ist deswegen das Innere des zusammengerollten Schlafsacks. Da geht eine Menge Zeug hinein, ohne dass es groß auffällt.

Eine Taschenlampe mag auf den ersten Blick im Dunkeln hilfreich erscheinen, allerdings ist dies ein Trugschluss. Zum einen rasten Vorgesetzte regelrecht aus, wenn bei Nacht die Tarnung der Gruppe durch aufblitzende Lampen zerstört wird, zum anderen ist es angenehmer, seine Augen an die Dunkelheit zu gewöhnen. So kann man sich auch zwischen den Unterschlupfen und auf dem Weg zu seiner Stellung sicher und zügig bewegen. Nur eine Speziallampe mit starkem Rotfilter ist allenfalls geeignet, da diese nicht blendet.

Für längere Zeiten im Biwak ist es ratsam, ein zweites Paar Stiefel mitzunehmen. Das zusätzliche Gewicht beim Marsch ist sofort wieder aufgewogen, wenn das erste Paar einmal nass geworden ist.

Zum Schlafen sollte man so viel wie möglich ausziehen. Im Winter auf jeden Fall Stiefel, Koppel, Nässeschutzzeug und Kälteschutzjacke. In voller Ausrüstung ist kein erholsamer Schlaf möglich – und im Biwak zählt jede erholsame Minute.

Nach ein paar Tagen ohne jede Möglichkeit, das Essgeschirr gründlich zu reinigen, wird dieses anfangen zu stinken. Wer möchte daraus dann noch essen? Daher sollte man ein paar Reinigungs- oder Taschentücher mitnehmen, um das Geschirr zumindest halbwegs sauber zu halten. Loser Sand – keine lehmige Erde oder Waldboden – eignet sich ebenfalls zur Grundreinigung. Die beste Variante ist es jedoch, besonders beim Biwakieren über fünf Tage oder länger, in das Geschirr zur Essensausgabe einen Plastikbeutel zum Einfrieren von Lebensmitteln zu hängen, der danach im Feuer entsorgt wird. Das kollidiert zwar mit den Umweltrichtlinien der Bundeswehr, aber das tun 3000 sinnlos verballerte Schuss Übungsmunition aus dem MG3 ebenso. Dabei handelt es sich um ein beliebtes Verfahren, das als »mexikanisches Abmunitionieren« bekannt ist und dem Kameraden in der Waffenkammer die Mühe erspart, zurückgegebene Munition zu zählen und zu verbuchen.

Findet das Biwak bei moderaten Temperaturen statt, d. h. bei über fünf Grad Celsius, verbessert ein Feuer den Komfort nicht unbedingt. Denn ein Feuer benötigt auch eine Feuerwache, und zwar zusätzlich zum Alarmposten und zu eventuellen nächtlichen Steifen. Diese wertvollen Stunden lassen sich besser mit Schlafen verbringen. Der Gruppenführer sollte also unbedingt davon überzeugt werden, kein Feuer zu machen – insofern es nicht zu kalt ist, versteht sich.

Sind alle anstrengenden Aufgaben des Tages absolviert und die Gruppe richtet sich an ihrem Lagerplatz ein, sollte man unbedingt durchgeschwitzte Unterwäsche, das T-Shirt, auch klamme Unterhosen und Feldanzüge gegen trockene wechseln. Man fühlt sich sofort um drei Klassen wohler. Auch Erkältungen wird so vorgebeugt. Die nassen Sachen kommen zum Trockenen über einen Ast. Auf keinen Fall die klammen Sachen in den Rucksack verpacken. Das ist zum einen nur unnötiges Gewicht, zum anderen beginnen die Klamotten bereits nach einem Tag im feuchtkalten Wald zu schimmeln.

Apropos Unterwäsche. Man investiere in einem guten Outdoorshop 50 Euro in einen Doppelsatz Funktionsunterwäsche. Die Bw-Baumwollunterwäsche dagegen kann man beim Biwak getrost im Spind zurücklassen. Die Investition lohnt sich auf jeden Fall, denn nichts ist schlimmer, als in feuchter Baumwollwäsche stundenlang in einer Stellung zu hocken.

Legt man sich dann zur Nachtruhe, gilt es im Unterschlupf (vor allem in einem stockdunklen Zelt) alles gut zurechtzulegen, so dass man bei einem Alarm möglichst schnell in seine Anziehsachen schlüpfen kann. Übereifrige Kameraden, die sich in ihrer Unterhose in die Stellung werfen, werden nicht nur erbärmlich frieren, sondern auch den Zorn der Ausbilder zu spüren bekommen. Die mögen es nämlich gar nicht, wenn ihre Soldaten wie das Ensemble einer Dessous-Show durch den Wald hopsen.

Leider werden alle diese wertvollen Tipps in manchen Einheiten dadurch zunichte gemacht, dass die Ausbilder die Ausrüstung der Rekruten akribisch kontrollieren und nur das in den Rucksäcken verbleiben darf, was laut Verpackungsplan hineingehört.

Ansonsten gilt für das Biwak, wie auch für jedes zivile Übernachten unter freiem Himmel: Ruhe bewahren und sich an die ungewohnte Umgebung gewöhnen, keine unschuldigen Insekten erschrecken, maximalen Komfort herstellen, viel Flüssigkeit zu sich nehmen und (wenn möglich) ausreichend schlafen.

26 Mobil-at-machung

… In dem der Autor den Leser durch das Wunderland des San-Bereiches führt, in dem alles mit einer einzigen Salbe kuriert wird und einem Krankschreibungen wie »fußbefreit« begegnen, sowie eine Einführung in die Freuden professionellen Simulantentums gibt.

Nach oder vor einem Biwak trifft man eine Menge Soldaten mit dem Schlumpf bekleidet im Wartezimmer des San-Bereiches an. Danach vor allem, um diverse Blessuren zu kurieren oder sich »fußkrank«[90] schreiben zu lassen, wenn die Blasen an den Füßen wieder einmal Basketballgröße erreicht haben. Davor wird jede sich ankündigende Hautrötung dem Truppenarzt als Krebs oder Lungenpest verkauft, um der anstehenden Übung oder einem Leistungsmarsch zu entkommen.

Kein Mensch geht gerne zum Arzt oder verbringt gar Stunden damit, in einem vollen Wartezimmer herumzusitzen – außer dem Rekruten der Bundeswehr. Für den gehört der Gang in die medizinische Abteilung seiner Kaserne zum Grundrepertoire. Nie wieder in seinem späteren Leben wird er so emsig die Nähe von Ärzten suchen.

Dieses Verhalten ist durchaus verständlich. Nur in der Ruhe des Wartezimmers kann sich der Soldat in der Grundausbildung einmal im Müßiggang üben, nur hier ist er für eine kurze Weile den Blicken seiner Ausbilder entzogen. Außerdem bekommt er ausschließlich im San-

[90] Die offizielle Bezeichnung lautet MSG – Marsch-Sport-Gepäck-befreit.

Bereich einmal eine andere Farbe als Grau, Olive oder Flecktarn zu sehen. Bis zum Jahr 2001 bot der San-Bereich dem ausgehungerten Soldaten zudem als einziger Ort innerhalb der Kaserne die Attraktion von Frauen.

Der San-Bereich bietet dem Soldaten zudem die beste Möglichkeit, sich auch in seiner Grundausbildung gründlich abzuseilen. Dazu ist es zunächst einmal nötig, das morgendliche Zeitfenster für die Krankmeldungen geschickt auszunutzen. Findet man nach dem Aufstehen einen Grund, zum Arzt zu gehen, wäre es fatal, bereits um sechs Uhr morgens im San-Bereich anzutanzen. Spielt man hingegen den Helden und rückt erst um sieben Uhr gegenüber seinem Zugführer damit heraus, dass man sich nicht recht wohlfühlt, ist man einer der letzten Soldaten, die an diesem Morgen in San-Bereich eintreffen. Wunderbare, friedliche Wartezeiten von mehreren Stunden sind garantiert!

Vielleicht findet der Truppenarzt sogar etwas, das ausreicht, um den begehrten Status KzH zu erhalten, was der zivilen Krankschreibung, wenngleich mit einem ganz besonderen Bonus, entspricht. Je länger der Soldat den Status »Krank zu Hause« verliehen bekommt, umso mehr Geld erhält er nämlich von der Bundeswehr.

Sie haben richtig gelesen.

Nimmt der Rekrut nicht an der Truppenverpflegung teil, bekommt er den doppelten Satz pro Tag ausgezahlt. Dies bedeutet für einen Wehrdienstleistenden, dass er zu Hause fast den doppelten Wehrsold erhält wie seine Kameraden in der Kaserne, und obendrein in dieser Zeit nicht der Gefahr der Truppenverpflegung ausgesetzt ist. Welcher Rekrut fühlt sich da nicht ermuntert, bereits mit einem juckenden Mückenstich morgens im San-Bereich zu stehen? Pünktlich um sieben Uhr versteht sich!

Diese »Tradition« hat jedoch einen gewaltigen Haken. Der ständige Versuch von Soldaten, sich aus dem San-Bereich einen medizinischen Urlaubsschein zu besorgen, führt in der Regel dazu, dass die Stabsärzte der Bundeswehr jeden Rekruten in der Grundausbildung als einen Drückeberger betrachten.

Das mag auf den ersten Blick nicht weiter schlimm erscheinen, denn die medizinischen Kenntnisse der Bundeswehrärzte beschränken sich auf die Meinung, man könne mit Unmengen von Rheumasalbe – dem berühmten Mobilat – alles heilen: Erkältungen, Krebs, Depressionen, Homosexualität. Einfach alles.

Doch irgendwann wird der Soldat wirklich einmal krank, und die Situation verliert enorm an Witz, denn es ist Bundeswehrangehörigen verboten, einen zivilen Arzt aufzusuchen. Höchstens in Notfällen, etwa wenn der Truppenarzt im Urlaub unzumutbar schwer zu erreichen ist, wird es dem Soldaten gestattet, sich in qualifizierte Hände zu begeben.

Wie nicht anders zu erwarten, kursieren Hunderte Anekdoten über die mangelhafte medizinische Versorgung. Ein typisches Beispiel stellt die Geschichte von Soldat Hinz dar:

Der Rekrut meldete sich eines Tages mit »Unwohlsein« im San-Bereich seiner Kaserne. Der anwesende Truppenarzt war unfähig, eine Diagnose zu stellen, und schickte den Soldaten als »Krank zu Hause« zur Genesung von dannen. Das »Unwohlsein« wollte nicht verschwinden, daher suchte der Soldat noch drei weitere Ärzte der starken Truppe auf. Diese stellten sogar die eine oder andere

Diagnose – jedoch verschiedene. Schließlich setzte sich der Soldat über das Verbot hinweg, einen zivilen Arzt aufzusuchen, und der »richtige« Allgemeinmediziner stellte schon nach wenigen Sekunden fest, dass der junge Mann sich die Masern eingefangen hatte.

Aber es geht auch anders herum, wie ich als Patient des San-Bereichs selbst erleben durfte.

Während einer Übung bekam ich im Eifer des Gefechts einen Zweig ins Auge. Ich hatte keine Schmerzen, war allerdings durch den Schlag einseitig geblendet, ein Zustand, der sich sicher innerhalb von einer Stunde von alleine erledigt hätte. Mein Gruppenführer schickte mich jedoch sofort per Tonner in die Kaserne, um mich verarzten zu lassen. Angesichts des bevorstehenden Heimmarsches durch Schneematsch und Nieselregen widersprach ich nicht.

Im San-Bereich steckten mich die Sanitätssoldaten wegen Abwesenheit des Arztes auf die Bettenstation. So ein San-Bereich ist im Prinzip wie ein kleines Krankenhaus eingerichtet – zum Glück für die Patienten ohne Operationssaal. Ich lag also verträumt in dem bequemen Bett und schlummerte den Rest des Tages vor mich hin. Am Abend schaute der Stabsarzt nach mir, murmelte fachmännisch etwas von »Kann ins Auge gehen«, verordnete eine Augenspülung (zum Glück ohne Mobilat-Salbe) und einen Tag Bettruhe. Da lag ich nun, in himmlischer Ruhe und vollkommen gesund, aber stillgelegt wie ein Patient nach einer Herz-OP.

Im zweiten Fall hatte mein Magen wohl das gefechtsmäßige Verpflegen übelgenommen. Ich übergab mich vor den Augen meines Kompaniechefs – und dieser mich und die Angelegenheit den Sanitätssoldaten. Die luden mich in ihren Krankenkraftwagen und fuhren mich sofort in den heimatlichen San-Bereich. Da ich aufgrund des üblichen Schlafmangels in der Grundausbildung leichenblass aussah, steckten sie mich abermals in eines der bequemen Betten im ersten Stock – diesmal gleich für ganze vier Tage. Die freie Zeit verbrachte ich munter mit der Lektüre diverser Zeitungen, vor allem jedoch damit, mich gründlich auszuschlafen, hatte ich doch striktes Verbot, das Bett zu verlassen. Nach einer gründlichen Kur mit Tee und Zwieback entließen sie mich pünktlich zum Beginn des Wochenendes. Einen Arzt bekam ich während der vier Tage nur ein einziges Mal zu sehen.

Wegen solcher Fälle liegt das Hauptaugenmerk der Bundeswehr auf der Prävention von Erkrankungen. Die Zentrale Dienstvorschrift hilft wie immer weiter:

»Der Soldat hat alles in seinen Kräften Stehende zu tun, um seine ***Gesundheit*** *zu erhalten oder wiederherzustellen; er darf sie nicht vorsätzlich oder grob fahrlässig beeinträchtigen.«*

Natürlich kennen die Herrschaften im Verteidigungsministerium die Grenzen ihrer Soldaten, weswegen sie in den Kasernen auch getrennte Unterkünfte für Raucher und Nichtraucher bereithalten. Eine halbe gesunde Truppe ist immer noch besser als gar kein Soldat auf dem Übungsplatz, dachte sich wohl einst ein kluger Kopf im Ministerium.

Der Spieß meiner Ausbildungskompanie erlaubte sich zu dem Thema in einer Ansprache einen kleinen verbalen Ausrutscher: »Es gibt keine Krankheit oder Verletzung, die mit Hilfe unserer Sanitäter nicht auch zum Tode führen könnte!«

Immerhin ist die Ausbildung der Götter in Flecktarn grundsolide. Die ZDv 49/21 Nr. 404–445, S. 368, »Helfer im SanDienst« verkündet:

»Eine Verletzung, die durch Feindeinwirkung verursacht wurde, ist eine Wunde.«

Da ist es wohl kein Wunder, dass die Ärzte der Bundeswehr in keinem guten Ruf stehen.

So ein Stabsarzt ist aber auch ein ganz besonderer Typ Mediziner. Studenten und Ärzte, die anderswo noch nicht einmal die Zulassung zum Zerlegen eines Truthahns bekämen, nimmt die Bundeswehr aufgrund des permanenten Mangels an Nachwuchsoffizieren und vor allem an Ärzten mit offenen Armen auf.

Ich möchte hier natürlich keinen kompletten Berufsstand schlechtmachen, aber die Aussage eines Stabsarztes über die Gründe, die ihn dazu bewogen haben, bei der Bundeswehr zu arbeiten, klingt mir noch heute deutlich in den Ohren:

»Nirgendwo sonst müssen die Weiber vor mir strammstehen und mich mit ›Herr Stabsarzt‹ anreden!«

Als Kompensation dieser Qualifikation wartet die Bundeswehr auch im Reich der Mobilat-Salbe mit einer Vielzahl an Fachbegriffen auf.

Allen vorweg das schon erwähnte KzH, das noch besser ist als »fußbefreit« zu sein. Diese MSGler, also Marsch-Sport-Gepäck-Befreite, taugen nur zum Innendienst, und auch dort dürfen sie nichts Schweres heben.

Als »Neukranker« darf der Soldat aber nicht einmal dienstlich herumlungern. »Neukrank« ist bei der Bundeswehr, wer sich zum Zeitpunkt der täglichen Meldung über die Truppenstärke gerade im Wartezimmer des San-Bereiches befindet. Wer »neukrank« ist, dessen Zustand ist noch ungewiss. Die normalen Kranken, auch die MSGler, nennt man folgerichtig »altkrank«. Nur altkranke MSGler dürfen also Aufgaben des Innendienstes verrichten, bis die alten Neukranken zu Altkranken werden.

Weiterhin gibt es noch Gepäck- und Sportbefreite. Erstere dürfen maximal eine Last von fünf oder zehn Kilogramm tragen. Ob dies schon inklusive Winterkleidung gilt? Sportbefreite dürfen sich dagegen nicht schneller als mit fünf Stundenkilometern bewegen – nach den Maßstäben ihrer Ausbilder also gar nicht, denn auch die tiefste Gangart und das Rödeln sind verboten.

Der Erfinder all dieser Krankheitsformen muss wohl unter einem anderen speziellen Symptom gelitten haben: *Thb* – Total humorbefreit.

Der Wunschtraum aller Wehrpflichtigen landauf, landab ist und bliebt der abschließende Vermerk auf seiner Diagnose: *KzH bis DzE* – Krank zu Hause bis Dienstzeitende.

Der wahre Sanitäter für den sonst kerngesunden Soldaten ist allerdings nicht im San-Bereich zu finden. Während der ab und an befohlenen »kollektiven Freizeiten« lernt der Soldat das beste Hilfsmittel kennen, um seine Dienstzeit im rechten Licht zu betrachten. Jene Zusammenkünfte entpuppen sich nämlich als von Vorgesetzten verordnete Zwangsgelage mit enormen Mengen Kümmerling-Schnaps, die nicht selten in furchtbare Exzesse münden.

Wenn die Soldaten am nächsten Morgen den Schlumpf tragen, dann nicht, um sich »neukrank« zu melden, sondern um auf Befehl derselben Vorgesetzten, die sie am Vorabend abgefüllt haben, während eines 20-Kilometer-Geländelaufes den Restalkohol auszuschwitzen.

27 Wachen, Wachen!

… In dem ein nicht ganz stubenreines Bild des Wachdienstes und der GvD-Schichten gezeichnet wird, das mit Pferden zu tun hat, und in dem erklärt wird, warum es sich für den gemeinen Soldaten dennoch immer lohnt, an diesen Sonderdiensten teilzunehmen.

Bereits seit den 70er Jahren existieren diverse Studien, die den Konsum von Tabak, Alkohol und Pornografie, verteilt über verschiedene Bevölkerungsgruppen, untersuchen. Die Ergebnisse sind seitdem immer ähnlich und überraschen niemanden. Jene Teile der Bevölkerung, die es am nötigsten haben, ihr Alltagselend auf möglichst kostengünstige Weise zu mildern, finden zum Alkohol. Menschen mit eingeschränkten sozialen Fähigkeiten[91] greifen zur Pornografie. Und unter all jenen, die in der Schule so wenig aufgepasst haben, dass sie dieses Buch wahrscheinlich gerade nicht in den Händen halten, ist die Tabaksucht am verbreitetsten.

[91] Also ca. 90 Prozent aller Männer.

Bitte beachten Sie den statistischen Charakter dieser Erhebung, denn es handelt sich hier keineswegs um eine Aburteilung von Gruppen. Den Unterschied erfahren Sie bei einer schönen Zigarette von ihrem Mathematiklehrer, wenn er mal einen nüchternen Moment hat.

Die Sonderdienste bei der Bundeswehr wiederum sind exzellent dafür geeignet, diese drei Laster kennenzulernen, zu studieren, zu erproben und zu verfeinern.

Es ist nicht etwa so, dass der Begriff »Sonderdienst« mit Härte, Anstrengungen und Verantwortung zu tun hätte. Stattdessen lernt der Soldat schon früh, dass es sich lohnt, als Gefreiter vom Dienst (GvD), Kraftfahrer vom Dienst (KvD) oder Wachsoldat ein paar Überstunden anzusammeln. Ab der zehnten Dienststunde kann er nämlich einen halben Anrechnungsfall[92] geltend machen, ab der 16. Stunde sogar einen ganzen.

[92] Normale Menschen sagen dafür einfach »Tag«.

Das bedeutet im Klartext, dass ein Soldat, der auf einer Übung oder Schulung länger als zehn Stunden herumlungert, Anspruch auf einen halben Urlaubstag hat. Diesen kann er sich auch auszahlen lassen, was allerdings nicht nur von seinen Wünschen abhängt, sondern auch von seinem Vorgesetzten. Denn bei der großen Menge an Überstunden, die bei der Bundeswehr durch Sonderdienste und Mehrbelastungen anfallen, wären manche Soldaten gerade mal 14 Tage im Monat anwesend. Außerdem gilt auch für den Soldaten das Phänomen, dass Freizeit gerne gegen Bares aufgewogen wird.

Habe ich eben geschrieben, alle Bundeswehrangehörigen kämen in diesen Genuss? Natürlich nicht. Dem Rekruten in der Grundausbildung wird die Ehre zuteil, 24 Stunden am Tag für sein Land dienen zu dürfen, ohne dafür mit Dienstzeitausgleich belohnt zu werden. Eine Anerkennung dafür liegt im Ermessen des Einheitsführers, also des Kompaniechefs. Der ermisst dann meist, dass der Soldat keinen simplen freien Tag verdient hat, sondern etwas viel Besseres: eine sogenannte »Förmliche«. Dabei handelt es sich schlicht um eine öffentliche Belobigung. Zu allem Überdruss müssen die Soldaten also angetreten herumstehen, wenn die freudige Botschaft verkündet wird – wenn sie denn noch können vor lauter Müdigkeit.

Ist der Rekrut dann endlich ein Gefreiter und darf dienstlich nur noch unter Anerkennung der vollen Bezüge verarscht werden, locken zahlreiche Sonderdienste mit Lust und Frust.

So besteht die Lust bei einem Wochenenddienst vor allem darin, dass es nichts zu tun gibt. Bis auf die Wachmannschaft und die UvDs (Unteroffiziere vom Dienst) mit Ihren GvDs hält sich dann fast niemand in der Kaserne auf, vor allem jedoch keine Vorgesetzten, die einem den lauschigen bezahlten Tag vor der Glotze mit irgendwelchen Aufträgen versauen könnten. Leicht verdientes Geld. Allerdings ist es eben auch ein Wochenenddienst fern von zu Hause.

Das wahre Wunder geschieht an einem Wochentag. Als Gefreiter vom Dienst sitzt der Soldat nicht wie an einem normalen Arbeitstag nach Dienstschluss auf seiner Stube oder im Mannschaftsheim herum, sondern in der Pförtnerloge der Kompanie. Dafür bekommt er dann einen ganzen Tag Urlaub. Versuchen Sie es mit diesem Trick einmal in der zivilen Arbeitswelt!

So teilen sich denn die Soldaten in drei Glaubensgemeinschaften: Jene, die prinzipiell so wenig wie möglich Sonderdienste schieben möchten. Jene, die aus den Zusatzdiensten jeden Euro herausquetschen. Und jene, die durch geschicktes Planen ihr Urlaubsbudget mehr als verdoppeln.

Der bekannteste Zusatzdienst ist sicherlich der Wachdienst, dabei vergibt die Bundeswehr neben diesem noch eine Menge andere.

Da wäre unter anderem der OvWa – Offizier vom Wachdienst. Ein Posten, dessen Aufgabe vor allem darin besteht, nach Dienstschluss die Wache zu kontrollieren sowie die GvDs und die UvDs zu stören.

Dieser Dienst wird allerdings meist von Inhabern eines Feldwebeldienstgrades ausgeführt. Ganz recht. Die Bezeichnung »Offizier« vom Wachdienst ist hier irreführend, denn sie hat wenig mit dem echten Dienstgrad zu tun, sondern ist eine Dienst*stellungs*bezeichnung. Als ob es noch nicht genug Dienstgrade gäbe, ist eine Dienststellung die tatsächliche Eingliederung des Soldaten in die Struktur der Bundeswehr.

Deswegen ist ein OvWa vom Rang eines Feldwebels auch einem Major vorgesetzt, der sonst als der Kompaniechef des Feldwebels dessen Vorgesetzter ist. Noch Fragen?

Solche Rollenverschiebungen sind natürlich verführerisch – vor allem für Soldaten, die ihren alltäglichen Vorgesetzten nicht mögen. Doch wenn der Wachdienst des Feldwebels vorbei ist, hat sich der Major bis dahin schon überlegt, welche Sonderaufgaben er seinem Unterstellten in der folgenden Woche auftragen wird.

Wer hat hier behauptet, es gebe kein Mobbing in der Bundeswehr? Die Strukturen dafür sind einfach perfekt!

Die Tätigkeitsbeschreibung des UvD liest sich ebenfalls harmlos. Er ist für die Sauberkeit und die Einhaltung der soldatischen Ordnung innerhalb seiner Kompanie verantwortlich. Nicht unbedingt ein Knochenjob, wenn man von dem einen oder anderen betrunkenen Kameraden absieht, dem es ein bisschen schwerfällt, das richtige Bett zu finden. Da hilft der UvD gerne, um unfreiwillige homoerotische Szenen zu vermeiden – oder in den Zeiten dienender Frauen gar missverständliche Kameradschaftsbekundungen.

Aber meistens schickt er seinen GvD.

Der GvD ist der Erfüllungsgehilfe des UvD, und das kann alles bedeuten. Auch, dass der UvD das abendliche Fernsehprogramm auswendig lernt, während sein GvD die Rundgänge und diverse andere kleine Verrichtungen erledigt.

Ein Spiel, das der eine oder andere OvWa mit großer Langeweile in den frühen Abendstunden gerne anzettelt, ist der sogenannte »GvD-Alarm«. Dieser wird per Telefon ausgelöst und versetzt alle GvDs der Kaserne in Bewegung. Mit vollem Gerödel bekleidet, haben sie sich so schnell wie möglich bei der Wache zu melden. Das ist besonders schön, wenn sich das Kasernengelände über zwei Kilometer hinzieht. Sinn dieser Übung: keiner. Oder können Sie sich vorstellen, wie zwölf unbewaffnete Gefreite eine Kaserne verteidigen?

Der KvD (Kraftfahrer vom Dienst) muss zumindest nicht laufen, allerdings muss er, bösen Zungen zufolge, sowieso nicht viel tun. Erledigt er nicht gerade kleinere Fahrten, ist ihm ausdrücklich befohlen, sich auf seiner Stube in Bereitschaft auszuruhen. Dabei soll es schon zu erheblichen gesundheitlichen Schäden durch Tabakmissbrauch gekommen sein.

Doch nun ein paar Worte über den Wachdienst, nicht zu verwechseln mit einer ganz eigenen Truppe, dem

Wachbataillon der Bundeswehr. Diese Einheit wird bei protokollarischen Anlässen dazu benutzt, um Staatsgästen der Bundesrepublik indirekt zu drohen. Warum friedliche Ehrenbezeugungen in der Politik immer noch durch 100 zackig präsentierte Gewehre stattfinden müssen? Vielleicht lassen sich damit unsere diplomatischen Gegenüber leichter gefügig machen.

Der normale Wachdienst findet nur innerhalb von militärischen Sicherheitsbereichen statt. Bewacht werden Dinge, die nicht abhanden kommen dürfen, also zum Beispiel Handwaffen, Panzer, Teile des Kasernenzauns, die Deutschlandfahne neben dem Wachlokal und vor allem die Rekruten.

Zu Beginn eines 24-stündigen Wachdienstes werden die Soldaten vergattert. Das bedeutet heute nur noch, dass der Soldat den Wachvorgesetzten unterstellt wird und die Befehlsbefugnis für seinen besonderen Aufgabenbereich erhält. Früher[93] wurden die Soldaten vor Antritt ihres Wachdienstes eingesperrt, damit sie nüchtern blieben – sie wurden »eingegattert«. Heute bleiben die Soldaten zwar nüchtern, frönen allerdings im Wachlokal genauso wie im UvD-Zimmer und in der Fahrbereitschaft der leichten Unterhaltung. Einsamer Spitzenreiter bleibt der Genuss von Pornofilmen, in denen alles, was das Frauen- und Tierreich hergibt, dem Soldaten die Langeweile vertreibt. Erst einer dieser Lehrfilme klärte mich gänzlich darüber auf, wie flexibel die Vagina einer Frau sein kann und wie schwierig es ist, einem Shetlandpony ein X für ein U vorzumachen. Da behaupte nochmal jemand, bei der Bundeswehr könne man nichts lernen.

[93] Ganz, ganz früher!

Eine befriedigende Antwort auf die Frage, warum die Fahne der Bundesrepublik beim morgendlichen und abendlichen Fahnenappell vor dem Wachlokal durch eine Berührung mit dem Boden entweiht werde, erhielt ich trotzdem nie. Dies ist in den meisten Armeen der Welt so Tradition. Und Tradition bedeutet bekanntlich so viel wie: »Schnauze halten und einfach machen.«

Auch der Streifendienst während der Nacht ist Bestandteil der Wachroutine in einer Kaserne, wenngleich nicht jedermanns Sache. Folgendes soll sich angeblich in einer norddeutschen Kaserne zugetragen haben:

Während des ersten Wachdienstes der frisch beförderten Soldaten zeigte sich, dass Gefreiter Schulz mit erheblicher Nervosität zu kämpfen hatte. Der Grund: Schulz hatte Angst im Dunkeln. Während seiner Streife als Wachsoldat war er zum ersten Mal mehr oder weniger allein in Stille und nächtlicher Schwärze. Seine Route führte ihn am Zaun entlang – mitten hinein in ein kleines Wäldchen, das Teil der Kaserne war.

Laut dem Kameraden, der mit Schulz Streife lief, bewegte sich dieser von Minute zu Minute immer gebückter, bis er schließlich mit seinem entsicherten G3 im Anschlag von Baum zu Baum und von einer Deckung in die nächste sprang.

Dann knackte es im Gebüsch, und Gefreiter Schulz feuerte hektisch sein komplettes Magazin mit 20 Schuss Vollmantelmunition Kaliber 7.62 in einen viel zu jungen Feldhasen. Das Tier wurde am folgenden Morgen auf der Wiese vor der Turnhalle gefunden. Und in den Fußballnetzen der Tore, in den Gittermaschen des Zauns sowie an den Wänden der umstehenden Munitionsbunker.

Die folgenden Geschehnisse bei einer Instandsetzungseinheit lassen ebenfalls tief blicken. Vor allem aber beweisen sie, dass für zahlreiche Soldaten die Einführung des Unterrichtsfachs »Verständnis und Formen von Humor – ZDv 00/1« sinnvoll wäre.

Während der Wacheinweisung der Streifen soll der OvWa zu den Soldaten als Aufmunterung sinngemäß gesagt haben: »Männer, hier laufen lauter Katzen auf dem Gelände rum. Die regen mich auf. Wer eine davon zur Strecke bringt, der bekommt einen Kasten Bier von mir.«

Nach einem zögerlichen »Jawohl« der Soldaten zwinkerte der OvWa und setze hinzu, dass die Kameraden ihn hoffentlich richtig verstanden hätten.

Irgendwann in finsterer Nacht hallten zwei Schüsse durch das Kasernengelände. Da hatte wohl einer der Soldaten sehr großen Durst, denn er präsentierte prompt zwei erlegte Katzen.

Und wer, lieber Leser, bekam die volle Wucht aus Anschiss und Einlauf zu spüren? Genau – der Wachsoldat, nicht etwa der Vorgesetzte.

Ein Wachsoldat sollte sicherlich von alleine auf den Gedanken kommen, dass es nicht zu seinen Aufgaben gehört, Kleinsäuger auf dem Kasernengelände zu erlegen.[94] Auch wird man bei der Bundeswehr nicht müde zu betonen, was für eine große Verantwortung gerade der Wachmannschaft zufällt. Ist es da zu viel von den Vorgesetzten verlangt, eindeutige Befehle zu geben? Zumal – wir erinnern uns an die entsprechende Dienstvorschrift –

[94] Schon gar nicht mit einem 30-schüssigen vollautomatischen Gewehr!

noch immer gilt: Im Zweifel hat der Soldat zu gehorchen. Katze hin oder her!

Abgesehen vom nervösen Zeigefinger einiger Kameraden bleiben die Sonderdienste der Bundeswehr ein Eldorado schläfriger Untätigkeit, bei denen der Soldat seine Fähigkeiten trainieren kann, geduldig in seiner Stellung auszuhalten. Denn der nächste DZA kommt bestimmt.

28 Von Maden, Generälen und Frequenzwasser

… In dem erklärt wird, was sich wirklich hinter dem Begriff »Kameradschaft« verbirgt, warum es Fische gibt, die an Land leben, und warum Matratzen bei der Bundeswehr keine Materialnummer haben.

Es gibt in allen Dienstgraden Soldaten, die schon so lange bei der Bundeswehr sind, dass sie ihren Eid noch auf Wilhelm II. abgelegt haben müssen. Jene Kameraden haben wohl mittlerweile ihren Bezug zur Realität vollkommen eingebüßt.

Wie sich das äußert?

Zu meiner Zeit machte die Geschichte über einen Oberstabsfeldwebel die Runde, einem Panzergrenadier und langjährigen Berufssoldaten im benachbarten Standort, der seine Frau vor dem wöchentlichen Geschlechtsverkehr in Grundstellung antreten ließ.

Denkt die Bundeswehr an so etwas, wenn sie schreibt: »Auch für die Familien der Soldaten wird gesorgt«?

Auf gewisse Weise »liebevoll« gehen die kürzer dienenden Soldaten mit jenen Härtefällen um – meist indem sie einen Spitznamen vergeben.

So ist der »Pommesgeneral« nicht etwa der oberste Befehlshaber der Truppenküche, sondern ein Oberstabsgefreiter. Diese Bezeichnung hat ihren Ursprung in den fünf Streifen, die dieser Mannschaftsdienstgrad auf den Schultern trägt. Unter Tierfreunden ist er bekannt als das »Kompaniezebra«, manchmal auch »Pommesbude« gerufen.

Der Hauptgefreite hingegen wird aufgrund seiner drei Streifen zum »Adidas-Gefreiten«.

Eine andere Bezeichnung lässt zunächst auf die Zugehörigkeit zu den Kampftauchern schließen: »Fisch«. Dabei leitet sich dieser Name für einen Hauptfeldwebel ausschließlich von der Form des Symbols auf seinen Schultern ab, das einer unbeholfenen Zeichnung jener Wasserbewohner sehr nahe kommt: ><>

Demzufolge ist ein Stabsfeldwebel ein »schneller Fisch«: >><>, und ein Oberstabsfeldwebel ein »sehr schneller Fisch«: >>><>. Letzterer ist aufgrund seines meist extrem hohen Dienstalters auch als »NATO-Greis« bekannt.

Ein solches Urgestein der Mannschaftslaufbahn lief mir in meiner eigenen Grundausbildung über den Weg: der Stabsgefreite Klein.

Dieser hatte für jedes militärische Fahrzeug einen Führerschein, für jedes Dienstzimmer einen Schlüssel, für jede Waffe eine Ausbildung und für jeden noch so dämlichen Auftrag eine ATN[95] – und nie eine passende Ausrede parat. Denn dafür war der Stabsgefreite Klein zu gutmütig und obendrein noch ein kleines bisschen einfacher gestrickt als der durchschnittliche Berufssoldat.

Die Überstundenliste des Stabsgefreiten Klein war länger als die aller anderen Soldaten der Kompanie zusammengenommen. Klein fuhr den Bus mit den Rekruten. Klein setzte die Waffen instand. Klein lud 40 Paletten für die Materialgruppe von einem Schwertransport ab. Klein war der Dauer-UvD der Kompanie. Klein besorgte »auf die Schnelle« fehlende Munition, Werkzeuge oder Pan-

[95] Allgemeiner Tätigkeitsnachweis, sozusagen der Gesellenbrief der Bundeswehr.

zer. Klein gab die Feldverpflegung aus. Klein suchte – und fand! – verlorengegangene Rekruten nach dem nächtlichen Orientierungsmarsch.

Nur etwas tat Klein nicht und war damit ein Sonderfall in meiner Einheit: Er erhob sich selbst niemals über andere Soldaten.

Der Stolz des normalen[96] Soldaten auf sich, seine Gruppe, seine Kompanie und seine Einheit entsteht meist nicht etwa durch so etwas abstraktes wie Leistung, sondern durch höhnische Abgrenzung. Interne Standesdünkel werden bei der Bundeswehr zudem fleißig von allen Vorgesetzten gefördert. Besonders die hochnäsigen und abfälligen Bezeichnungen kämpfender (sprich: sterbender) für die unterstützenden (wahrscheinlich lebendig von einem Einsatz zurückkehrenden) Einheiten sind Legende. Allen vorneweg das Wort »Made«.

[96] »Normal« wird hier als statistische Angabe verwendet, auf gar keinen Fall im psychologischen Sinne.

So bezeichneten die Fallschirmjäger meines Bataillons die ebenfalls in der Kaserne stationierten Soldaten eines Instandsetzungsbataillons stets als »Inst-Maden«. Manchmal wurde ihnen aufgrund ihrer knallroten Baretts auch der Name »Rotkäppchen« hinterher gerufen. Während wir also den wöchentlichen Reden unseres Kompaniechefs und des Spießes lauschten, in denen sie zu jedem Anlass vom Eliteverständnis der Fallschirmjäger redeten, benahm sich das Gros unserer Einheit wie ein Rudel zänkischer, missgünstiger Vorschulkinder.

In anderen Einheiten wird jeder Soldat als eine »Made« bezeichnet, der noch in der Grundausbildung steckt. Das ist vielleicht nicht schöner, lässt sich jedoch in diesem

Zusammenhang mit der Übersetzung »**m**ilitärisch **a**uszubil**d**ende **E**inheit« begründen.

Doch oft hat man den Eindruck, der Feind des Soldaten ist nach dem Wegbrechen »des Russen« in dieser Rolle vor allem sein nächster Kamerad.

Wer seinen Spind nicht abschließt, wenn er die Stube verlässt, wird von seinen aufmerksamen Kameraden gerne daran erinnert, dies zu tun. Dabei ergreifen die Stubengenossen die Gelegenheit, den gesamten Inhalt seines Spindes in den Poncho zu stopfen und daraus das sogenannte »ABC-Männchen« zu formen. Das ABC-Männchen hat seinen Namen von der ABC-Maske, die zusammen mit dem Helm den Kopf bildet. Fehlen nur noch die Stiefel – dann kann das ABC-Männchen seine wohlverdiente Ruhe im Bett des Kameraden finden. Stundenlanger Spott ist garantiert, während der Soldat seinen Spind wieder einräumt.

Ist der Kollege zu ordentlich und aufmerksam, bleibt immer noch das sogenannte »Spind-Würfeln«. Dabei wird der verschlossene und gerade erst aufgeräumte Spind angehoben und kräftig geschüttelt. Endloser Spaß bei der nächsten Stuben- und Spindkontrolle ist garantiert.

Ein ganz besonderer Auftrag ist es, einen Rekruten loszuschicken, um den Schlüssel für den Verfügungsraum zu besorgen. Dieser ist natürlich in keinem der Gebäude zu finden, denn es handelt sich dabei um kein Zimmer, sondern wie erwähnt um den taktischen Sammelort der Einheit. Der unbedarfte Soldat wird mit diesem Auftrag zum Spieß, zum Stab oder zum Wachoffizier vom Dienst geschickt – je höher der Dienstgrad, umso besser. Diesen Scherz erlauben sich vor allem länger dienende Soldaten mit den ihnen anvertrauten »Schulterglatzen« – so heißen die Rekruten mit den nackten Schulterstücken.

Merke: Wem es gelingt, den Schlüssel zum Verfügungsraum von seinem Kommandeur zu beschaffen, der kann auch einem KSK-Soldaten die Unterwäsche vom Leib klauen.

Bei großer Langeweile greift der Soldat auch gerne einmal zum Telefon, um dem unerfahrenen GvD aufzutragen, einen der folgenden Soldaten auszurufen: Major Neese, HG Butte, SG Schirr, Jäger Schnitzel, Flieger Horst, HG Nau, Oberst Loidnand, Major Rahn oder OG Lächter. Letzteres erklingt dabei laut durch den ganzen Block.

Als »Spaß am Freitag« ist das Vorgehen bekannt, neuen Rekruten zu erzählen, dass die Ausbilder vor dem Wochenende die Zeltstangen der »Dackelgarage« kontrollieren würden, und zwar von innen! Diese hätten daher blitzblank und peinlich sauber zu sein, sonst gebe es keinen Dienstschluss! Als hilfreicher Tipp wird noch schnell hinzugefügt, dass die Stangen am besten mit dem Gewehrreinigungsgerät zu säubern seien (Rohr ist schließlich Rohr!) und danach leicht eingeölt werden müssten.

Betreten die Ausbilder fünf Minuten später die Stube, bietet sich ihnen ein Bild, das sie nie wieder vergessen werden. Die anschließende Runde aus Anschiss, Einlauf und *Fick* trifft natürlich die verwirrten Rekruten.

Mit den Abkürzungen haben wir uns ja bereits beschäftigt, und auch die des Bataillonskommandeurs wurde schon erwähnt, kurz und bündig: Btl-Kdr. Mit einer Portion Fantasie lässt sich daraus aber noch eine andere Langform ableiten: der fiktive Bataillonskartendruckraum. Den kann man lange suchen, und genau das tun jene armen Rekruten, die von dienstälteren Soldaten losgeschickt werden, um den Globus von dort zu holen.

In seltenen Fällen findet der Unglücksrabe das Büro des Kommandeurs und kehrt tatsächlich mit einem Globus in seine Kompanie zurück. Beim darauf folgenden Antreten des gesamten Bataillons haben die Soldaten dann Gelegenheit herauszufinden, wie gut sie sich ein Lachen verkneifen können.

Sie merken schon, es gibt unzählige Möglichkeiten für die Soldaten, sich gegenseitig den Dienstalltag etwas aufzulockern – selbst wenn die Rache des Spießes stets droht. So ist auch über das Schicksal des armen Kameraden nichts weiter bekannt, der auf einem Kasernenhof voller Rekruten, die gerade das Marschieren übten, den »Schützen Halt« ausrufen sollte.

Zur Verbrüderung kommt es dann erst wieder vor den Toren der Kaserne, wo sich eine, wenn nicht *die* heilige Institution eines jeden Bundeswehrstandortes befindet: der »Kinderpuff«.

Sie haben ganz richtig gelesen. Diese Bezeichnung für die dem Standort nächstgelegene Diskothek leitet sich von dem dort anwesenden, zumeist extrem jungen Publikum ab. Niemand weiß, warum sich die Teenager aller Kleinstädte unseres Landes anscheinend in kasernennahen Clubs und Bars herumtreiben.

Auch, aber nicht nur im Kinderpuff sind die sogenannten »NATO-Matratzen« zu finden. Dieser Begriff ist die wohl abfälligste Bezeichnung für einen Typ Frau, der sich in der Nähe von Bundeswehrstandorten herumtreibt und offenbar mit jedem Mann in Uniform bereitwillig in die Kiste hüpft – oder vielmehr mit jedem Berufssoldaten des Standortes bereits in eben jener war. Die NATO-Matratzen werden von den männlichen Soldaten, die schon viel zu lange unter sich geblieben sind, auch gerne als »Entsafter« bezeichnet.

In der heutigen Zeit, da auch Frauen zu den Angehörigen der Bundeswehr zählen, herrscht natürlich auch auf diesem Gebiet endlich Gleichberechtigung.

Vielleicht meinte einer der Vorzeigesoldaten der Bundeswehr genau dieses wundervolle Gemeinschaftserlebnis, als er in einem Interview kundtat:

»Ein ziviler Mensch könnte sich nicht vorstellen, was Kameradschaft bedeutet. Das ist unvorstellbar, was man sich hier aneignet, mit den Kameraden zusammenzuarbeiten, die Leute, die wachsen einem halt richtig an Herz.«[XXVI]

Was haben wir gelacht.

29 Seltsame Karrieren – oder: Ein Monster namens ATN

… In dem gezeigt wird, wie sich die Truppe durch gehobenes Berufsmanagement selbst ein Bein stellt.

Können Sie sich vorstellen, dass Sie montags beim Bäcker Brötchen kaufen und derselbe Mann am Mittwoch bei Ihnen vor der Tür steht, wenn Sie den Notdienst wegen eines Wasserrohrbruchs angerufen haben?

Natürlich spricht nichts gegen und alles für die Förderung wahrer Multitalente, doch wenn man dem Bäcker nur zwei Tage Zeit gibt, sich auf seinen Beruf als Klempner umzustellen, sind gewisse Schwierigkeiten zu erwarten. Weizenmehl Typ 405 ist auch bei gutem Willen nicht dasselbe wie ein Flansch nach DIN.

Andererseits wäre es übertrieben, einen Bäcker auf eine zweiwöchige Umschulung von Weizen- auf Roggenmehl zu schicken und ihn danach unter Aufsicht eines Meisterbäckers für Roggenmehl nochmals mit den verschiedenen Mehltypen vertraut zu machen.

Sie ahnen es sicher schon: So etwas Ähnliches geschieht bei der Bundeswehr andauernd.

Der schönste Moment für einen jungen Soldaten ist der, wenn er nach der Grundausbildung seiner neuen Stammeinheit zugeteilt wird. Schön nicht unbedingt deshalb, weil er sich auf die kommenden Monate gefreut hat, sondern vor allem weil endlich die AGA vorbei ist und er nun vielleicht in den Genuss kommt, etwas anderes zu tun, als sich auf dem Bauch durch den Matsch zu schieben.

Es dauert ein paar Tage, bis die Stammeinheit ihre neuen Soldaten in den täglichen Betrieb integriert hat. Gelegenheit für den frischgebackenen Gefreiten, in echter Kameradschaft anderen Soldaten zur Hand zu gehen. Es gibt so viel zu helfen und zu erledigen. Einen Kleinbus aus der Instandsetzung holen? Ein paar Formulare für den Spieß kopieren? Bei der Waffenausgabe helfen? – Nichts da! Stattdessen wird der Soldat überall mit der Frage konfrontiert: »Hast du darauf denn eine ATN?«

Der Soldat sollte im Theorieunterricht natürlich gut aufgepasst haben – schließlich hat er diese »Prüfung« laut Bundeswehr durch seine Beförderung zum Gefreiten bestanden – und wissen, was eine ATN ist. Für alle anderen: Es handelt sich um einen Wust namens *Allgemeiner Tätigkeitsnachweis*. Ohne eine ATN darf man bei der Bundeswehr zwar noch alleine auf die Toilette gehen, auf keinen Fall jedoch irgendetwas anderes tun.

Seine erste ATN erhält der Soldat nach der Grundausbildung, wenn er an dem Ausbildungskomplex zum Wachdienst teilgenommen hat – die *ATN 301 2987 ATB Wach- und Sicherungssoldat*. Damit ist er qualifiziert, alle Soldaten zu bewachen, die laut ihren ATNs mehr machen dürfen als er.

Da es überraschenderweise auch möglich ist, die Grundausbildung nicht zu bestehen, gibt es zudem den einen oder anderen Soldaten, der in der ATN 300 0693 ATB Schüler oder ATN 300 0699 ATB Rekrut stecken bleibt.

Frage an die Bundeswehrbürokratie: Muss man erst eine Schulung mit anschließender Prüfung absolvieren, um Schüler zu sein?

Wie ernst die Regeln der ATN genommen werden, zeigt am deutlichsten die Fahrschulausbildung der Bundeswehr. Die Prüfer schaffen es tatsächlich, die meisten langjährigen Berufskraftfahrer als untauglich für das Führen eines militärischen Kraftfahrzeugs einzustufen. Stattdessen bildet die Bundeswehr jedes Jahr lieber selbst ein paar 1000 Fahranfänger aus. Dann haben auch die Instandsetzungseinheiten genug zu tun, um die vielen Schäden zu reparieren, welche die Fahranfänger bei ihren ersten Kilometern auf tonnenschwerem Großgerät verursachen.

Wer jetzt glaubt, der Führerschein einer bestimmten Klasse ermöglichte es dem Soldaten, mit einem Dienstfahrzeug dieser Klasse zu fahren, der irrt. So muss ein Soldat, der seinen Führerschein auf einem Golf Typ IV absolviert hat, um das Modell der Serie V zu fahren, eine Einweisungsfahrt und eine separate Prüfungsfahrt absolvieren. Dies wiederholt sich für jedes Fahrzeug gesondert, das in seine Führerscheinklasse fällt. So ist die Frage, ob jemand den Krankenwagen voller Verwundeter fahren *kann*, letztlich gar nicht relevant – sondern es kommt nur darauf an, ob er es laut ATN und Einweisungseintrag im Fahrtenbuch *darf*.

Übermäßige Gründlichkeit zeigt sich auch an anderer Stelle. Die Ausbildungen ATN 100 6000 ATB Versorgungsstabsoffizier, ATN 100 6003 ATB Logistikstabsoffizier und ATN 100 6005 ATB Nachschubstabsoffizier sollten doch wohl in einem Lehrgang zu absolvieren sein.

Auch wenn einmal durch missverständliche Formulierungen eine Lücke entsteht, wird sie prompt gefüllt, wie die ATN 300 0169 ATB Infrastrukturfeldwebel und ATN 100 6763 ATB Verkehrsfeldwebel beweisen.

Wie modern und vielseitig der Soldatenberuf heutzutage ist, zeigt die ATN 300 4374 ATB Buchbinderunteroffizier. Auch der ATN 300 9563 ATB Medienproduktionsfeldwebel würde durch zackiges Arbeiten dem deutschen Film sicher zu verkürzten Produktionszeiten verhelfen.

An dieser Stelle noch ein Hinweis: Der ATN 300 5772 ATB Beutematerialsichtungsunteroffizier wird ausdrücklich *nicht* an Bord von Piratenschiffen eingesetzt.

An das leibliche Wohl denkt die Bundeswehr in ihrem Ausbildungsprogramm ebenfalls. Mit der ATN 300 1986 ATB Begleitsoldat können weibliche Bundeswehrangehörige bestimmt auch außerhalb der Kaserne gutes Geld verdienen – das entsprechende Aussehen vorausgesetzt.

Meine persönlichen Favoriten, schon weil diese Tätigkeiten die Fantasie über das Leben bei der Bundeswehr doch enorm anregen, sind der ATN 300 2781 ATB Rundfunksendesoldat, der ATN 300 2782 ATB Ballonsoldat sowie der ATN 300 3571 ATB Hufbeschlagunteroffizier.

Was mich nach meinen Recherchen nun brennend interessiert, ist Folgendes: Darf ein ATN 300 2877 ATB Pionierbohrgeräteunteroffizier in Begleitung eines ATN 300 2863 ATB Pipelinepionierfeldwebels auch ohne die ATN 300 3268 ATB Pipelinepionierschweißerfeldwebel Pipelinepionierschweißerarbeiten an Pionierbohrgerät ausführen?

Zum Glück hat die Bundeswehr das Durcheinander vorhergesehen und bietet ihren Angehörigen Hilfe zur

Selbsthilfe an – mit dem ATN 300 1869 ATB Selbstschutzfeldwebel.

Da gibt es nun all diese Bürokratie mit ihren klaren Regeln, und trotzdem widerspricht sich die Bundeswehr immer wieder auf wunderbare Weise selbst. Im Zuge von Reformen, Etatkürzungen und Neuaufstellungen werden die Soldaten ganzer Einheiten über Nacht von Bäckern zu Klempnern gemacht. Das heißt natürlich: von Grenadieren zu Fallschirmjägern, von Marinesoldaten zu Heeresfliegern oder von Pionieren zu Fernmeldesoldaten.

Die folgenden Monate sind die betroffenen Bataillone dann hektisch damit beschäftigt, allen ihren Angehörigen die richtigen ATNs zu beschaffen. Mal eben 300 Panzergrenadiere zur Sprungausbildung schicken, um kurz darauf festzustellen, dass diese Soldaten gar nicht sprungwillig[97] sind – die Bundeswehr macht es möglich.

Auf dem Papier liest sich das dann so: Der Beruf des Soldaten erfordert örtliche und zeitliche Flexibilität. Gestern noch Marineflieger in Nordholz – nächste Woche schon im bayrischen Lechfeld bei der Luftwaffe. Die haben hier andere Flugzeuge? Das gibt wieder eine Menge neuer ATNs zu erwerben!

Wer so alles sein Handwerk bei der Bundeswehr gelernt hat, ist erstaunlich – und für den zivilen Bürger überraschend relevant. Ausgerechnet der oberste Herr aller Arbeitslosen, Frank-Jürgen Weise, ist als Oberst der Reserve immer noch eng mit der Bundeswehr verbunden.

Dies bewies er unter anderem auch Bundeskanzlerin Merkel, als sie ihren Agenturchef bei einem Truppenbe-

[97] Ausschließlich freiwillige Meldung zum Fallschirmsprungdienst der Luftlandetruppen.

such unerwartet als Wehrübenden antraf – und zwar in Afghanistan! Etwas staubig, aber glücklich bis über beide Ohren grinsend, begrüßte Weise sie mit den Worten: »Überall, wo es gefährlich ist, Frau Bundeskanzlerin, bin ich für Sie da.«

Dadurch steht seine Rede vom Winter 2009 an der Infanterieschule des Heeres in Hammelburg in einem ganz neuem Licht da. Unter dem Motto »Im Einsatz ist man ein Leben lang« sprach Weise vor Soldaten unter anderem darüber, das Ziel der Bundesagentur für Arbeit sei »der Arbeitslosigkeit den Schrecken zu nehmen«. Denkt der Herr Oberst vielleicht an den Einsatz von Luftlandeverbänden in den Fluren seiner Agentur?

Merke: Wer heute noch ein Arbeitsloser ist, kann morgen schon Terrorist im Fadenkreuz der Bundeswehr sein – und dies ganz ohne ATN!

Die wichtigsten Papiere des Soldaten sind allerdings ganz andere Scheine. Reden wir doch einmal über den heimlichen Herrscher einer Kompanie, der selbst Kompaniechef und Spieß ganz handzahm an seiner Tür klopfen lässt: den »USB«.

Keine Angst, jetzt gibt es keinen Schnellkurs in Computertechnik. Der USB ist der Urlaubssachbearbeiter einer Teileinheit. Er stellt unter anderem die begehrten Urlaubsscheine aus, ohne die sich ein Soldat außerhalb seines Standortes gewissermaßen auf Fahnenflucht befindet, selbst wenn seine freien Tage bewilligt sind. Das gilt genauso für ranghohe Offiziere, weswegen der USB in der Nahrungskette jeder Kaserne ungefähr dort steht, wo sich im Atlantik der weiße Hai tummelt.

Nur ein Papier ist noch beliebter beim Soldaten. Das sind natürlich seine Entlassungspapiere, die in der Regel in Verbindung mit einem Dienstzeugnis daherkommen. Darin kann der erstaunte Soldat noch einmal nachlesen, welche ATNs er im Laufe seiner Karriere gesammelt hat. Von manchen weiß er vermutlich noch nicht einmal, dass er die dazugehörigen Prüfungen überhaupt abgelegt hat. Denn als Prüfung bei der Bundeswehr gilt auch das Zeugnis des nächsten Vorgesetzten oder vielmehr Teileinheitsführers über die Tätigkeit des Soldaten.

Deswegen Obacht! Einmal zu viel Kaffee gekocht, und schon steht die ATN Stabsdienstsoldat in den Papieren! Der Soldat ist dann durch lebenslangen Dienst an einer Schreibmaschine bedroht. Inklusive Umschulungen zum Schwarzteeselbstversorgefeldwebel.

30 Freude schöner …

… In dem es um die Poesie der Schöngeister in Uniform geht – die Lieder der Bundeswehr.

Nach all dem Gerödel durch Schlamm und Heide in tiefster Gangart, nur um sich eine hübsche ATN zu ergattern, ist es nun allerhöchste Eisenbahn, Geist und Seele des Soldaten zu erbauen. Deswegen kommen in diesem Kapitel alle Freunde des schöngeistigen Wortes, der feingliedrigen Verse und der hohen Dichtkunst auf ihre Kosten. Die Germanisten unter Ihnen sollten schon einmal ihr Handwerkszeug bereithalten, denn es gibt eine Menge zu lernen, was Ihnen während des Studiums vorenthalten wurde.

Die Rede ist von den Marsch- und Traditionsliedern der Bundeswehr. Nichts ist für die Anwohner einer Kaserne wünschenswerter, als morgens um fünf Uhr durch das Schmettern eines zünftigen Liedes zum Trappeln von 40 Stiefelpaaren geweckt zu werden.

Natürlich ist die Bundeswehr kein Mädchenchor. Deswegen singt man dort auch nicht aus künstlerischem Anspruch, sondern vor allem zu den Gelegenheiten, bei denen es gilt, die Rekruten anzufeuern oder ihre Lungenkapazität zu testen.

Ist die Formation erst in vollem Lauf, bellt der Vorgesetzte sein »Erster Zug – ein Lied!«. Der Rest ist aus diversen Spielfilmen bekannt. Der Vorgesetzte singt entweder jede Zeile vor und wartet auf das vielstimmige Echo, oder er lässt die Soldaten alleine schmettern. Gesungen wird im Rhythmus des Laufens – auch wenn es nicht zu dem Lied passt.

Merke: Selbst Weihnachtslieder klingen bei der Bundeswehr wie ein Angriffssignal!

Der Rest ist Lautstärke. Die wird zu Beginn der Singübung von dem Vorgesetzten so lange mit den Worten »Ich kann Sie ja gar nicht hören!« gesteigert, bis die ganze Truppe grölend wie ein Rosenmontagszug dahintrabt.

Also, was singt man denn nun so bei der Bundeswehr?

Nicht unbedingt die Hits der 90er und 2000er Jahre, sondern genau jene militärischen Gassenhauer, die schon Opa seinerzeit kennengelernt hat.

Im *Liederbuch der Fallschirmjäger*[98] wünscht im Geleitwort ein Herr namens Rudolf Witzig[99], dass »die schönen Lieder nicht vergessen, sondern von Jung und Alt in unserer Kameradschaft gesungen werden«. Gleich daneben wird der Fahnenspruch der Standarte des *Fallschirmjäger Infanterie Bataillons Braunschweig* aus dem Dritten Reich zitiert. Ups!

Die deutsche Nationalhymne wird mit allen drei Strophen präsentiert. Dazu gibt es ein bisschen schwere Kost aus dem Dritten Reich: *»Rot scheint die Sonne«*, *»Schwarzbraun ist die Haselnuss«* oder *»Auf Kreta im Sturm und im Regen«* und andere Melodien.

Hits wie *»Es lebt der Schütze froh und frei«* schunkeln sich zwischen Soldatenpathos und Gewaltverklärung entlang:

[98] Herausgegeben vom Bund deutscher Fallschirmjäger e.V., 1983, Selbstverlag.

[99] Dieser Name ist nicht geändert!

Und kommt der Feind ins Land herein,
und sollt's der Teufel selber sein –
es ruhen unsre Stutzen nicht,
bis dass das Auge bricht.
Tralala […]

Großes »Tralala« beim Ballern auf andere Leute? Ja, so lieben wir unsere starke Truppe.

Ein anderer Gassenhauer, den ich selbst schmettern durfte und der immer noch sehr populär ist:

Abgeschmiert aus hundert Metern

Abgeschmiert aus hundert Metern,
aus der alten Tante Ju.[100]
Mit geschlossenem Schirm zur Erde,
dann hast du für immer Ruh.

Deine Knochen sind zerbrochen,
und der Schirm liegt obenauf,
und dann kommt der Sanka-Wagen,
sammelt deine Reste auf.

Kameraden stehn im Kreise,
sehen sich das Unglück an.
Jeder denkt dann still und leise:
Morgen kommt gewiss ein andrer dran.

---

[100] Gemeint ist hier die Junkers B 52, ein Standard-Transportflugzeug der Wehrmacht im Zweiten Weltkrieg.

Und im Himmel angekommen,
steht der Petrus vor der Tür.
Bist du auch ein Fallschirmjäger –
Kehrt marsch, marsch, von euch ist keiner hier.

In der Hölle angekommen,
steht der Satan vor der Tür.
Bist du auch ein Fallschirmjäger –
nur herein, von euch sind viele hier.

Stößt es da nur mir übel auf, wenn sich unsere Armee damit schmückt, nach getaner Arbeit in die Hölle zu kommen? Schön, dass die Militärgeistlichen der Bundeswehr – auch Boden-Luft-Verbindungsoffiziere genannt – trotzdem immer eine geeignete Bibelpassage finden, um den gezielten Schuss gegen die »weichen Ziele« zu rechtfertigen.

Das scheint dem echten Fallschirmjäger noch nicht genug zu sein, daher wird häufig eine abgewandelte Version zum Besten gegeben:

Strophe 1 bis 4 unverändert, danach weiter:

In der Hölle angekommen,
steht der Satan vor der Tür.
Bist du auch ein Fallschirmjäger –
kehrt marsch, marsch, wir haben Angst vor dir.

In Walhalla angekommen,
steht der Odin vor der Tür.
Bist du auch ein Fallschirmjäger –
nur herein, hier gibt es Schnaps und Bier.

Odin? Walhalla? Nordische Helden als Soldatenmythos? Quizfrage: Welche Armee hat damit schon einmal gearbeitet?

Wer sich bei der Bundeswehr an dieser Stelle über die Nähe zum Nationalsozialismus aufregt, wird mit einem freundlichen Kopfschütteln und dem Hinweis auf »Traditionen in der Truppe« weggeschickt.

Bei allen Verbänden der Infanterie kennt, schätzt und singt man auch noch diesen Kracher:

Gäb es nur eine Krone

Gäb es nur eine Krone,
wohlan, ich schenkte sie,
der Tapferkeit zum Lohne,
der deutschen Infanterie.

Sie hat den Ruhm,
der nie vergeht,
der ewig in den Sternen steht,
sich vor der ganzen Welt erworben.
Mit Waffen leicht, mit Waffen schwer,
Kompanie an Kompanie,
ist sie die Königin im Heer,
die deutsche Infanterie.

Infanterie,
du trägst die Krone aller Waffen,
Infanterie,
du trägst mit Stolz den schweren Affen,
Infanterie, ja dich vergess ich nie.

|: *Du trägst mit Stolz*
den Ruhm aus längst vergangner Zeit
hinein in alle Ewigkeit. :|

[…]

Auch unsre Väter standen
in einer Kompanie,
und wenn ein Lied sie sangen,
galt es der Infanterie.

Überlegen wir doch noch einmal kurz, wer da zwischen 1939 und 1945 was genau getan hat und wie ruhmvoll diese vergangenen Zeiten waren. Ja, so etwas wird hier besungen.

Merke: Die Soldatenlogik besagt, dass alles, was am eigenen Ende des Maschinengewehrs geschieht, eine gute Sache ist.

Der »Westerwaldmarsch« hingegen bereitet die Soldaten auch auf das Leben außerhalb der Kaserne bestens vor:

Ist das Tanzen dann vorbei,
gibt es meistens Keilerei.
Und dem Bursch, den das nicht freut,
sagt man nach, er hat kein' Schneid.

Dieser und weitere Anfälle höheren Wahnsinns sind unter anderem im Liederbuch der Bundeswehr mit dem Titel *Kameraden singt!* zu finden – herausgegeben vom Bundesministerium für Verteidigung.

Diesem ist offensichtlich entgangen, dass viele Lieder, die darin der Bundeswehr be- und empfohlen werden, aus einer Zeit stammen, die sich nicht dafür eignet, den Soldatenberuf hochleben zu lassen. Da wurden die Namen der Autoren einfach weggelassen oder durch munteres Editieren Herkunft und Zweck der Lieder vertuscht.

Ein Sprecher des Verteidigungsministeriums gibt fröhlich zum Besten: »Keines der Lieder« bringe »Eroberungsgedanken« zum Ausdruck oder »pflegt ein überhebliches Pathos«. Gleichzeitig sah sich jedoch eben jener Sprecher aus Mangel an Unterlagen »nicht in der Lage, Auskunft zu den Sachverhalten zu geben«.[XXVII]

Das Verteidigungsministerium sieht zurzeit aus finanziellen Gründen keine Überprüfung des aktuellen Liederbuches von 1991 vor. Stattdessen wurde ein Rekrut zu Strafarrest verurteilt, weil er sich geweigert hatte, das Stammlied des NS-Kraftfahrerkorps – das »Panzerlied« – zu singen.

Man könnte beinahe glauben, dass die Bundeswehr die volkloristische Weisheit:

»Wo man singt, da lass dich nieder,
böse Menschen kennen keine Lieder.«

dazu einsetzt, ihre Tarnung zu vervollkommnen. Leider viel zu laut.

31 Treue light

... In dem es um die Gefallenen des einzigen Tages geht, an dem die Soldaten einen Diener machen.

Wenn es bei der Bundeswehr heißt, der General kommt, hat das meist nur einen Grund: das Gelöbnis der Rekruten. Sofort nach der Ankündigung des hohen Besuches werden alle Vorgesetzten so nervös wie eine jungverheiratete Hausfrau, nachdem sich die Schwiegermutter selbst eingeladen hat. Die Folgen sind in beiden Fällen gleich: Es wird auf Teufel komm raus geputzt. So könnte man vermuten, der Dienstgrad des Generals stehe in direktem Zusammenhang mit dem gleichnamigen Allzweckreiniger.

Jetzt können die Rekruten zeigen, was sie in den Stunden der zahllosen Dummficks gelernt haben.

Merke: Wenn der Soldat in die Zivilwelt zurückkehrt, wird er jederzeit einen Arbeitsplatz als professionelle Reinigungskraft finden!

Damit er seinen weiteren Dienst überhaupt ableisten kann, muss er jedoch erst versprechen, das auch ordentlich zu machen. Dies tut er fein herausgeputzt im großen Diener – dem mausgrauen Dienstanzug. Nun zeigt sich auch, wer von den Soldaten echtes Durchhaltevermögen besitzt. Bei dem Versuch, den sogenannten Kehlkopf-BH zur Zufriedenheit der Vorgesetzten zu binden, sollen schon ganze Kompanien verschollen gegangen sein. Die Rede ist natürlich von der Krawatte. Ausgegeben in den Modefarben Feldschwarz, Traueranthrazit, Tarnmarineblau und Sandkastenbeige, beträgt der Wiederbeschaffungspreis für dieses Kleidungsstück bei privaten Militärausrüstern einen einzigen großzügigen Euro. Eine Stufe von Qualität und Kleidsamkeit, die der Kehlkopf-BH seinen Träger spüren lässt. Aber zum Glück hält der San-Bereich für den wundgescheuerten Hals eine größere Menge Mobilat-Salbe bereit.

Vor einigen Jahren leisteten die Soldaten ihr Gelöbnis zum Ende der gesamten Grundausbildung. Nach zwölf Wochen sollten die Rekruten zeigen, dass sie gelernt hatten, richtig zu marschieren und ausdruckslos mehrere Stunden herumzustehen, während die Redner ihren Schwall auf den Appellplatz herausließen. Heute ist die Bundeswehr selbstbewusster und glaubt, dass die frischgebackenen Soldaten schon nach acht Wochen fit für ihr Versprechen sind.

Vielleicht kann auch deswegen alles etwas lockerer vonstatten gehen, weil der Wehrdienstleistende keinen Diensteid schwört, mit dem man ihn im Zweifel ans Kreuz nageln könnte – er gelobt nur den treuen Dienst. Das ist praktisch und weitsichtig, weil man weiß, dass er es sich noch einmal anders überlegen wird, wenn er erst noch ein paar Wochen länger bei der Truppe ausgeharrt hat.

Das Gelöbnis findet immer im großen Rahmen statt, meist steht sich ein ganzes Bataillon gemeinsam die Füße platt. Dabei geht es nur um einen einzigen Satz aus den Mündern der Rekruten. Im genauen Wortlaut:

»Ich gelobe, der Bundesrepublik Deutschland treu zu dienen und das Recht und die Freiheit des deutschen Volkes tapfer zu verteidigen.«

Berufs- und Zeitsoldaten, die freiwillig Dienst leisten, verlangt der Gesetzgeber eine festere Bindung an die Bundesrepublik Deutschland ab. Sie leisten mit den Worten »Ich schwöre« einen Eid, weswegen sie auch Unterstützung von ganz oben bekommen: »So wahr mir Gott helfe.«

Nach der Liberalisierung der Einstellungskriterien der Bundeswehr stellt sich nun die Frage, wie gern es gesehen wird, wenn der Soldat sich auch von Allah, Buddha oder dem großen grünen Arkelanfall helfen lässt.

Der Bruch des Gelöbnisses führt unter Umständen lediglich zu einem Bußgeld, während derjenige Soldat, der seinen Eid bricht, im Eilzugtempo in die Mühlen des Strafrechtes rutscht.

Die »Treue light« des Wehrpflichtigen schließt aber nicht nur die gesellschaftliche Hinrichtung und göttlichen Beistand aus (den die länger dienenden Kameraden wohl auch dringend nötig haben), sondern lässt sich sogar dazu benutzen, sich im gigantischen Maßstab abzuseilen. Weigert sich ein Rekrut, das Gelöbnis abzulegen, so ist er für den Rest der Dienstzeit von Beförderungen und sonstigen förderlichen Maßnahmen ausgeschlossen. Auch darf er keine Waffen führen und benutzen und ist von allen Aufgaben entbunden, die mit einem dienstlichen Vertrauensverhältnis einhergehen. Das Soldatengesetz bestimmt abschließend, dass ihm keine weiteren Nachteile entstehen dürfen.

Letzteres ist besonders wichtig, denn der gewitzte Gelöbnisverweigerer kann seine Vorgesetzten in der verbleibenden Dienstzeit nun mit Beschwerden überhäufen, sollte er sich aufgrund einer übermäßigen Inanspruchnahme als Gebäudereiniger als Opfer eines Ficks fühlen. Dass diese auch in anderer Form zu erwarten sind, versteht sich von selbst. Nichts ist für Vorgesetzte ärgerlicher als ein Soldat, der nichts machen darf, dabei still vor sich hin lächelt und sich sofort beschwert, sobald man sich mal ein bisschen darüber aufregt.

Ansonsten versucht die Bundeswehr in Gemeinschaft mit unserer Regierung, aus dem Gelöbnis eine gewaltige nationalerotische Show zu machen. Mit mäßigem Erfolg.

Am 6. Mai 1980 wurde erstmalig nach dem Zweiten Weltkrieg ein öffentliches Gelöbnis außerhalb einer Kaserne durchgeführt. Es kam stante pede zu gewalttätigen Ausschreitungen. Im Bremer Weserstadion, dem Austragungsort dieses Zirkus, wurden 260 Personen verletzt, außerdem gingen zahlreiche Dienstfahrzeuge von Polizei und Bundeswehr in Flammen auf.

Da sollte vielleicht die Anzugordnung des Soldatengesetzes einmal überarbeitet und auch für öffentliche Gelöbnisse, so wie beim Großen Zapfenstreich, das Tragen des Gefechtshelms befohlen werden.

Anstatt aus den lautstarken Protesten etwas zu lernen, befand die Regierung das Konzept für gut und veranstaltet mittlerweile um die 150 öffentliche Gelöbnisse pro Jahr. Das sind eine ganze Menge Großeinsätze für die Polizei – und garantiert zudem ein Mindestmaß an Beschäftigung für die umliegenden Krankenhäuser. Allein deswegen brauchen wir so viele Zivildienstleistende.

Besonders die Show zum Jahrestag des Stauffenberg-Attentates am 20. Juli 1944 wird immer wieder zu einer pompösen Gelöbnisfeier genutzt, zu der verschiedene Festredner ihren Schmarren in Gegenwart von Ministern, Bundeskanzler(in) und diversen Armeeprominenten ablassen.

Seltsamerweise sind Bundeswehrführung und Bundesregierung der Ansicht, damit die Herzen der Bevölkerung zu gewinnen. Auch wenn fliegende Eier, Steine, Brandsätze und Massenprügeleien ein zarter Hinweis darauf sein sollten, dass dem nicht so ist.

Doch auch unter den Wehrpflichtigen gibt es bei jedem Gelöbnis – ob öffentlich oder nicht – Opfer zu beklagen.

Um die stundenlangen Ansprachen zu überstehen, wird den Rekruten empfohlen, ihre Muskeln unauffällig anzuspannen und zu entspannen. Diese Übungen sollen bewirken, dass die Blutzirkulation der strammstehenden Soldaten nicht zum Erliegen kommt. Trotzdem fallen immer wieder einige Kameraden ohnmächtig aufs Pflaster und werden von den wie die Geier wartenden Sanitätern unauffällig zur Seite geschafft.

Alle jene, die nach dem Sprechen der Gelöbnisformel noch auf ihren Füßen stehen, werden nach der Zeremonie als »richtige« Soldaten in ihren ersten Kurzurlaub entlassen. Wenn sie dann nicht wiederkommen, klingelt im Büro einer Feldjägereinheit ein Telefon, wo Gefreiter Schulz gerade seine Prüfung zum ATN-Kaffeemaschinensoldat absolviert.

Aber manchmal kommen sie auch wieder. Und niemand weiß, warum.

32 KSK & Co. KG

… In dem der Leser zu seiner Beunruhigung erfährt, dass es in der Bundeswehr auch richtige Soldaten gibt … und was diese so treiben.

Nach all den Anekdoten und Informationen ist es an der Zeit, mit dem Mythos aufzuräumen, in unserer Bundeswehr gebe es keine gut ausgebildeten Soldaten. Dies zu behaupten, wäre schlichtweg ungerecht. Neben den offensichtlichen Investitionsruinen für unsere Steuereuros, den Piloten, Kapitänen zur See und Panzerkommandanten, züchtet die Bundeswehr auch einen kleinen Haufen wilden Fußvolks heran.

Diese »Inseln der Kompetenz« im großen flecktarnfarbenen Strom der Bundeswehr sind jedoch keine Wehrdienstleistenden, sondern Zeit- und Berufssoldaten. Deren Dienstzeit ist manchmal so unglaublich lang, dass es sich lohnt, ihnen ein paar Tricks beizubringen, die über die ATN-Kaffeepipelinepioniergefreiter hinausgehen. Oder für Situation und Zweck angemessen ausgedrückt: Die bleiben bis zum Schluss.

Die bekannteste Einheit mit echter Schlagkraft ist das *Kommando Spezialkräfte* – besser bekannt als das *KSK*. Von Spöttern gerne auch »Kinder spielen Krieg« genannt.

Der Kommandosoldat ist sozusagen die Version 2.0 des normalen Soldaten. Dieser gibt sich nicht mit diffusen

Unrechtsfragen ab, denn es zählt nur der erfolgreich durchgeführte Einsatz. Dabei gilt die Meldung »Einsatzziel erreicht« für eine befreite Geisel genauso wie für die Eliminierung eines gegnerischen Störenfriedes – auch schon mal in Form ungünstig gekleideter Ausländer. Ich sage nur: die Burka und das Vermummungsgesetz. Warum wer wen gestört hat, möchte der Soldat 2.0 gar nicht wissen. Dafür hat er seinen Kommandeur.

Das KSK ist hinter vielen Zäunen und einem acht Meter hohen Wall aus Fässern voller Tarnschminke im baden-württembergischen Calw stationiert. Nachdem die Bundeswehr Anfang der 90er Jahre von der NATO und den ehemaligen Siegermächten von der Leine gelassen worden war, kam man schnell auf den Geschmack, und zwar auf den der weltweiten Durchführung von Militäreinsätzen. Endlich durfte man mit den großen Jungs spielen gehen. Nur hatte man leider niemanden, der das wirklich gut konnte.

Es brauchte eine Vorbereitungszeit von vier Jahren, währenddessen wurden in sogenannten Kommandozügen der vorhandenen Infanterieeinheiten aus geeigneten Freiwilligen Talente herangezogen. Aus denen wurde im Jahr 1996 das KSK aufgestellt – und ist bis auf den heutigen Tag unterbesetzt.

Zu den offiziellen Kernaufgaben des KSK gehören: das Evakuieren deutscher Staatsbürger, das Retten und Befreien aus Geiselsituationen und Gefangenschaft, der Schutz von Personen und Einrichtungen in besonderen Situationen, das Gewinnen von Schlüsselinformationen in Krisen- und Konfliktregionen sowie Kampfeinsätze gegen Ziele mit hoher Priorität und die Abwehr von Terror.

Das sind eine Menge blutiger Spielwiesen, die das KSK auf seiner Agenda vereint. Und das Lieblingsschlagwort dieses Jahrzehnts, »Terror«, bereitet auch hier wieder den demokratischen Kugeln Bahn.

Merke: Schwammiger formuliert als der Einsatzrahmen des KSK ist nur die chinesische Menschenrechtserklärung.

Doch das passt leider ins Bild unserer Truppe. Das differenzierte Einsatzprofil erklärt die Bundeswehr dem interessierten Bürger auf ihrer Internetpräsenz so:

»Die Schaffung eines sicheren Umfeldes erfordert ein breites Spektrum an Handlungsoptionen.«

Ergänzend dazu überraschte der ehemalige Verteidigungsminister Franz Josef Jung unter der Überschrift *Der Auftrag: Kämpfen* mit fachlicher Einsicht und einer tiefschürfenden Erklärung:

»Der Soldat muss im Einsatz kämpfen können.«[XXVIII]

Na, so was aber auch – potztausend! Da wäre wohl nicht einmal die Musikredaktion der *Bild* von alleine draufgekommen.

Zumindest lässt sich aus dem »Tätigkeitsprofil« des KSK erklären, woher die Personalprobleme dieser Einheit stammen. Nur wenige Bewerber bestehen die Aufnahmeprüfungen, und die ausgebildeten Mitglieder des KSK unterliegen einem gewissen ... nun ja, sagen wir einmal »Verschleiß«.

Genau der elitäre Selbstanspruch dieser kleinen Einheit lockt jedoch immer wieder Bewerber an, die sich bereitwillig dem Auswahlverfahren stellen – aber bitte nur aus den eigenen Reihen. Wer zum KSK möchte, der muss bereits Soldat sein.

Zumindest bis vor kurzem. Inzwischen dürfen sich auch »Personen ohne militärische Vorkenntnisse« im Ausbildungszentrum Spezielle Operationen in Pfullendorf innerhalb von 18 Monaten[101] auf die Zugangskriterien für eine KSK-Bewerbung vorbereiten lassen. Inklusive eines sogenannten »Truppenpraktikums«, damit die Bewerber wenigstens am Rande Erfahrungen sammeln können, wie es denn so ist, das Soldatendasein.

Das Eintrittsalter liegt auch hier bei 17 Jahren. Was für eine Karriere! Mit 17 für dumm verkauft und in Flecktarn gecastet (vielleicht sogar noch mit Hilfe der Agentur für Arbeit) – mit 20 am Arsch der Welt im Krieg – mit 22 wieder zu Hause im Rollstuhl. Wer beschwert sich da noch über die »Generation Praktikum«?

Die Kommandofeldwebelanwärter nehmen an einem mehrwöchigen Aufnahmetest teil, dem sogenannten »Eignungsfeststellungsverfahren KSK«. Dieses enthält neben einem verschärften Fitnesstest bereits Ausbildungselemente, zum Beispiel einen Sieben-Kilometer-»Marsch« mit 20 Kilogramm Gepäck in maximal 52 Minuten. Dann mal los! Bei dieser Übung haben Sie garantiert keine Zeit zum Denken – Ausbildungsziel erfüllt!

Die eigentliche Ausbildung dauert bis zu drei Jahre,[102] und umfasst von einer speziellen Fallschirmsprungausbildung über den Nahkampf und das Führen diverser geländegängiger Fahrzeuge alles, was das Kommandoherz begehrt. Abseilen aus Hubschraubern

[101] Dazu gehören: Allgemeine Grundausbildung, Spezialgrundausbildung, Fallschirmsprunglehrgang, Feldwebelanwärterlehrgang 1 und 2 sowie ein Truppenpraktikum.

[102] Für Kommandofeldwebel, zwei Jahre für Kommandooffiziere.

und Gebäuden, Sanitätsausbildung am lebenden Objekt, Transport und Fahren von Faltkajaks und Sturmbooten sowie eine langwierige Kommandoschießausbildung.

Besonders bei Begriffen wie Abseilen und Kajakfahren denkt man vielleicht eher an ein Abenteuer-Sommercamp für schwer Erziehbare. Wäre es nicht schön, sich einen Trupp Kommandosoldaten vorzustellen, die gemütlich die Donau strom*auf*wärts paddeln und dabei leise singen: »Eine Seefahrt, die ist lustig«?

Besonderes Augenmerk soll auch dem Ausbildungspunkt *Fremdsprachen* gewidmet werden. Der ist nämlich entweder ein Hoffnungsschimmer – oder Tarnung gegenüber der Öffentlichkeit. Zumindest lässt es hoffen, das unsere Kommandosoldaten ab und zu auch mal mit jemanden sprechen, bevor sie ihn erschießen. Da kann es nur helfen, die Sprache des jeweiligen Reiselandes auch zu verstehen. Wie unangenehm deutsche Touristen in Spanien und Thailand auch auffallen mögen, wenn sie teutonisch dröhnend ihr Schnitzel bestellen, den Männern[103] des KSK wird dies nicht passieren.

Für ihre Mühen bekommen die Soldaten der Spezialkräfte sogar eine Prämie, zumindest was das KSK und die Kampfschwimmer betrifft. Frage an die Bundeswehr: Wie wird hier abgerechnet – pro Schuss oder pro Treffer in weiche Ziele?

Das Abzeichen des KSK, das die Soldaten am Barett tragen, ziert ein Schwert in Eichenlaub. Eine deutlichere Sprache gibt es wohl kaum: Wir ziehen blank! Ganz recht, die wollen nicht spielen. Die machen Ernst. Immer.

[103] Laut Bundeswehr hat tatsächlich noch keine Frau den Auswahltest zum Kommandofeldwebel bestanden.

Aber das gehört wohl dazu. Jede Randgruppenvereinigung in der Geschichte der Menschheit hat sich bisher mit allerlei Klimbim und Abzeichen behängt, von den Bad Waldesheimer Schützenburschen bis zur Hasenzüchtervereinigung Mitteltal. Es ist ja auch praktisch, so verwechseln die Mitglieder sich nicht mit dem Gegner.

Zu den Eliten unserer Truppe gehören neben dem KSK die Marinekampftaucher, die Fernspäher und große Teile der Fallschirmjägereinheiten. Allerdings verfügt nur das KSK über einen einzigartigen Handlungsspielraum.

Niemand soll wissen, wer diese Soldaten sind. Niemand soll erfahren, was sie tun. Niemand hat Zugang zu Berichten über ihre Einsätze. Jedenfalls niemand, der nicht der eingeschworenen Kommandostruktur der Bundeswehr angehört. Ja, ist es denn zu viel verlangt, wenn ich als Bürger dieses Landes wissen möchte, wer in meinem Namen in aller Herren Länder auf andere Leute ballert?!

Bei so viel fähigem Personal stellt sich auch die Frage: Was genau ist nun ein »guter Soldat«?

Wie in jedem erfolgreichen Unternehmen, zählt auch in der Bundeswehr das Vorankommen. Zwar bricht bei vielen Delinquenten ein gewisser Beförderungswahnsinn aus, sobald der nächsthöhere Dienstgrad in Reichweite gerät – doch macht man bei der Armee ausnahmsweise nicht deshalb Karriere, weil man ein Cousin zweiten Grades des Aufsichtsratschefs ist, sondern weil man besonders schnell rennen und dabei auch noch schießen kann.

Ein guter Soldat steht am Freitag vor einem Wahlsonntag voll hinter der Politik der Bundesregierung. Schickt der Bundestag ihn nach Afghanistan, um zu beobachten, dann beobachtet er, bis ihm der Wüstensand in den Augen brennt. Am Montag nach der Wahl steht er immer noch voll hinter der Politik der neuen Regierung. Sagt die ihm, er solle auf Menschen am anderen Ende des Kontinents schießen, fragt er im Idealfall: »In den Kopf oder ins Knie?«

Merke: Der gute Soldat ist ein guter Soldat, weil er glaubt, Soldat zu sein, sei gut.

Einen Sonderfall schlechthin in jeder Armee stellt hingegen die Artillerie dar. Der sagt man nach, sie kenne weder Freund noch Feind, sondern nur lohnende Ziele.

33 Der Soldat bei selbstständiger Dunkelheit

… In dem der Autor auf dem Heimweg noch einmal eine bittere Zusammenfassung über Deutschlands größten Ernstfall in grünen Kostümen gibt.

Unsere Reise durch die Wunderwelt der Bundeswehr geht nun zu Ende. Ich für meinen Teil habe mit meinem rosafarbenen Ford Ka auch wieder nach Hause gefunden. Durchaus ein Grund, ein bisschen stolz zu sein, denn manche Soldaten schaffen das nicht. Der Legende nach findet die Bundeswehr ihre früheste Erwähnung bereits in der Bibel:

»Und sie trugen seltsame Gewänder und irrten ziellos umher.«

Eine Ausnahme bilden auch hier natürlich die Kommandoeinheiten, bei denen es sich um umherziehende Irre handelt.

Apropos Kleidung: Kaum bekannt ist, dass die Bundeswehr ein wahrhaft göttliches Maß in der Beherrschung der Jahreszeiten an den Tag legt.

Wann die Soldaten welchen Anzug mit welcher Zusatzausrüstung anziehen, hängt nämlich nicht vom Wetter ab, sondern von der Vorschrift und der Willkür ihrer Vorgesetzten. Trotz sommerlicher Temperaturen im März oder sibirischer Verhältnisse Anfang September diktiert die Bundeswehr dem Wetter, wo es langgeht. Vom 1. April bis zum 30. September herrscht offiziell Sommer – und nur dann ist es erlaubt, die Ärmel der Feldblusen hochzukrempeln. Vom 1. Oktober bis 31. März sind grundsätzlich lange Kleidungsstücke zu tragen. Selbst wenn am Nordpol bereits die Pfirsichbäume blühen, der Bundeswehrsoldat wirft seufzend einen Blick in seine ZDv und schlüpft in seine langen Unterhosen.

Merke: Die Bundeswehr ist die einzige bekannte Macht im Universum, die Sommer und Winter befehlen kann.

Ein verbreiteter Sinnspruch lautet: Papier ist geduldig. Und der König der Unbeweglichkeit ist die Zentrale Dienstvorschrift.

So müssen laut Bw-Verpackungsordnung die Soldaten selbst auf einen kurzen Ausflug ins Gelände ihr Rasierzeug mitnehmen.[104] Die Richtlinien zum Leben im Felde legen auf eine täglich frische Rasur größten Wert. Auch und besonders bei einem dreitägigen Biwak im Wald. Nun besitzen einige Männer einen Elektrorasierer – und viele davon funktionieren nur mit Netzstrom. Ein Gepäckstück, das man für einen Geländetag also getrost in der Kaserne lassen kann.

Doch das sehen die Ausbilder anders. Jeder Soldat, der es wagt, im Wald ohne seinen Elektrorasierer anzutreten, kann sich bei der Morgenhygiene auf einen saftigen Anschiss einstellen. Natürlich mit darauf folgendem Einlauf. Marsch, marsch, im Laufschritt werden die Rekruten in die Kaserne geschickt, um ihren Rasierapparat zu holen. Und wehe, sie vergessen das Kabel! Denn Befehl ist Befehl. Und wenn befohlen ist, dass im Fichtenforst

[104] Bei den Soldatinnen nicht alle.

Steckdosen wachsen, dann tun sie das laut Dienstvorschrift auch.[xxix]

Da ist es gut, dass sich zumindest ein Typ Vorgesetzter von seinen Instinkten und nicht nur von der ZDv leiten lässt. Der Kompaniechef ist wie ein Vater für seine Soldaten, nur wird er nicht so innig geliebt – und manchmal sucht er während der Ausbildung die Nähe zu seinen Untergebenen, was immer wieder zu Problemen führt.

Hauptmann Maier[105] breitete einst vor unser aller Augen die Gefechtskarte auf der Kiste mit dem Feldtelefon aus. Jeder weiß, dass es sich hierbei um ein Gerät voller Eisen, Spulen und mit einer großen Batterie handelt, die zusammen ein gewaltiges Magnetfeld erzeugen. Dann legte er den Kompass oben drauf und schickte uns auf einen 20 Kilometer langen Umweg. Erst nach zwei Stunden mühevollen Diskutierens wollte uns der führende Stabsunteroffizier endlich glauben, dass es so etwas wie Magnetismus in einer Kiste wirklich gibt. Auch wenn man ihn nicht sehen kann.

[105] Diese schöne Geschichte erzählte mir ein ehemaliger Panzergrenadier, der Name ist natürlich geändert.

Wenn die Laufblasen wieder verheilt sind, ist so ein Erlebnis in der Erinnerung den einen oder anderen sentimentalen Lacher wert. Glauben wird diese Geschichten außerhalb der Bundeswehr sowieso niemand.

Über die Probleme der meisten Offiziere, den richtigen Ton zu treffen, ist man in der Allgemeinheit wohl ebenfalls nicht im Bilde. So beschimpfte ein Fahnenjunker einen Panzerschützen libanesischer Abstammung mit den Worten:

»Mir platzt der Arsch. Da werde ich zum Hitler.«[xxx]

Diese Form der Geschichtsschreibung findet man in der Bundeswehr leider immer wieder. Kein reines Grammatikproblem, vermute ich.

Derselbe Fahnenjunker sprach auch mehrfach weibliche Rekruten mit völlig neuartigen Dienstgraden an, nämlich mit *»Schatzi Eins«* und *»Schatzi Zwei«*, und eine andere Rekrutin bezeichnete er gar als *»Vorzimmerschlampe«*.[XXXI]

Richtigstellung: Diese ATN gibt es bei der Bundeswehr nicht.

Manchen Soldaten fällt es eben schwer, sich im Berufsalltag auf Frauen einzustellen. Das geht nicht nur Offizieren am Anfang ihrer Laufbahn so. Ein Bataillonskommandeur sagte in Anwesenheit einer Soldatin über diese:

»Das ist sehr gut, dann haben wir jemanden, der den Tisch abräumt.«

Hier bildet wahrscheinlich eine zu lange Reihe von Scheidungen die Vorgeschichte.

Derselbe Kommandeur konnte an anderer Stelle tatsächlich echte Freude über die neuen Kameraden zeigen:

»Frauen in der Bundeswehr haben viele körperliche Nachteile, aber der Unterschied ist schon schön anzusehen.«[XXXII]

Militärisch ausgedrückt würde ich dies einfach »schlechte Aufklärung« nennen. Bei fast 16.000 Frauen, die bereits 2008 in der Bundeswehr ihren Dienst verrichteten, kann man es jedenfalls nicht mehr als blinden Fleck durchgehen lassen.

Ob andere Dienstgradinhaber allerdings immer den rechten Ton treffen?

Von der Aufnahmefeier neuer Unteroffiziere berichtete ein weiblicher Stabsunteroffizier, dass sich die Kameraden zu dem sogenannten »Gurkenspiel« zusammensetzen. Dabei mussten die zu initiierenden Soldaten einer Zivilistin Gurkenscheiben aus dem Dekolleté fischen, ohne dabei ihre Hände zu benutzen.[xxxiii]

Ganz klassisch und ohne viel Fantasie geht es immer noch zu, wenn die Männer unter sich bleiben. So beschimpfte ein Feldwebel eines Luftwaffenausbildungsregiments einen ihm unterstellten Soldaten als »Wichser, Idiot, Hurensohn und Schwuchtel«.[xxxiv]

Warum erst umständlich nach Gurkenscheiben angeln lassen? Bewährt ist bewährt.

Wenn Ihnen also das nächste Mal ein Uniformträger mit stolzgeschwellter Brust über den Weg läuft, erinnern Sie ihn doch an die Tatsache, dass nicht automatisch jede Idee gut ist, nur weil viele Leute sie gut finden.

Das wissen auf jeden Fall all jene, die selbst dabei waren – die Dienst in Deutschlands größtem Trachtenverein geleistet haben.

Aber viele ehemalige Soldaten blicken ebenso mit einer unerklärlichen Wehmut auf diese Zeit zurück. Nicht die Reservistenvereinigungen und Kameradschaftstreffen sind dabei das Barometer, an dem sich die Stimmung der Ehemaligen messen lässt. Es sind vielmehr die persönlichen Kleinigkeiten.

Der eine hat sich eine Vorliebe für die steinharten Panzerkekse bewahrt. Ein anderer putzt für den Rest seines Lebens Stuhlbeine auch von innen. Der Nächste schläft in einem Schlammloch unter freiem Himmel besser als zu Hause in seinem Bett.

Ein Freund von mir fährt jedes Jahr mit einem Rucksack voller EPAs in den Wald und stromert dort eine

Woche herum. Angetrieben von nichts Geringerem als der Erinnerung an seine Zeit bei der Truppe.

Anderen bereitet das konzentrierte Bettenmachen immer noch besondere Freude. Aber jedes Mal, wenn sie die letzte Falte aus dem Laken gestrichen haben, werfen sie sich schnell auf das Bett und zerwühlen es, bevor sie jemand erwischt. Das einst so scharfe »Stillgestanden!« klingt nur noch abgestanden nach. Feldwebel haben ihren Schrecken verloren. Die Jahre ziehen ins Land. Man lässt sich wieder zehn Minuten Zeit zum Mittagessen.

Und irgendwann glaubt man sich zu erinnern, dass jene legendären Passagen der Dienstvorschrift doch wahr sind, die als Gerüchte seit dem Bestehen der Bundeswehr die Runde machen:

§ 1
»Erreicht der Soldat einen Berggipfel, hat er die Kletterbewegungen einzustellen.«

§ 2
»Beim Durchqueren von Gewässern hat der Soldat ab einer Wassertiefe von 1,20 Metern selbsttätig mit Schwimmbewegungen zu beginnen. Die Grußpflicht entfällt.«

Und natürlich der wichtigste Hinweis ...

§ 3
»Bei Anbruch der Nacht hat der Soldat mit Dunkelheit zu rechnen.«

Anhang

Abkürzungen und Begriffe

Eine winzige Übersetzungshilfe der Bundeswehrsprache und des BwAküFi

AAP	Ausbildung am Arbeitsplatz (Bedeutet so viel wie: den Soldaten einfach irgendetwas machen lassen und danach eine ATN ausstellen)
AGA	Allgemeine Grundausbildung
ATN	Allgemeiner Tätigkeitsnachweis (Das Berufsgruppenzeugnis der Bw)
AVG	Aufwandsvergütung Gelände (Auch: »Schlammgroschen«, »Rödelrubel« und »Frischluftzulage« genannt)
BaTD	Besonders angesetzter technischer Dienst (Wenn Panzer kaputt, dann große Panik)
BFD	Berufförderungsdienst
BMVg	Bundesministerium der Verteidigung (oder: Bundesminister der Verteidigung)
Btl	Bataillon
Btl-Kdr	Bataillonskommandeur (Nicht: »Batallionskartendruckraum«!)
BV	Besonderes Vorkommnis (Zum Beispiel ein wacher GeZi-Soldat)
Bw	Bundeswehr

BwAküFi	Bundeswehrabkürzungsfimmel
BwK	Bundeswehrkrankenhaus
Chef	Kurz für: Kompaniechef
DBwV	Deutscher Bundeswehr Verband (Die »Gewerkschaft« aller Soldaten, auch der toten)
Div	Division (Der Truppenteil, nicht die mathematische!)
DPA	Dienstpostengebundene Ausbildung
DUZ	Dienst zu ungünstigen Zeiten[106] (Aufwandsentschädigung für mehr geleisteten Dienst)
DZA	Dienstzeitausgleich
DZE	Dienstzeitende (Jippy!)
EA	Eigenmächtig abwesend
ESGA	Einsatzspezifische Grundausbildung
EU	Erholungsurlaub
EVP	Eignungs-Verwendungs-Prüfung
FA	Feldwebelanwärter
Fhr	Führer (Ja, da schau an, den gibt es immer noch?)
FWdL	Freiwillig Wehrdienst Leistender
G-Akte	Gesundheitsakte
GeZi	Geschäftszimmer (Das Büro der Kompanie)

[106] Und dies, obwohl der Dienst als Soldat generell als ungünstig anzusehen ist.

Grp	Gruppe
GvD	Gefreiter vom Dienst
WDL	Grundwehrdienstleistender
HBG	Heimbetriebsgesellschaft (Besser bekannt als das »Mannschaftsheim« – die Kneipe der Soldaten auf dem Kasernengelände)
HiBa	Hindernisbahn (Inoffiziell: Rödelbahn)
HonK	Hauptschüler ohne nennenswerte Kenntnisse (Findet man bei der Bundeswehr überall und auf jedem Dienstposten; siehe dazu auch: ➛ Bundesministerium der Verteidigung)
InFü	Innere Führung (Die offizielle Anweisung der Bw zum gelebten Witz)
Inst	Instandsetzung (Die Automechaniker in Uniform)
Kdo	Kommando
Kdr	Kommandeur
Kp	Kompanie
KpChef	Kompaniechef
KRK	Krisenreaktionskräfte
KrKw	Krankenkraftwagen (Ganz logisch steht der KrKw im Verzeichnis, wo er gebraucht wird: zwischen KRK und KSK)
KSK	Kommando Spezialkräfte
KvD	Kraftfahrer vom Dienst

KzH	Krank zu Hause
KzH bis DZE	Krank zu Hause bis Dienstzeitende (Es gibt nichts Besseres bei der Bundeswehr!)
KWEA	Kreiswehrersatzamt
LeKu	Lebenskundlicher Unterricht
MAD	Militärischer Abschirmdienst
Made	Militärisch auszubildende Einheit
MatGrp	Materialgruppe
NA	Nicht aktiv (Nicht offizieller Grundzustand vieler Längerdienender)
OA	Offiziersanwärter
Offz	Offizier
OHG	Offizierheimgesellschaft (Die Kneipe für Offiziere vor der Kaserne, auch: Kasino – gar nicht »Royal«)
OvD	Offizier vom Dienst
OvWa	Offizier vom Wachdienst
PEbA	Personal-Erfassungsbogen Ausland
PFT	Physical-Fitness-Test
PK	Personenkennziffer
San	Alles rund um die Sanitäter
SAZ	Soldat auf Zeit
SGA	Spezielle Grundausbildung
Spieß	Kompaniefeldwebel, (Auch: »Die Mutter der Kompanie«)
StO	Standort
StOÄ	Standortältester
Stubenmappe	enthält ausufernde Angaben zur Spindordnung, den Verpackungsplan des

	Rucksacks, die korrekte Ordnung für den Gefechtsanzug, Adressen, z. B. des Vertrauensmanns, über das Vorgehen bei Erkrankung[107] sowie allerlei unnütze Standortinformationen. (Auch: Gängel-Aktenordner)
Stuffz	Stabsunteroffizier
SU	Sonderurlaub
Tr	Truppe
TrVerw	Truppenverwaltung
UA	Unteroffiziersanwärter (Oder: unerlaubt abwesend – im Fall der genannten Person auch oft geistig)
Uffz	Unteroffizier
UHG	Unteroffizierheimgesellschaft (Die »Uffz-Kneipe«)
UvD	Unteroffizier vom Dienst
UVP	Unfallvertrauensperson[108]
UZwGBw	Unmittelbares Zwanggesetz der Bundeswehr (Staatliche Ausrede zur hemmungslosen Gewaltanwendung)
V-Fall	Verteidigungsfall (Wird vom Bundestag festgestellt; sofern Bundestag noch existent; Euphemismus für »Krieg«)
VP	Vertrauensperson

[107] Benötigt der gemeine Rekrut etwa eine Anleitung zum Kranksein?

[108] Erweckt den Anschein, als müsste man sich bei der Bundeswehr schämen, wenn man einen Unfall gehabt hat.

WDL	Wehrdienstleistender
ZBV	Zur besonderen Verwendung
ZDv	Zentrale Dienstvorschrift
ZnwGBw	Zentrum für Nachwuchsgewinnung der Bundeswehr
ZuMA	Zusätzliche militärische Ausbildung

Informationen zur Grundausbildung

Themen und Inhalte der Allgemeinen Grundausbildung von der ersten bis zur zwölften Dienstwoche – variabel ja nach Einheit (chronologische Aufführung nicht immer möglich)

- Einkleidung
- Ärztliche Untersuchungen (zweite Tauglichkeitsüberprüfung, Impfungen)
- Überprüfung der körperlichen Leistungsfähigkeit (inkl. Basic-Fitness-Test)
- Unterricht in Wehrrecht, Allgemeiner Truppenkunde und Innerer Führung
- Gefechtsdienst aller Truppen – Grundlagen (Bewegen im Gelände, Überleben im Feld, Biwak, Streifen- und Feldpostenausbildung, Sehen und Hören bei Nacht etc.)
- Gewöhnungsmarsch (fünf Kilometer)
- Gebrauch von Karte und Kompass
- Grundausbildung im Fernmeldedienst, Pionierdienst und ABC-Abwehr aller Truppen (je nach Truppengattung verschiedene Schwerpunkte)
- Selbst- und Kameradenhilfe
- Sport
  Wiederholung Basic-Fitness-Test (BFT), Vorbereitung und Abnahme des Deutschen Sportabzeichens (das), Militärsport (Hindernisbahn)

- Handwaffenausbildung
am Gewehr G36 oder G3, an der Pistole P8 oder P1 (selten P7), am Maschinengewehr MG3 (zukünftig auch MG4), außerdem Technik, Aufbau, Handhabung, Wartung etc.
- Schießen mit Gewehr, Pistole und MG (im AGSHP und scharfer Schuss)
- Ausbildung zum Helfer im Sanitätsdienst
- Zwölf-Kilometer-Marsch
- Gelöbnis
- Zweites Biwak
- Fortführung: Gefechtsdienst aller Truppen
- Ausbildung zum Wach- und Sicherungssoldaten (ATN SichSold)
- Weiterführende Schießausbildung
- 20-Kilometer-Marsch
- Basic-Fitness-Test (Ausgangstest)
- Praktische Prüfung (»Rekrutenbesichtigung«)

Die Inhalte und Ausbildungsformen können sich von Einheit zu Einheit unterscheiden.

An die Allgemeine Grundausbildung (AGA) schließt sich die Dienstpostenausbildung (DPA) an. Die frühere Bezeichnung, heute manchmal noch umgangssprachlich verwendet, lautete »Spezialgrundausbildung«, auch »Einweisungswochen Mannschaften« (EWM) genannt. Während der DPA erlernen die Soldaten die für ihre Einheit und Truppengattung spezifischen Fähigkeiten. Soldaten, die

Auslandseinsätze absolvieren (zum Beispiel als freiwillig länger Dienende oder Zeitsoldaten) machen im Anschluss die EAKK (Einsatzausbildung für Konfliktverhütung und Krisenbewältigung).

Literatur und Internet

Eine Sammlung von Quellen, die dem geneigten Kandidaten helfen können, sich gegen eine mehrmonatige oder gar mehrjährige Zeitverschwendung bei der Truppe zu entscheiden.[109]

Zuallererst muss hier natürlich das offizielle Handbuch für den Soldaten genannt werden:

Der Reibert aus dem Mittler Verlag. Jedes Jahr erscheint eine neue Ausgabe, die alles »Wissenswerte« für den Soldaten enthält.

Das Buch fasst die Inhalte der Grundausbildung zusammen und ist besonders in den ersten Dienstmonaten ein nützlicher Begleiter für den jungen Soldaten. Außerdem sind darin absurde Zitate aus der Zentralen Dienstvorschrift zu finden, die durch ihren unfreiwilligen Humor über die Zeit der AGA hinweghelfen können.

[109] Sofern der Kandidat lesen kann. Sie wissen ja: »Hauptschulabschluss wünschenswert, aber nicht Bedingung.«

Die Adresse ***www.zickenrott.de*** ist eine der bekanntesten Internetseiten zum Thema »Wie komme ich um den Wehrdienst herum?« Sie bietet nützliche Informationen und Hilfe, um den Wehrdienst (und den Zivildienst) durch eine sichere Musterung als T5 (untauglich) zu vermeiden und ist außerdem die Bezugsquelle für den Ratgeber *Der Anti-Wehrdienst-Report*.

Merke: Gesetze hin oder her – nur weil Papa Staat sagt, wir müssen, bedeutet das nicht, dass Papa noch alle Tassen im Schrank hat.

Die **Informationsstelle Militarisierung e.V.** fasst auf ihrer Internetpräsenz ***www.imi-online.de*** wichtige Informationen und alle wissenswerten Hintergründe über die Bundeswehr und ihre Einsätze zusammen.

Ebenso enthält sie all jene Informationen, die von der Bundeswehr nur ungern in den Medien gesehen werden, auch unter der Bezeichnung »ernüchternde Wahrheit« bekannt.

Die offizielle Internetpräsenz der Bundeswehr, ***www.bundeswehr.de***, hingegen versucht es mit einer ganz besonderen Form von Humor. Sie enthält drollige Propagandavideos und Artikel von HonKs[110] – für alle, die es mal werden wollten.

[110] Hauptschüler ohne nennenswerte Kenntnisse.

Die Seite ***www.streitkraeftebasis.de*** ist fast eine Blindkopie der offiziellen Internetpräsenz der Bundeswehr. Allerdings enthält sie einige Informationen, die auf der Hauptdomain nicht zu finden sind – und gibt damit ein schönes Beispiel für den bürokratischen Irrsinn in der starken Truppe.

Auf der Unterseite ***www.bundeswehr-karriere.de*** wird noch einmal der ganze Käse vom »attraktiven Arbeitgeber Bundeswehr« aufgekocht. Wer sich denkt, tot in Afghanistan sei besser als lebendig in Niedersachsen, der möge hier seine Daten hinterlegen.

Mit der Internetpräsenz ***treff.bundeswehr.de*** versucht die Bundeswehr gezielt die Jugend[111]:

a) mit Handy-Downloads geiler Panzer für den freiwilligen Dienst als Zeit- oder Berufssoldat zu gewinnen,

b) durch jede Menge unfreiwilligen Dumpfbackenhumor zum Lachen zu bringen,

c) mit Videos und Texten, die das aufregende Leben als Soldat unter Überschriften wie: *»Fliegen wie am Hindukusch«* und *»Jeder Tag ein Erlebnis«* schildern und in denen es nicht mit einem Wort um Krieg und das Töten geht, für dumm zu verkaufen.

Merke: Hier bitte alles ankreuzen.

[111] Schüler, Auszubildende und Studenten im Alter zwischen 14 und 17 Jahren. Getreu dem Spruch: »Bringt sie zu uns, wenn sie noch jung sind!«

Auch so etwas gibt es: Auf ***www.bigband-bw.de*** stellt sich die Big Band der Bundeswehr vor.

Nein, nicht der *Big BANG*, sondern ein tragikomischer, bewaffneter *Unterhaltung-für-Randgruppen-e.V.*

Schlussbemerkung

Dieses Buch ist gleichermaßen Satire und Sachbuch. Es erhebt keinen Anspruch auf Vollständigkeit, sondern berichtet unter anderem von den Erfahrungen, die der Autor während seiner Dienstzeit bei der Bundeswehr gemacht hat, und spiegelt seine Eindrücke und Meinung wider. Die Namen sowie einige prominente Eigenschaften, die lebenden Personen zugeschrieben werden könnten, wurden verändert, um deren Privatsphäre zu schützen.

Dieses Buch enthält neben den Erlebnissen des Autors sowie dem Autor zugetragenen Anekdoten ausschließlich frei zugängliche und somit überprüfbare Fakten. Die individuellen Stellungnahmen und Zitate einzelner Soldaten wurden anonymisiert. Manche Aussagen tauchen auch in indirekter Rede im Fließtext auf.

Die namentlich genannten Personen, insbesondere die des Stabsunteroffiziers Lambert, sind Konglomerate aus verschiedenen Persönlichkeiten und Quellen und keine real existierenden Personen. Sollte es irgendwo dort draußen einen Stabsunteroffizier Lambert geben, so versichere ich, dass es sich hierbei um einen Zufall handelt und die im Buch geschilderten Eigenschaften willentlich nichts mit ihm zu tun haben, auch wenn die Chancen dafür natürlich gut stehen.

Der Autor behält sich vor, seine Quellen, besonders aber ihm persönlich verbundene Personen, zu schützen.

Da sich in jedes Buch Fehler einschleichen können,[112] übernimmt der Autor nur so weit Verantwortung für die Richtigkeit seiner Angaben, als er auf die Richtigkeit der benutzten Quellen und Materialien angewiesen ist, wie auf die differenzierte Rekapitulation von Erinnerungen an seine eigene Dienstzeit.

[112] Nicht vergessen: militärische Fehler *sickern* ein!

Einige Passagen in diesem Buch bedienen sich des Stilmittels der fiktionalen Rahmenerzählung. So sind der Ort Varel und seine Einwohner nicht schlechter als andere Kleinstädte dieser Welt. Die Soldaten der KSK tragen keine weißen Kapuzen, auch wenn dieser Eindruck entstanden sein mag, noch nimmt die Bundeswehr oder einer ihrer Angehörigen *offiziell* einen fremdenfeindlichen Standpunkt ein – außer natürlich jenen, in fremden Ländern Krieg zu führen, damit ausdrücklich gegen das Grundgesetz zu verstoßen und das Ganze auch noch frech »Friedensmission« zu nennen.

Ebenso ist der Autor weder verheiratet noch bricht er zu seinem Vergnügen in stillgelegte Kasernen ein. Einen rosafarbenen Ford Ka würde er hingegen für sein Leben gern einmal mieten.

Wer dem Autor vorwirft, den Soldatenberuf im Allgemeinen und die Bundeswehr im Speziellen zu denunzieren, lächerlich zu machen und in der Öffentlichkeit in ein schlechtes Licht zu rücken, dem seit gesagt, dass dies die Bundeswehr, wie jede Armee der Welt, fabelhaft alleine schafft – nämlich durch das, was ihre Soldaten tun und sagen und wie sie es tun und sagen.

Die Fragen, warum wir Armeen haben sollen oder ob wir sie brauchen, sind uralt. Die Fronten sind geklärt, und es lassen sich nur zu leicht Argumente für und wider finden. Befürworter argumentieren, dass die Bundeswehr uns vor Angriffen schützt. Darauf gibt es zwei einfache wie wirksame Entgegnungen:

Erstens: 10.000 Kilometer von uns entfernt, in einer Wüste voller unterernährter Kinder?

Zweitens – vor dem Hintergrund, dass Deutschland zu den größten Waffenproduzenten und Rüstungsexporteuren der Welt gehört: Wenn es keine Armeen und Waffen gäbe, wer bräuchte dann noch Armeen und Waffen zum Schutz vor ebenjenen?

Dummerweise leben wir in einer Welt voller Konflikte, die es in den Augen vieler Menschen nötig machen, militärisch eingreifen zu können, um das sogenannte, vielbeschworene »Schlimmste« zu verhindern. Die Frage »Wer schützt unsere Bürger, wer schützt diejenigen, die sich nicht verteidigen können?« ist dabei das Totschlagargument Nummer eins der Befürworter des Militärs.

Ich lege als Antwort darauf vor, dass es unsere Aufgabe wäre, die Probleme zu lösen, die jene Konflikte auslösen und schüren, anstatt unsere Augen vor der Tatsache zu verschließen, dass es *unser* Lebensstil ist, der Menschen auf der ganzen Welt in Armut und somit Verzweiflung treibt – die beiden Hauptauslöser für Gewalt.

Es wäre ein schwieriger Weg, der mit Abstrichen an unsere hohen (materiellen) Ansprüche verbunden ist. Doch die Vernunft darf kein Preisschild haben. Das Leben der Soldaten, die wir aufgrund unseres Lebensstils im Namen von hohlen Phrasen über Demokratie und Freiheit verheizen, sind nur ein möglicher Preis, den wir zu zahlen haben.

Wer dem Autor parteilichen Antimilitarismus in seiner hartnäckigsten Form vorwirft, hat damit den Nagel auf den Kopf getroffen. In diesem Zusammenhang bekennt sich der Autor ebenfalls zu Antistupidität und erklärt sich zum Vollmitglied im Club der »Freunde des selbstständigen Denkens«.

Ich hoffe, der Club gewinnt durch dieses Buch ein paar neue Mitglieder.

Ihr Mark Pätzold

Und nicht vergessen ...

»Ein Soldat, der anfängt zu denken,
ist schon fast keiner mehr.«

Heinrich Böll

Quellennachweise

I Nissrine Messaoudi, *Von Krieg ist nicht die Rede*, *Neues Deutschland*, 07. 05. 2009.

II *Der Spiegel*, 18. 06. 2005.

III Beiträge zweier User des Forums auf www.woschod.de unter der Überschrift »Komm doch zur Bundeswehr«.

IV Entnommen aus dem Internetportal: www.streitkräftebasis.de (Home/Service/Weisung_individuelle_Grundfertigkeiten/KLF), Stand: 30. 09. 2009.

V Die Anforderungen sind der PFT-Tabelle für Männer bis 24 Jahre entnommen.

VI Entnommen aus dem Internetportal: www.streitkräftebasis.de (Home/Service/Weisung_individuelle_Grundfertigkeiten/KLF), Stand: 30. 09. 2009.

VII *Spiegel Online*, 31. 10. 2009.

VIII Aus: *Der Reibert*, Anwendung der inneren Führung, E. S. Mittler, Hamburg 2009.

IX Zitiert von der Internet-Jugendseite der Bundeswehr: treff.bundeswehr.de.

X Aus: »www.dieunmoralische.de – Das kleine Bundeswehrlexikon«.

XI Entnommen und ausführlich nachzulesen in: Ralf Giordano, *Die Traditionslüge*, Kiepenheuer und Witsch, Köln 2000, S. 269.

XII Quelle: www.rk-hagen.de.

XIII Quelle: Wehrbericht der Bundeswehr.

XIV Quelle: Wehrbericht 2005.

XV So der Titel eines Artikels über die zunehmend hemmungslosen Rekrutierungsversuche der Bundeswehr unter Minderjährigen an Schulen, zu finden in der *TAZ* vom 26. 10. 2009.

XVI *Lübecker Nachrichten Online*, Lokales, 19. 10. 2009.

XVII Ole Schley, »Soldaten im Simulator – Krieg der Knöpfe«, *Spiegel Online*, 24. 10. 2009.

XVIII Originalquelle: *LA Times* zitiert in einem Artikel des Magazins *Gamestar* (www.gamestar.de) vom 30. 10. 2009.

XIX Martin Puch, *Der Wehrdienst*, BoD, Norderstedt 2004, S. 22 f.

XX Quelle: *Der Reibert*, S. 179.

XXI Stand: Seit Juli 2007.

XXII Angaben aus dem Jahr 2007.

XXIII *Der Reibert*, Abschnitt II, S. 168.

XXIV *Der Reibert*, Abschnitt II, S. 169.

XXV *Der Reibert*, Abschnitt II, S. 169.

XXVI Aussage eines Hauptgefreiten des Fallschirmjägerbataillons 261, Videobeitrag »Gebirgs- und Winterkampfschule« des BwTV vom 16. 02. 2009.

XXVII Quelle: *Neue Musikzeitung*, 5/03, »Skandal um das Liederbuch der Bundeswehr«.

XXVIII Quelle: www.bundeswehr.de – Einsätze: Im Einsatz für den Frieden.

XXIX Quelle: www.aganauten.de, BW-Wörterbuch, Stichwort »Befehl«.

XXX Quelle: Wehrbericht 2008.

XXXI Quelle: Wehrbericht 2008.

XXXII Quelle: Wehrbericht 2008.

XXXIII Quelle: Wehrbericht 2007.

XXXIV Quelle: Wehrbericht 2007.